《广州改革开放四十年》丛书

丛书主编　徐咏虹

数说广州

广州市统计局　编

广州新华出版发行集团
广州出版社

图书在版编目（CIP）数据

数说广州 / 广州市统计局编．—广州：广州出版社，2018.12

（《广州改革开放四十年》丛书 / 徐咏虹主编）

ISBN 978-7-5462-2861-7

Ⅰ．①数… Ⅱ．①广… Ⅲ．①改革开放—成就—广州 Ⅳ．①D619.651

中国版本图书馆CIP数据核字（2018）第288402号

书　　名 数说广州
Shushuo Guangzhou

出版发行 广州出版社
（地址：广州市天河区天润路 87 号 9 楼、10 楼　邮政编码：510635
网址：www.gzcbs.com.cn）

责任编辑 卢凯婷

责任校对 蒋美秀　龚莉莎

封面设计 舒　巧

印刷单位 佛山市华禹彩印有限公司
（地址：佛山市南海区罗村联和工业区西二区三路 1-1 号　邮政编码：528226）

规　　格 787 毫米 ×1092 毫米　16 开

字　　数 268 千

印　　张 20

版　　次 2018 年 12 月第 1 版

印　　次 2018 年 12 月第 1 次

书　　号 ISBN 978-7-5462-2861-7

定　　价 68.00 元

《广州改革开放四十年》丛书

编委会

《数说广州》
编委会

总 序

四十而不惑。置身历史的长河，改革开放自1978年开始，走过了40年的风风雨雨，值得庆祝，值得铭记。

40年改革开放绘就壮美长卷。中国人民自力更生、发愤图强、砥砺前行，依靠自己的辛勤和汗水书写了国家和民族发展的壮丽史诗。对中国而言，这40年不仅是一个时间概念，更是一段非凡历程，正是这40年的发展让中国富了起来，并不断强起来。40年来，我们党团结带领全国各族人民，从“摸着石头过河”到建立社会主义市场经济体制，从由下而上的基层试点改革到自上而下全面深化改革，从打开国门实施开放政策到张开怀抱自信拥抱世界，从积极吸引外资“引进来”到主动到境外投资“走出去”，从加入世界贸易组织到共建“一带一路”，从聚精会神搞国内建设到为世界发展贡献中国方案，成功走出了一条中国特色社会主义发展道路。改革开放使中国走向了世界，正日益走近世界舞台的中央。改革开放的中国实践是21世纪马克思主义在中国焕发出勃勃生机和无限生命力的生动写照。

改革开放不仅深刻改变了中国，也深刻影响了世界。40年的改革开放，不仅发展了中国，也造福了世界和全人类。特别是党的十八大以来，以习近平同志为核心的党中央统筹推进“五位一体”总体布局，协调推进“四个全面”战略布局，着力提高国家治理体系现代化能力和水平，形成了习近平新时代中国特色社会主义思想，指引着中国坚定前行。面对世界格局的深刻变化，中国坚定笃行经济全球化大道，以大国情怀与担当提出构建人类命运共同体的理念，发出“一带一路”倡议，主动为各国搭乘中国发展“快车”提供便利和条件，改革的决心从未动摇。开放已经成为当代中国的鲜明标识。中国开放的大门不会关闭，只会越开越大！

春江水暖鸭先知。在中国改革开放发展的历史进程中，广州是一座具有特殊重要地位的城市。作为一座因海而生、向海而兴的千年商都和有着2200多年建城史的国家中心城市和国际大都市，广州的历史文化脉络、商业发展盛景、改革开放成就在全球城市发展史上独树一帜，占有一席之地。40年来，面临改革大潮，广州人坚持做改革的弄潮儿，有着强烈的历史担当精神。广州坚定传承改革开放的历史基因，大力发扬敢为人先、敢闯敢试的精神，以“杀出一条血路”的胆识与魄力，在诸多领域开创了可资全国借鉴的先行经验，从改革开放初期率先进行价格闯关，推进流通体制改革，鼓励非公企业生产发展，到20世纪80年代依托广州开发区建设推动外向型经济发展，再到近年来建设南沙自贸区以点带面构建全面开放新格局，广州的创新探索实践始终走在全国前列，始终引领着改革开放的发展步伐。

一滴水能反映出太阳的光辉，一个城市可以体现一个国家的风貌。进入新时代，全球经济不确定因素增加，国内经济呈现新的发展态势，发展机遇和挑战并存。广州坚持把学懂弄通做实习近平新时代中国特色社会主义思想作为第一要务，源源不断地从新思想中汲取真理力量和实践智慧，坚定践行新发展理念，积极适应引领经济发展新常态，在不断深化的改革开放实践中破解发展难题，推动经济由高速增长向高质量发展转换，通过扎实推进创新驱动发展战略，培育新的动力源和增长极，保持经济发展“换挡不失速”。40年间，广州经济总量从1978年的43亿元跃升到2017年的21503亿元，人均地区生产总值从1978年不足1000元提升到2017年突破15万元（按平均汇率折算为22317美元），接近发达国家水平。与此同时，广州坚持以先进制造业为产业主攻方向，高标准高起点高质量谋划产业结构优化升级，构建起以IAB（新一代信息技术、人工智能、生物科技）、NEM（新能源、新材料）为主导的现代产业体系，将改善政治生态环境、提升城市环境与优化营商环境有机结合、同步推进，推动全球最高端资源要素向广州集聚，持续优化的经济结构和开放的发展环境为广州未来积极健康稳定发展奠定了良好的基础，为新时代广州改革开放发展积蓄了强大势能，创造了巨大空间。广州这座老城市，越来越充满新活力。

惟改革者进，惟创新者强，惟改革创新者胜。站在新时代新起点上，我们始终谨记：改革开放是决定当代中国命运的关键一招，也是决定实现“两个一百年”奋斗目标、实现中华民族伟大复兴的关键一招。正是在这个意义上，隆重庆祝改革开放40周年，更具有重大的历史意义和现实意义。当今的世界，你中有我，我中有你，经济全球化大潮浩浩荡荡、不可阻挡。改革开放40年的经验启示我们，中国发展离不开世界，世界发展也需要中国。只要我们保持战略定力，全面深化改革开放，深化供给侧结构性改革，下大气力解决存在的突出矛盾和问题，中国经济就一定能加快转入高质量发展轨道，中国人民就一定能战胜前进道路上的一切困难挑战，中国就一定能迎来更加光明的发展前景。中国改革开放永不停步！下一个40年的中国，定当有让世界刮目相看的新成就！

党的十八大以来，习近平总书记两次亲临广东考察并发表重要讲话，多次对广东、广州工作作出重要指示批示，对广州发展寄予厚望。面对新征程，广州要保持走在全国前列，最根本的是要继续弘扬改革开放精神，推动思想再解放、改革再深入、工作再落实。为认真学习贯彻习近平总书记重要讲话精神，总结改革开放40年来的经验，乘势而上，在新起点上推动改革开放实现新突破，中共广州市委宣传部策划出版本套丛书，以回溯历史的形式重读历史，不仅是对广州改革开放40年历程经验的一个简单回顾总结，更是为了以问题为导向，深刻认识新形势下改革开放的时代性、体系性、全局性，高举新时代改革开放旗帜，不忘改革开放初心，坚定改革再出发、将改革开放进行到底的决心，凝心聚力，接续奋斗，激励广州在更高起点、更高层次、更高水平上推进改革开放，用新业绩抒写新时代改革开放恢宏的画卷。

祝愿每一位读者都能从品读广州改革开放40年的历史中获取源源不断的奋斗激情和前进动力。

是为序。

丛书编委会

2018年11月10日

前　言

2018年是中国改革开放40周年。广州作为中国改革开放的前沿地和“试验田”，始终在改革开放中先行一步，以敢闯敢干的勇敢和奋勇争先的精神，实现了一个又一个的跨越，创造了一个又一个的奇迹。

40年弹指一挥间。在开启新征程这一历史重要时刻，让我们共同盘点广州发展的伟大成就，见证广州改革开放40年的光辉历程，为奋进新时代增强信心、凝聚力量。

40年砥砺奋进。广州改革开放成绩单亮点纷呈，经济社会建设成果丰硕：

经济总量从1978年的43.09亿元增加到2017年的21 503.15亿元，增长125倍，年均增长13.2%。

产业结构从以第二产业为主转为以第三产业为主，三次产业结构从1978年的11.67：58.59：29.74调整到2017年1.03：27.95：71.02。

人均地区生产总值从1978年的907元增加到2017年150 678元，增长165倍，年均增长14.0%。

社会消费品零售总额从1978年的17.63亿元增加到2017年的9402.59亿元，增长532倍，年均增长17.5%，连续30年在全国主要大城市中位列第三。

城市常住居民人均可支配收入从1978年的442元提高到2017

年的55 400元；农村居民人均可支配收入从1978年的250元提高到2017年的23 484元。

地方一般预算收入从1978年的13.65亿元增加到2017年的1536.74亿元，增长112倍，年均增长12.9%；地方一般公共预算支出从1978年的3.87亿元增加到2017年的2185.99亿元，增长约565倍，年均增长17.6%。

现代化陆海空立体交通体系不断完善。2017年，全市高速公路972千米；开通运营地铁线路13条，居全国第三、全球前十；白云机场旅客吞吐量达6583.69万人次，居全国第3位、全球第13位。

人民群众共享改革成果。2017年，全市基本养老、失业、基本医疗、工伤、生育保险参保人数分别达1343.00万人、540.80万人、1161.68万人、579.31万人和518.92万人，企业退休人员养老金月均3316元，位于国内副省级城市前列。每万人口医生数和医院床位数分别为55.41人和91.05张，分别比1978年增长1.2倍和2.1倍……

以上翔实的数据，见证了广州改革开放的伟大历史进程，将使读者切身感受到改革开放40年带给广州社会经济发展的巨变，深刻体会到改革开放“是当代中国发展进步的必由之路，是实现中国梦的必由之路”。

千帆逐春潮，奋进新时代！广州这座始终跳动着改革开放脉搏的城市，在习近平新时代中国特色社会主义思想的指引下，逢山开路，遇水架桥，爬山过坎，乘风破浪，在全面深化改革的大潮中再立潮头，在决胜全面建成小康社会、加快建设社会主义现代化的新征程上走在全省前列，当好广东“四个走在全国前列”排头兵。

目　录

概　述

改革开放40年广州经济社会发展综述

1978年，以中共十一届三中全会为标志，中国开启了一场波澜壮阔的伟大改革。广州以“敢为天下先”的改革精神闯出了一条新路、好路，在改革开放和现代化建设中始终屹立潮头，实现了从“赶上时代”到“引领时代”的伟大跨越。改革开放40年以来，广州取得了一系列光辉成就，城市影响力不断增强，社会民生各领域全面发展，人民群众的幸福感和获得感持续提升，40年砥砺奋进，谱写了改革开放经济社会发展的壮丽诗篇。

一、经济发展连上新台阶，综合实力不断增强

改革开放40年来，广州市委市政府在党中央国务院、省委省政府的坚强领导下，解放思想，先行先试，积极探索，勇于创新，使广州经济突飞猛进。

经济总量跃上新台阶。广州地区生产总值由1978年的43.09亿元提高到2017年的21 503.15亿元；按可比价格计算，2017年广州地区生产总值是1978年的126倍。改革开放初期，广州经济总量在全国主要城市中居第八

位，不仅低于北京、天津、上海，也低于沈阳和武汉等国内主要城市。1989年，广州跃居全国第三大城市经济体，仅次于上海和北京，此后到2015年的27年间，广州经济总量稳居全国第三。2010年，广州地区生产总值冲破1万亿元，近五年来更是每年迈上一个千亿元台阶，2013—2017年分别超过1.5万亿元、1.6万亿元、1.8万亿元、1.9万亿元和2.1万亿元，约占全省经济总量两成半。若作为一个经济体参与排位，根据世界银行发布的2017年各国GDP及人口数据，广州地区生产总值可排在世界各经济体第38位。

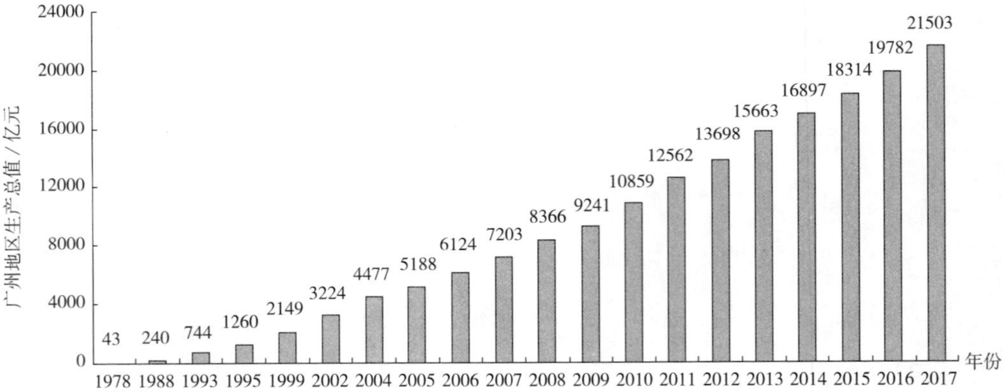

图1　1978—2017年间主要年份广州地区生产总值

经济保持中高速增长。广州作为全国改革开放的前沿地，在探索社会主义“富起来”之路上积极实践，经济体制改革走在全国前列，经济增速位居前列。1979—2017年广州地区生产总值年均增长13.2%，比同期全国（9.5%）、全省（12.6%）年均增速分别快3.7个、0.6个百分点。从“六五”时期（1981—1985年）至“十二五”时期（2011—2015年），广州地区生产总值年均增速分别达12.7%、10.8%、20.2%、13.2%、13.9%、13.6%和10.1%，其中，1990—2013年连续24年保持两位数增长。以1992年邓小平视察南方并发表讲话为标志，“八五”期间我国改革开放和现代化建设进入新的阶段，这五年也成为广州改革开放推进最快的时期，地区生产总值年均增速高达20.2%。从历史阶段来看，1978—1991年为改革开放先行一步阶段，年均增长12.7%；1992—2012年为加快发展阶段，年均增长14.7%；2013—2017年为奋力争先阶段，随着我国经济发展逐渐进入新常态，广州经济由高速增长阶段转向高质量发展阶段，年均增长8.8%。

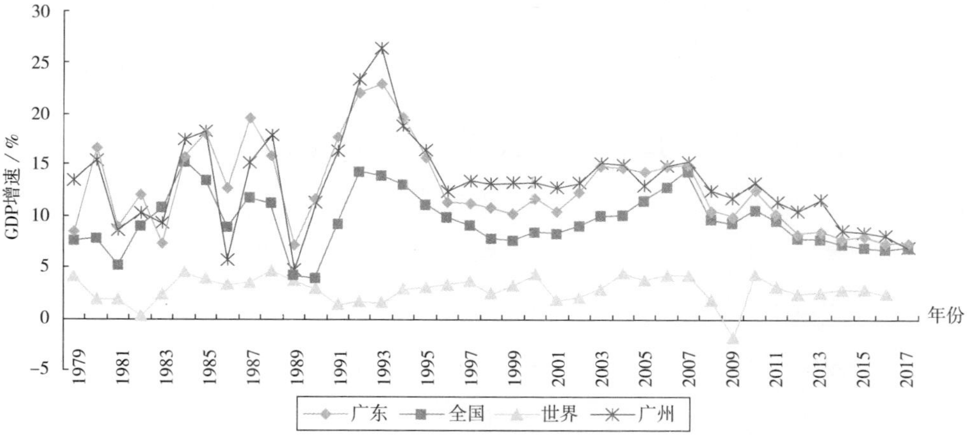

图2 1979—2017年间主要年份广州与广东、全国、世界GDP增速

人均生产总值突破2万美元。按美元可比价格计算，1985年，广州人均生产总值为784美元（按平均汇率计算，下同，折合人民币2302元），2004年、2008年、2014年分别跨过5000美元（5579美元）、1万美元（11 110美元）、2万美元（21 153美元）大关，2017年达2.23万美元（折合人民币15.07万元），是全国的2.53倍和广东省的1.86倍。若作为一个经济体参与排位，根据世界银行发布的2017年各国GDP及人口数据，广州人均生产总值可排在世界各经济体第36位。按人民币可比价格计算，1986—2017年广州人均生产总值年均增长10.1%。

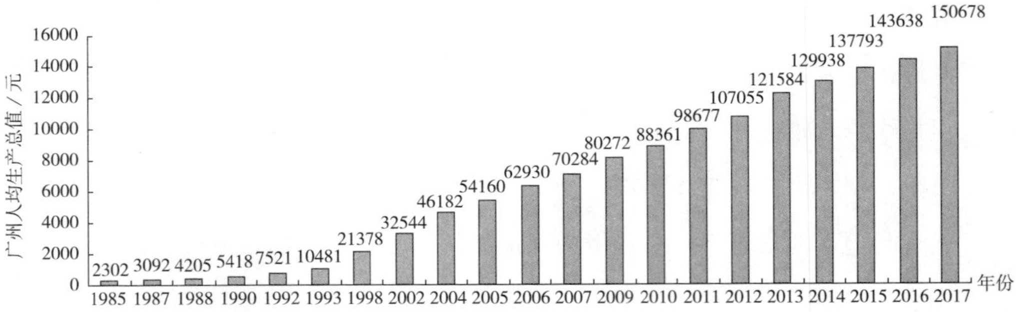

图3　1985—2017年间主要年份广州人均生产总值（按人民币计价）

二、经济结构明显优化，发展后劲不断加强

改革开放40年来，广州经济结构在优化升级中不断调整，产业体系现代化程度不断提高。

三次产业结构持续优化。40年间，广州产业结构从以工业为主导转为以服务业为主导，三次产业结构从“二三一”演化为“三二一”。1978—1991年是广州先行先试、经济发展快跑的第一个阶段，这个时期初期工业在国民经济发展中占主导地位，随着工业化进程加快，服务业迅速发展，三次产业结构由1978年的11.67：58.59：29.74调整为1991年的7.29：46.53：46.18。第三产业增加值比重在1994年超过第二产业后继续提升，至1998年比重突破五成。2003年，广州建立起以服务业经济为主体的产业结构，第三产业快速增长，成为推动国民经济增长的主导力量。2009年，第三产业增加值比重逾六成。2017年，第三产业增加值比重超七成，三次产业结构继续调整为1.03：27.95：71.02，第三产业比重较1978年大幅提高41.28个百分点。

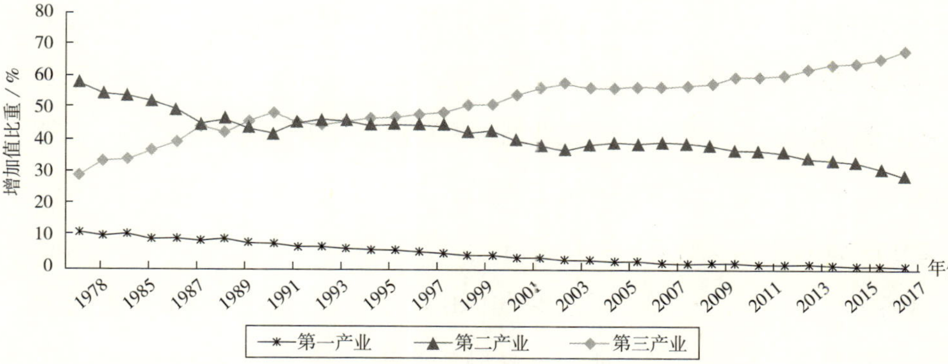

图4　1978—2017年广州三次产业结构

农业向产业化、都市型发展。2017年，广州第一产业增加值220.45亿元，按可比价格计算，1979—2017年年均增长4.7%。在农业总产值中，种植业占比由1978年的77.8%下降到2017年的55.5%，渔业占比从4.5%上升到18.4%。2017年都市农业总收入1953.81亿元，市级以上农业龙头企业92家，其中，国家级龙头企业8家，省级龙头企业38家；农业生产基地（示范区）55个；农业产业化产值60亿元，农业产业化规模达13.8%。农业现代化水平不断提高。

工业向高端化发展。2017年，广州实现工业增加值5459.69亿元，按可比价格计算，是1978年的148倍，1979—2017年年均增长13.7%。工业结构基本实现了由技术含量低、劳动密集程度高、门类单一的结构向劳动密集、技术密集、知识密集、门类齐全的发展格局转变。广州工业结构的调整包括三个阶段：一是轻工业发展阶段。改革开放初期，广州工业按照"轻型、优质、高效、外向"发展战略，形成以轻型加工为主的工业生产体系，自行车、电风扇、服装、彩电等产品生产加快，1978年轻重工业总产值之比63.24：36.76，直至2003年，轻工业占工业总产值比重保持在50%～66%。二是轻重工业协调发展阶段。2003年以后，广州加大重工业投资，2004年重工业总产值首次超过轻工业，轻重工业总产值之比转变为45.05∶54.95。三是汽车、电子、石化制造业等先进制造业作为支柱产业时期。2006年重工业产值比重超过60%，工业重型化趋势进一步显现，近年来，广州工业结构不断转型升级，加快向中高端方向发展。2017年，三大支柱产业总产值占规模以上工业总产值的52.1%；2013—2017年年均增长10.1%，高于全市规模以上工业总产值同期平均增速2.5个百分点。近年来，广州聚焦IAB（新一代信息技术、人工智能、生物医药）、NEM（新能源、新材料）重点产业行动计划，成功引进富士康、思科、LG（乐金）、科大讯飞、百济神州等一批企业项目，工业向高端化发展。2017年，高新技术产品产值占全市规模以上工业总产值的47.0%，比2014年提升3.0个百分点；先进制造业发挥引领作用，高技术制造业规模持续扩大，两者增加值占规模以上工业增加值比重分别为58.1%、12.7%，分别比2014年提升2.8个、1.1个百分点。

消费结构明显改善。改革开放以来，广州商品消费市场繁荣兴旺，市场体系不断完善，重点商圈不断升级改造，商贸功能不断完善，新兴消费热点不断涌现，带动居民消费潜力有序释放。2017年，全市实现社会消费品零售总额9402.59亿元，是1978年的549.8倍，自1988年起连续30年在全国主要大城市中位列第三；1979—2017年年均增长17.6%；体现发展与享受需求的旅游休闲成为新增长点，2017年旅游业总收入为3614.21亿元，2013—2017年年均增速为13.6%；快餐服务、饮料及冷饮服务、其他餐饮服务三类营业额合计占全市限额以上餐饮业法人企业营业额比重为52.6%，超过正餐份额的占比（47.4%）。

现代服务业引领第三产业发展壮大。广州不断发挥中心城市功能，加快第三产业发展，重点推动交通运输、金融保险、房地产、信息咨询、商贸旅游等行业快速发展，近年借助新技术、新模式、新业态等提升传统服务业，发展壮大生产性服务业，金融、物流、会展、创意设计等新兴服务业迅速成长。2017年，广州第三产业增加值15 271.69亿元，是1978年的158倍，1979—2017年年均增长13.9%，高于同期GDP增速0.7个百分点；现代服务业不断发展壮大，现代服务业实现增加值突破1万亿元，占第三产业增加值比重超过65.0%。从构成看，传统服务业中的交通运输、仓储和邮政业增加值占第三产业增加值比重由1978年47.4%下降到2017年9.8%；批发零售业增加值占比由33.4%下降到20.6%；金融业增加值占比由3.1%上升到12.8%。2017年末，金融机构本外币存款余额为51 369.03亿元，贷款余额为34 137.05亿元，2013—2017年年均分别增长11.2%和11.4%。2017年广州首次入选全球金融中心指数体系，并取得第37位的好成绩；成功举办2017《财富》全球论坛和国际金融论坛第14届全球年会等重大国际金融活动，实现了从区域金融中心到全球金融资源配置中心的跨越。广州金融的全球影响力和带动力获得重大突破。

三、新经济发展势头良好，转型升级成果显现

广州积极培育新动能，促进新业态新产品新产业蓬勃发展。开拓经济增长新空间，转型升级成果显现。

新业态蓬勃发展。在壮大自身优势产业的基础上，广州积极探索推动新业态发展，借助“互联网+”的迅猛发展，逐步将电子商务、物流快递等孕育成为拉动经济增长的新动力。网上消费持续畅旺，2017年，限额以上网上商店零售额同比增长19.3%，2013—2017年年均增长39.7%。网上消费带动快递业务持续快速发展，2017年快递业务量39.33亿件，同比增长37.2%，2013—2017年年均增长49.1%。

新产品释放潜力。符合产业结构和消费需求升级方向的产品快速增长。2017年，全市汽车产量310.81万辆，比1978年（0.23万辆）增长

1350.3倍，其中，运动型多用途乘用车（SUV）全年产量147.33万辆，比2015年增长1.2倍；家电产品中的电冰箱、空调产量分别为277.89万台和709.62万台，分别比2000年增长3.8倍和5.9倍。随着智能、绿色、高端产业的加快发展，新能源汽车、光电子器件、液晶显示屏、工业自动调节仪表与控制系统、工业机器人等新兴产品产量均保持较快增长，2017年产量同比分别增长55.0%、58.3%、13.7%、37.6%和21.0%。民用无人机、环保、医疗设备等一批成长中的高新技术产品规模逐渐扩大，积极孕育发展新动能。

新产业展现活力。新产业正逐步成为推动经济向高质量发展的重要力量。2017年，先进制造业和战略性新兴产业增势良好，增加值分别增长11.5%和10.0%；装备制造业工业总产值增长10.9%，占全市规模以上工业总产值的47.7%，占比同比提升3.8个百分点。网络约车、远程教育、在线医疗等新服务模式不断涌现，信息传输、软件和信息技术服务业营业收入2014—2017年年均增长15.9%，其中互联网、软件和信息技术服务业年均增长23.9%。投资方面，新兴产业投资增长迅速，2017年工业投资中，电子信息制造业投资增长1.6倍，医药制造业投资增长23.1%；服务业投资中，信息传输软件和信息技术服务业、金融业投资分别增长23.3%和18.8%。

四、对外开放持续扩大，开放型经济稳步提升

改革开放以来，广州积极参与国际经济合作与竞争，充分利用国内外资源和市场，为广州的发展不断注入动力，开放型经济活力不断增强。

对外贸易快速发展。广州凭借良好的地理优势和政策优势，大力开拓国际市场，2017年进出口总值为1432.50亿美元，是1987年的66.0倍。进

出口贸易经过1988—1993年外贸体制改革全面推进的高速发展阶段（年均增长35.5%）、1994—2001年外贸运行开始向国际接轨的波动阶段（年均增长7.0%）和2002—2008年加入WTO（世界贸易组织）后的高速发展阶段（年均增长19.9%），2009—2017年进入增速回落阶段（年均增长6.4%）。2017年，广州出口总值为853.20亿美元，是1987年的83.3倍。出口商品结构也在不断优化，从农村土特产品、中低档工业品为主转向轻纺产品和机电产品为主，高新技术产品出口也快速增长。2017年，广州高新技术产品出口占出口总额的比重由1999年的4.7%提高到17.2%；机电产品出口占出口总额的比重由1998年的29.3%提高到51.5%。出口市场从港澳为主向多元化发展。从中国香港、美国、日本和欧盟等主要出口市场拓展到东盟、非洲和拉丁美洲等市场；借助“一带一路”倡议，广州全面深化中新、中欧、中以、中沙、中瑞等国际合作，加快构建全球投资贸易网络，与沿线国家和地区贸易额增长24.6%。

利用外资规模不断扩大。根据中央政策，广州在利用外资方面开拓创新，多次领全国之先，制定了一系列鼓励外商投资的优惠政策，吸引大批外资在广州投资，利用外资规模不断扩大。2017年，实际利用外商直接投资达62.89亿美元，而1979年仅为165万美元。截至2017年底，累计吸收来自其他国家和地区的外商直接投资项目31 161个；世界500强大企业累计已有297家进入广州，共设立921个项目。

自贸区建设取得重要突破。中国（广东）自由贸易区广州南沙新区片区（简称“南沙自贸区”）于2015年正式挂牌，广州更加积极有为地参与“一带一路”合作建设，加强与沿线国家的经贸合作。南沙自贸区挂牌以来，新设企业50 318家，注册资本1亿元以上的企业达1321家，已落户99个世界500强企业投资项目和103家总部型企业；外贸进出口从2014年的1291.4亿元上升到2017年的1951.7亿元，年均增长14.5%，跨境电商交易规模从0.3亿元发展到72亿元；至2017年底，落户区内的航运物流企业累计达4802家，增长超12倍。

五、基础设施现代化程度显著提升，高质量发展支撑不断筑牢

高铁、地铁、高快速路、海港、空港等基础设施建设取得重大进展，现代化陆海空立体交通体系不断完善，广州国家重要中心城市地位不断提升。2017年，基础设施投资额达1684.30亿元，是2006年的3.1倍；近年来基础设施投资增速稳步提升，从2013年的6.8%提高到2017年的15.3%，2013—2017年年均增长10.4%。

道路交通网络四通八达。改革开放以来，广州路网建设不断取得突破，整体交通状况得到较大改善，市民出行更为便捷。2017年，全市公路晴雨通车里程9322千米，是2001年的1.8倍，其中高速公路972千米，是2001年的11.6倍。自1997年建成第一条地铁线路，至2017年已开通运营14条地铁线路和1条有轨电车线路，运营里程已达390.58公里，稳居全国第三、世界前十。

国际航空枢纽建设加快。广州近年来大力推进国际航空枢纽建设，取得了阶段性成果。新白云国际机场2004年投入使用，2017年机场旅客吞吐量超6500万人次，达6583.69万人次，居全国第3位、全球第13位；货邮行吞吐量达233.85万吨；年末开通定期航班航线278条，其中国际航线96条，比2012年增加37条；通航城市208个，其中国外通航城市83个，比2012年增加30个，成为东南亚地区及大洋洲的第一门户枢纽。广州白云国际机场以亚太、大洋洲和非洲地区为主、逐步覆盖欧美等全球地区的航线网络布局已具雏形。2017年，广州白云国际机场综保区进出口总值

约165.9亿元，同比增长28.3%，连续多年实现两位数快速增长；空港跨境电商发展态势迅猛，空港口岸跨境电商进出口总值超37亿元，同比增长超50%，跨境电商各项业务指标连续四年居全国空港首位。广州空港经济区也初步成为全国最大空港物流中心，美国联邦快递已在区内注册独立法人公司，DHL、穗佳、顺丰等国内外知名物流企业均在此建立物流基地，国际航空枢纽建设成效显著。

国际航运中心基础夯实。近年来，广州奋力向建设具有较强辐射能力和资源配置功能的国际航运中心的更高目标进发，特别是2015年以来，以粤港澳大湾区建设为契机，加快提升国际航运中心综合竞争力。2017年，广州港口货物吞吐量达5.90亿吨，位列国内沿海港口第三、全球第五，比2014年增长18.0%；港口集装箱吞吐量达2037.20万标准箱，排名居全国第四位、全球第七位，比2014年增长22.6%，成功跻身全球7个集装箱年吞吐量超过2000万标准箱的港口行列。广州港国际邮轮旅游旅客吞吐量突破40万人次，达40.35万人次，稳居全国第三。珠江航运指数于2016年正式发布，“珠江价格”增强了广州航运价格“话语权”。

城市信息化建设迅猛发展。广州积极推进城市信息基础设施建设，电子政务、电子商务、社会信息化和信息产业取得新发展。2017年，全市邮电业务总量达1544.90亿元，是1978年的2376.8倍，1979—2017年年均增长24.2%。2017年末，全市拥有移动电话用户3083万户，是1990年末的5709.3倍，1991—2017年年均增长37.8%。

六、经济发展提质增效，可持续发展能力增强

改革开放以来，广州解放思想，推动经济发展提质增效，积极谋求“从大到强”的跨越，财政实力、企业效益、居民收入等明显提升，新

型城镇化稳步推进，节能降耗取得显著成效，环境质量进一步改善。

财政实力明显增强。随着经济实力的增强，广州财政收入也呈稳步增长态势。1978年广州地方一般公共预算收入仅13.65亿元，2012年突破1100亿元大关，2014年再上1200亿元台阶，2015年冲破1300亿元大关，2017年达1536.74亿元，是1978年的112.6倍，1979—2017年年均增长12.9%；其中，税收收入从1978年的8.62亿元增加到2017年的1197.49亿元，增长138.9倍。2017年，来源于广州地区的财政收入5947亿元，其中，高达四分之三的比例上缴中央、省，对全国、全省财政的财力贡献很大。

企业效益良好。改革开放以来，广州企业规模数量不断增加，盈利能力明显提升。2017年，全市法人单位33.68万个，是2001年的3.6倍；规模以上工业企业实现利润总额1309.30亿元，是1978年的187.0倍，1979—2017年年均增长14.4%；规模以上其他服务业企业实现营业利润1019.84亿元，同比增长35.5%，2014—2017年年均增长18.4%。

居民收入稳步提高。改革开放以来，居民收入渠道不断拓宽，收入来源趋向多元化，收入水平有了很大提高。2017年，广州城市、农村常住居民人均可支配收入分别为55 400元和23 484元，1979—2017年年均分别增长13.9%和13.3%，居民收入保持稳定增长态势。

新型城镇化稳步推进。2014年末广州城区常住人口已超千万，晋身全国超大城市行列。至2017年末，全市常住人口1449.84万人，是1978年的3倍；城镇化率从1990年的69.40%提高到2017年的86.14%，被列为国家新型城镇化综合试点城市。2014年初，广州开启新一轮的行政区划调整，两个县级市从化、增城获国务院批准在2015年正式“撤市设区”，成为全国第三个管辖区域全部设行政区的省会城市，城区面积由2014年的3843.43平方公里扩大到7434.40平方公里，为深入推进新型城镇化、拓展产业布局创造更多空间和潜力。

节能降耗取得显著成效。随着“十一五”规划以来国家经济转型升级和可持续发展战略实施，广州加大节能降耗力度，成效显著。2006—2017年单位GDP能耗和单位GDP电耗年均分别下降4.6%和4.4%。能源加工转换效率逐步提高，规模以上工业火力发电煤耗从2005年的363克标准煤/千瓦时下降至2017年的300克标准煤/千瓦时。能源消费强度持续下降。

环境质量进一步改善。广州多措并举，打造天蓝地绿水清的美丽环境，“广州蓝”出场率越来越高。2017年，全市细颗粒物（PM2.5）平均浓度降至35微克/立方米，同比下降2.8%；城镇生活垃圾无害化处理率为96.5%，同比提高0.4个百分点；城市污水处理厂日处理能力达到548.23万立方米，增长3.6%；全市10个城市集中式饮用水水源地水质达标率为100%，连续7年达标率保持100%；全市森林覆盖率达到42.32%，建成3400公里绿道；大力打造都市花海，将花融入城市的各个角落、市民生活的每个细节，擦亮“花城”这一城市名片。

七、社会事业全面发展，小康社会建设稳步推进

改革开放以来，广州努力促进社会与经济的全面协调发展，各项社会事业取得了显著成就，全市人民从中得到实惠，共享改革发展丰硕成果。

教育事业快速发展。多年来，广州加大教育投入，改善中小学教育条件，促进教育均衡发展；大力发展高等教育，培养大量人才，为经济发展提供智力支持。从2003年开始，省市共投入236亿元建广州大学城，集中国内先进的科研教学设施，优化整合教育资源，2004年9月进驻10所高校。2017年，普通高校在校生、中等学校在校生、小学在校生分别为106.73万

人、93.59万人和100.47万人，分别比1978年增长48.2倍、1.4倍和76.5%。

科技创新能力不断增强。2017年，研究与试验发展（即Research and Development，缩写为R&D，下同）经费内部支出532.41亿元，比2011年增长1.2倍；规模以上工业企业中，有研发机构的企业有1790家，占全市规模以上工业企业数（4664家）的38.4%，比2011年提高28.6个百分点；企业办研发机构2195个，比2011年增加1605个；R&D人员9.79万人，比2011年增加3.9万人；年末有效发明专利数23 807件，比2011年增加19 815件；专利行政执法绩效考核全国第一；广州成为首批国家知识产权强市创建市。在提升科技创新软实力的同时，广州拥有国家工程技术研究中心18家，国家级企业技术中心25家，国家重点实验室19家；省级工程技术研究中心共946家，市级企业研发机构2624家；省级重点实验室213家，市级重点实验室156家；国家级、省级大学科技园6个。

社会保障体系持续完善。广州实施积极就业政策，千方百计增加就业，2017年城镇登记失业率为2.40%，自2013年以来连续五年保持在3%以下。广州社会保险覆盖面不断扩大，保障标准不断提高。2017年末，全市基本养老、失业、基本医疗、工伤、生育保险参保人数分别为1343.00万人、540.80万人、1161.68万人、579.31万人和518.92万人。2017年，企业退休人员养老金月均3316元，位于国内副省级城市前列。

卫生服务水平不断提高。广州积极完善基层卫生和公共卫生服务体系，大力提升医疗质量和服务水平，人民群众看病就医问题得到改善，健康水平和人口素质明显提升。2017年末，全市各类卫生机构4058个，其中医院243个，分别比1978年增加2469个和103个；卫生技术人员14.50万人，比1978年增加11.35万人；卫生机构床位9.02万张，比1978年增加7.31万张；每万人口医生数和医院床位数分别为55.41人和91.05张，分别比1978年增长1.2倍和2.1倍。

文化事业繁荣发展。广州举办众多高级别艺术盛会，音乐金钟奖永久落户羊城，举办金狮奖、金花奖、新年双语晚会、“声响亚洲”文化节、羊城国际粤剧节、广州国际管乐演奏大会、广州大学生电影节等系列文化艺术活动，展示了广州风采和魅力；文化基础设施不断完善；城市文化竞争力指数稳居全国第三。2017年末，全市共有各类专业艺术表演团体（事业单位）7个，文化馆13个，文化站167个，公共图书馆14间，档案馆31个，博物馆和纪念馆31个；广播电台2座，电视台3座；广播综合人口覆盖率和电视综合人口覆盖率均为100%。

体育事业取得佳绩。改革开放以来，广州建设了一批现代化的一流体育场馆，成功举办第六届全国运动会、第九届全国运动会、2006年广州国际女子网球公开赛、第27届世界摔跤锦标赛、第16届亚洲运动会、广州国际马拉松赛等大型体育赛事，广州运动员在大赛中取得好成绩。2017年，广州举办国际级、国家级单项比赛86次，广州运动员获得世界冠军22项23人次，亚洲冠军20项20人次，全国冠军153项185人次；全年开展各级各类大型全民健身活动赛事480项次，共有超过650万人次参加各级各类大型全民健身活动。

沧海桑田，时代巨变！改革开放40年，广州始终先行一步，以“敢为天下先”的改革精神，开拓进取。近年来，在国家、广东省出台的一系列重大战略决策部署中，广州被赋予新的角色定位：国家重要中心城市、国际商贸中心和综合交通枢纽、全面创新改革试验核心区、国家级新区+自贸实验区。根据《广州市城市总体规划（2017—2035）》，到2050年，广州要全面建成中国特色社会主义引领型全球城市。在新的历史起点上，广州将以习近平新时代中国特色社会主义思想为指导，按照总书记对广东“四个走在全国前列”的要求，坚持新发展理念，坚持高质量发展要求，推动广州国家重要中心城市建设全面上水平，在决胜全面建成小康社会、加快建设社会主义现代化新征程上走在全省前列，当好广东“四个走在全国前列”排头兵。

（广州市统计局综合处供稿）

改革开放40年广州人口发展情况分析

改革开放40年，广州市坚持人口与经济社会统筹发展道路，经济社会发展成就辉煌，人口发展焕发新姿。人口总量、质量及结构等方面发生重大变化，人口规模不断扩大，人口红利效应显著，人口性别比逐渐下降，人口素质稳步提升，城镇化步伐稳健，人口与经济社会协调发展。人口发展取得巨大成就，为广州全面建成小康社会提供重要基础性条件。

一、人口总量再上新台阶

（一）常住人口增速快

2017年末，广州市常住人口1449.84万人，接近1450万人，人口总量再上新台阶。比1978年的482.90万人增加966.94万人，增长约2.0倍，年均增长2.9%，增速较快。说明改革开放40年，广州经济社会发展态势良好，对外来人口吸引力较强（见图1）。

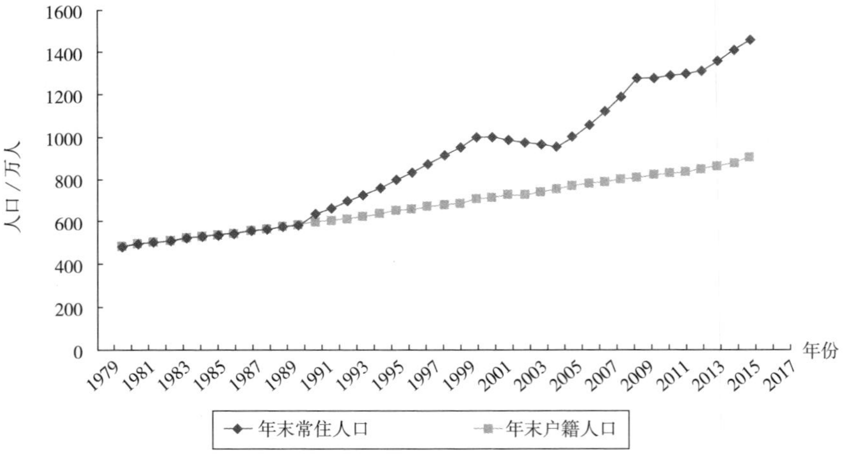

图1　改革开放40年广州人口总量情况

（二）户籍人口增速稳

2017年末，广州市户籍总人口为897.87万人，比1978年的482.90万人增加414.97万人，增长约85.9%，年均增长1.6%，增速平稳。表明计划生育政策实施以来，户籍人口总量规模得到较好控制（见图1）。

（三）流动人口增速猛

2017年末，广州市流动人口达943.53万人，比1990年增加894.53万人，增长近19.3倍。改革开放以来，随着广州市经济的迅猛发展和城镇化进程的快速推动，大量外来人口流入广州，成为广州人口的重要组成部分。

（四）人口自然增长先降后升

人口总量的增长，受自然增长和迁移两方面因素影响。改革开放以来，广州户籍人口逐渐转变为“低出生率、低死亡率、低自然增长率”

的人口再生产模式。受生育政策变化等影响，广州户籍人口出生率、自然增长率逐年下降后近年来开始回升。1978年，广州户籍人口出生率和自然增长率分别为15.46‰和10.14‰，到2003年分别下降为7.92‰和2.24‰，到2017年分别回升到22.73‰和15.84‰。由于生活水平的提高和医疗条件的改善，死亡率相对稳定，一直保持在5‰～7‰的较低水平（见图2）。

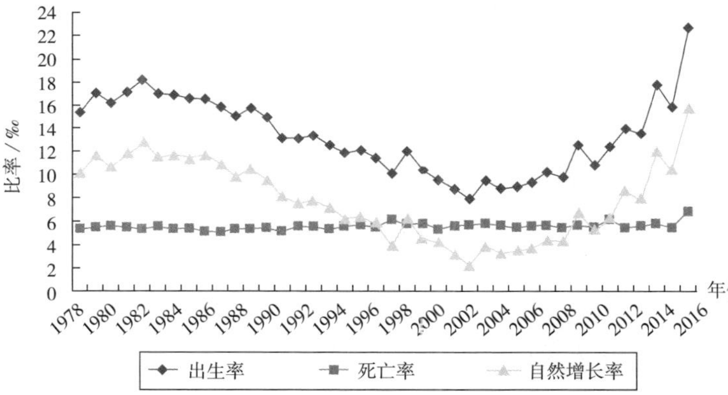

图2 改革开放40年广州人口出生率、死亡率和自然增长率情况

二、人口年龄结构体现新特点

（一）常住人口进入老龄化

改革开放以来，广州市常住人口年龄结构整体变化趋势为：少儿人口（0～14岁）比重下降，劳动年龄人口（15～64岁）和老年人口（65岁以上）比重上升。其中，2015年，受生育政策变化等影响，少儿比重略有上升，劳动年龄人口略有下降（见表1）。

表1 改革开放以来广州市常住人口年龄结构情况

指标	1982年	1990年	2000年	2010年	2015年
少儿人口比例 / %	28.5	22.9	16.4	11.5	13.0
劳动年龄人口比例 / %	65.7	70.8	77.5	81.9	79.1
老年人口比例 / %	5.8	6.3	6.1	6.6	7.9

2015年，广州市常住人口中老年人口比重达7.9%，按国际老龄化标准（65岁以上人口比重超过7%）来看，广州正式进入老龄化社会。这一进程比全国晚了约15年。人口老龄化也伴随着少子化（一般认为少年人口比重15%～18%为严重少子化），广州市少儿人口比例从1982年28.5%下降到2015年的13.0%。与改革开放初期相比，广州市人口年龄结构呈现新特点。

（二）仍然处于人口红利期

据人口普查数据推测，广州市人口红利机会窗口打开时间约为1983年。改革开放以来，随着计划生育政策的实施和大量外来劳动力的流入，广州社会总体负担轻，劳动力资源充足，人口红利效应显著，为广州经济腾飞和社会快速发展提供了重要的人力资源保障。

2015年，广州市常住人口中，少儿抚养比（0～14岁少儿与15～64岁劳动年龄人口之比）为16.4%，老年人口抚养比为10.0%，总抚养比为26.4%，仍低于50%的临界值，比1982年的52.1%下降25.7个百分点。广州市人口结构仍然呈现“两头低、中间高”的橄榄状特征，社会负担仍然较轻，广州市仍处于“人口红利”的黄金时期，具备充足的劳动力资源。

三、人口性别比呈现新气象

改革开放40年来，广州户籍人口性别比（以女性为100）基本处于正常水平范围内（一般为102～107），并呈现不断下降的新趋势（见图3）。2017年，广州户籍人口性别比为100.20，比1978年的103.33下降了3.13个百分点，且已低于102的下限值。

人口性别比不断下降是经济社会发展和进入老龄化社会之后的必然现象，女性人口占比提升也是社会文明进步的表现之一，说明改革开放以来，女性社会地位不断提升，重男轻女观念逐步淡化。随着老龄化程度加深，由于老年人口女性化的态势，广州户籍人口性别比将继续下降。

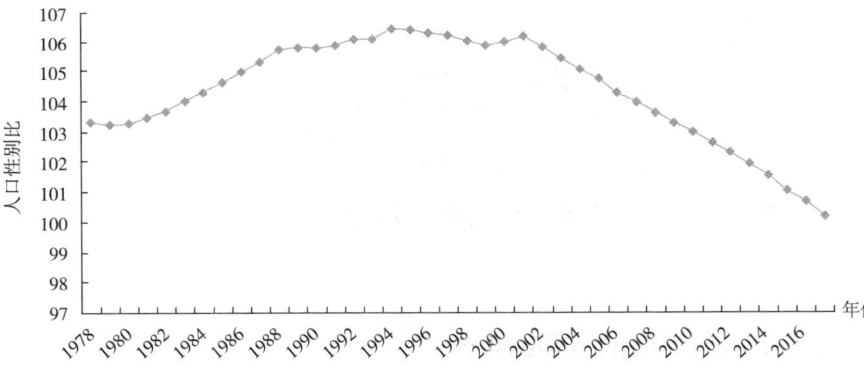

图3 改革开放40年广州人口性别比情况（女性为100）

四、人口素质再创新高度

改革开放40年，广州人口质量不断提升，文化素质提高，人均可预期寿命延长，人类发展指数上升，人口素质创历史新高。

（一）人口文化素质不断提高

改革开放以来，广州市坚持教育优先发展的理念，教育投入不断加大，高等教育不断普及，人口文化素质不断提高，人口质量不断提升。

2015年1%人口抽样调查数据显示，广州市6岁以上人口的平均受教育年限为11年，比1982年的7.28年提高了3.72年。大专及以上文化程度人口比重为25.1%，即每4个人中就有一个大学生，比1982年的2.8%大幅提高了22.3个百分点（见图4）。大量高素质的人口为广州市经济社会的发展提供了重要的人力资源基础。

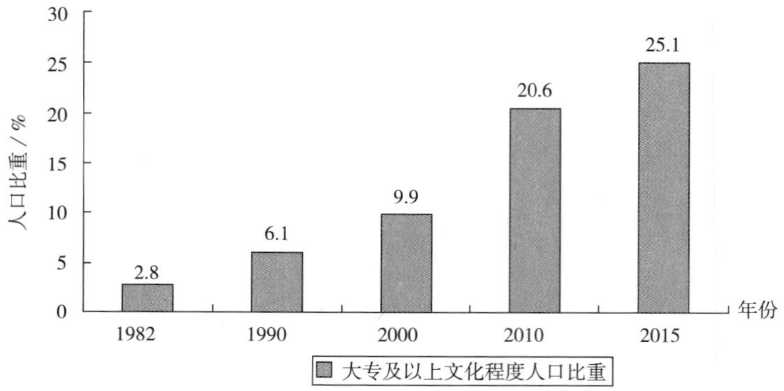

图4　改革开放以来广州大专及以上文化程度人口比重情况

（二）人口平均期望寿命延长

人口的健康素质是人口质量的一个重要方面。良好的人口健康状况也是人民幸福感、获得感、安全感的基础。改革开放以来，广州人口平均期望寿命逐步延长。2017年，广州市人口平均预期寿命为81.96岁，比1980年延长了9.24岁。其中男性79.14岁，女性84.93岁，分别比1980年延长了9.06岁和9.76岁（见图5）。广州市人口平均预期寿命比全国平均水平高了5.26岁，也超过了世界高收入国家人口平均预期寿命水平（79.28岁）。这表明改革开放以来，人民医疗水平和生活水平得到了持续、明显的改善，广州市人口质量发展态势良好，人民群众享受到了经济快速发展带来的成果。

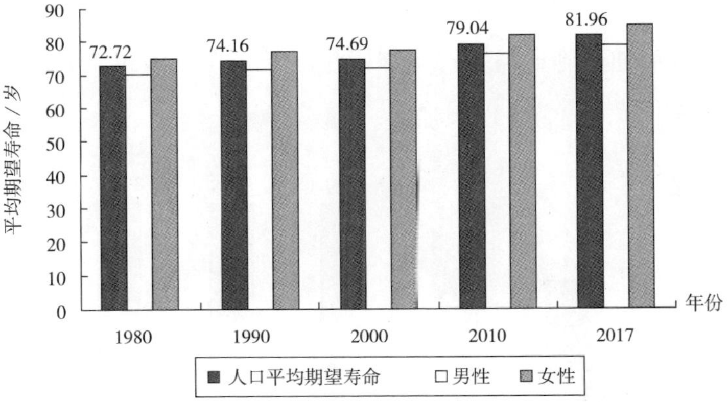

图5 改革开放以来广州市人口平均期望寿命情况

（三）人类发展指数上升

人类发展指数（即Human Development Index，缩写为HDI，下同）是由联合国发布的，以“预期寿命、教育水平和生活质量”三项基础变量计算出的综合指标，用以衡量一个国家或地区的人类发展水平和经济社会发展水平。2016年12月，联合国开发计划署发布的《2016年中国城市可持续发展报告：衡量生态投入与人类发展》报告指出，广州以人类发展指数0.869排在中国内地城市第一位，北京、南京、沈阳、深圳、上海居2～6位。这充分反映了广州人口发展居较高水平。

五、城镇化建设迈出新步伐

城镇化是工业化、现代化的必由之路。改革开放以来，广州市城镇化发展有序推进，城镇化水平稳步提升，城镇化建设迈出新步伐。2017

年，广州市常住人口城镇化率为86.14%，比1978年提高了41.08个百分点（见图6）。城镇化水平的提高和人口向城市聚集是经济发展的必然趋势。新型城镇化的核心在人。改革开放以来，广州城镇化质量也在不断提升，城市基础设施日益完善，居民生活质量得到改善，外来人口市民化逐步推进，城市包容性得到加强。

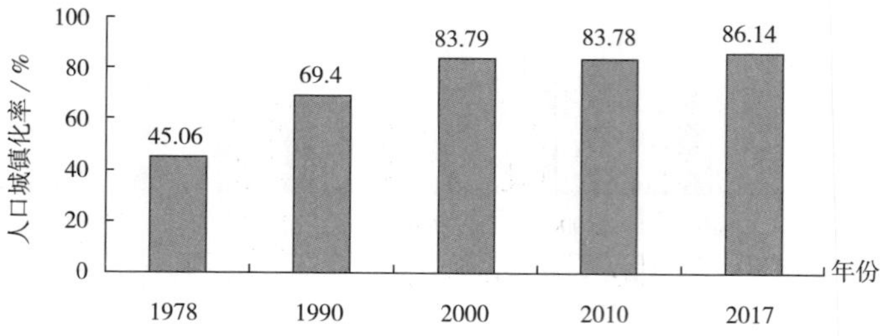

图6　改革开放40年广州常住人口城镇化率情况

六、人口与经济协调发展展现新面貌

通常以人口增长弹性系数，即人口增长率与经济增长率之比来衡量人口与经济发展的协调程度。人口增长弹性系数越低，表明人口与经济发展协调度越高；反之，则两者不相协调。人口增长弹性系数0.20及以下为“协调发展级”，0.20～0.99为“发展的渐进级”，大于或等于1为“发展停滞级”。

改革开放40年，广州经济飞速发展，人口总量大幅上升，较好地实现了人口与经济协调发展。1978—2017年，广州人口增长弹性系数为0.17，即地区生产总值每增长一个百分点，相应带来0.17个人口增长。处于人口与经济的协调发展级。分时期来看，1978—1987年、1988—1997年和1998—2007年广州人口增长弹性系数都低于0.20，处于协调发展级；2008—2017年广州人口增长弹性系数0.26，为发展的渐进级，说明近十年来，随着广州市常住人口增速相对加快，对地区生产总值的拉动作用有所减弱，但仍然接近协调发展的水平（见表2）。

表2　改革开放40年广州人口增长弹性系数

时间段	人口增长弹性系数 / %
1978—2017年	0.17
其中：1978—1987年	0.11
1988—1997年	0.19
1998—2007年	0.10
2008—2017年	0.26

可见，适当的人口规模和增速是实现经济社会协调发展的重要基础。改革开放以来，广州的人口发展整体上与资源环境是相适应的，与经济社会发展是相协调的。

改革开放40年，广州人口发展硕果累累。人口总量超千万，广州跻身世界超大城市之列，人口素质和质量有了质的飞跃。人口红利为广州经济腾飞作出了积极贡献，人口发展与经济社会发展更为协调。

展望未来，人口发展的主要问题将从人口数量问题转变为人口结构和发展不平衡不充分的问题。人口发展是基础，也是过程和结果。以人民为中心的发展理念决定了我们必须把促进人口均衡发展、家庭和谐幸福和人的全面发展作为建设现代化的出发点和落脚点。我们将牢牢把握历史机遇，抓紧均衡人口结构，提升人口素质，优化人口分布，提高人口福祉，平衡人口与资源环境承载能力，促进人口和经济社会全面协调可持续发展，为广州全面建成小康社会和实现高质量发展提供基础性支撑和重要保障。

（广州市统计局人口和社会科技处供稿）

改革开放40年广州劳动就业回顾与展望

“就业是民生之本，收入是民生之源。”1978年12月党的十一届三中全会拉开了改革开放的帷幕，唤醒了沉睡的南粤大地。改革开放40年来，随着经济社会的不断发展，广州市委、市政府以关注民生、保障民生、改善民生为立足点和出发点，以满足人民向往美好生活的需要为目标，实现了就业规模不断扩大，从业人员平均工资较快增长，并逐步建立了以按劳分配为主体，由市场机制决定、企业自主分配、政府监督调控的新型工资分配制度。

一、规模不断扩大，结构不断优化，就业形势稳定

（一）经济总量持续增长，就业规模不断扩大

改革开放以来，广州市委、市政府高度关注民生，将就业工作摆在经济社会发展的突出位置。在经济持续快速健康发展的同时，实施扩大就业发展战略、千方百计增加就业，充分发挥市场机制在人才资源配置中的决定性作用，让各类人才在有序的流动中寻找最佳的配置方式，实

现了广州市就业总量的持续稳步增长。2017年，广州市地区生产总值达21 503.15亿元，是1978年43.09亿元的499.0倍，剔除物价因素实际增长125.0倍，1979—2017年年均增长13.2%。同期，广州市全社会就业人员达862.33万人，比1978年的266.90万人增加595.43万人，增长2.2倍，年均增长3.1%（见图1）。

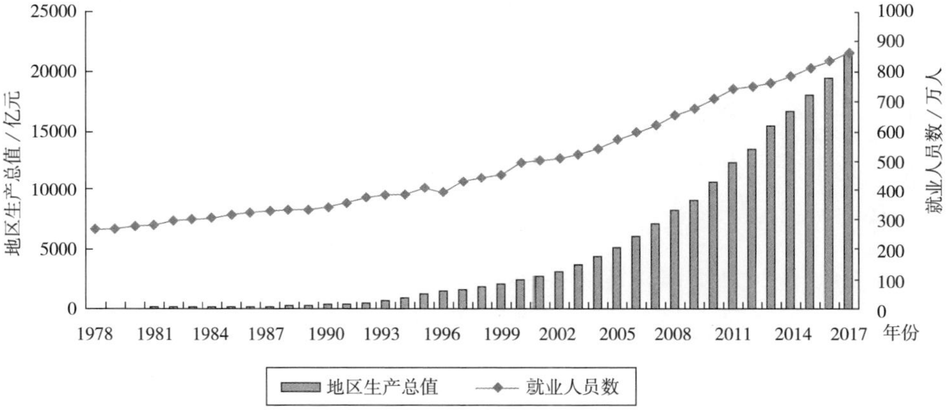

图1　1978—2017年广州市地区生产总值与全社会就业人员数情况

纵观广州市历年就业人员数量的变化，结合特定的时代背景，广州市就业情况大致分为四个阶段（见图2）。

第一阶段（1978—1991年）：双轨制就业制度下国有经济为吸纳城镇就业的绝对主力。1978—1991年是逐步推进经济体制改革并形成双轨制经济体制的时期，与双轨制经济体制相适应形成了双轨制的就业制度，但这种改革并没有真正触动传统计划体制下的统包统配就业制度的本质，只是旧框架内一种比较灵活的替代性措施。因此，在1978—1991年末，国有单位职工人数占职工人数的比例均在70%以上，成为吸纳城镇就业的绝对主力。

第二阶段（1992—2001年）：国有、集体以外的其他经济类型单位职工人数快速增长。1992年邓小平发表的南方谈话和中共十四大确立了中国社会主义市场经济体制改革的目标，解决了姓“资”姓“社”的问题，促进了国有、集体以外的其他经济快速发展。1992—2001年末，其他各种经济类型单位（除登记注册类型为国有、集体以外的其他内资企业、港澳台商投资企业和外商投资企业，下同）职工人数从20.29万人增加到66.53万人，增长了2.3倍；占全市职工总人数的比重从9.8%上升到38.6%，提高了28.8个百分点，在增加就业岗位方面发挥了重要作用。

第三阶段（2002—2011年）：其他各种经济类型单位逐步取代国有和集体经济类型单位的就业主导地位。在2003年党的十六届三中全会上，党中央再次强调“大力发展和积极引导非公有制经济”，使私营、个体、股份制经济单位和外资经济单位等非公有制经济逐渐发展壮大起来。2002—2011年末，其他各种经济类型单位职工人数[①]从73.23万人增加到196.26万人，增长了1.7倍；占全市职工总人数的比重从41.2%上升到66.1%，提高了24.9个百分点。2006年其他各种经济类型单位职工人数首次超过国有和集体经济职工人数之和，其他各种经济取代国有和集体经济在就业方面的主导地位。

第四阶段（2012年至今）：推动实现高质量就业发展阶段。党的十八大以来，以习近平同志为核心的党中央坚持以人民为中心的发展思想，根据经济发展新常态下的就业形势和特点，进一步明确了“劳动者自主就业、市场调节就业、政府促进就业和鼓励创业”的新时期就业方针，使得创业带动就业效应进一步发挥，不同经济类型就业比重相对稳定。2013—2017年末，城镇非私营其他单位在岗职工占全市职工总人数的比重从74.0%上升到75.5%，略微提高1.5个百分点；城镇国有单位在岗

①2007年以前为其他各种经济类型单位职工年末人数，2007—2010年为城镇其他各种经济类型单位职工年末人数，2010年以后为城镇非私营其他单位在岗职工年末人数。

职工占全市在岗职工的比重略降0.5个百分点，城镇集体单位在岗职工占全市在岗职工的比重略降1个百分点。

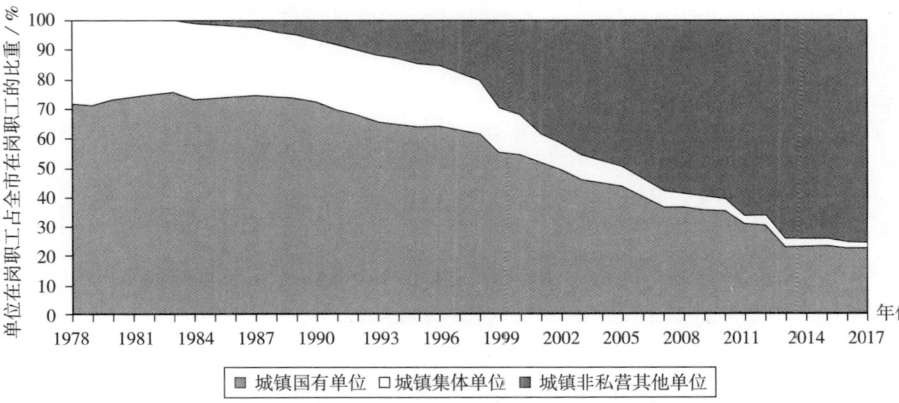

图2　1978—2017年广州市分经济类型在岗职工人数①情况

（二）经济结构稳步调整，就业结构不断优化

自改革开放以来，广州市经济结构不断调整，多种所有制经济得以发展，产业结构逐步升级，就业结构也在日益改善。广州市委、市政府通过制定实施一系列政策措施，鼓励发展第三产业和非公有制经济，努力构建开放型经济新体制，以经济结构调整带动就业结构的调整，就业结构进一步优化。1978—1983年，从业人员的就业结构为“一二三”格局。1984年末，第二产业从业人员的比重首次超过第一产业，“二一三”的就业格局初步形成。此后，第三产业从业人员比重稳步上升，第一产业从业人员的比重逐步下降，至1996年末，第三产业从业人员的比重首次超过第二产业，吸纳就业的主体由第二产业转变为第三产业，使“三二一”的就业格局更趋优化（见图3）。

①1978—2006年为职工年末人数，2007—2010年为城镇单位职工年末人数，自2011年起为全市城镇非私营单位在岗职工年末人数。

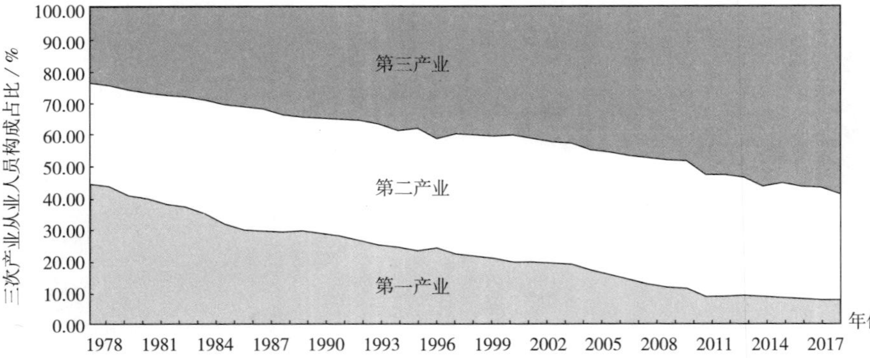

图3　1978—2017年广州市三次产业从业人员构成情况

分产业看，第一产业从业人员从1978年末的116.60万人下降到2017年末的62.00万人，减少了约一半；第一产业从业人员比重从1978年末的43.7%下降到2017年末的7.2%，下降了36.5个百分点。第二产业从业人员从1978年末的85.75万人增加到2000年末的198.29万人，22年累计增长了1.3倍，第二产业从业人员比重从1978年末的32.1%上升到2000年末的40.0%，提高了7.9个百分点；经历2001、2002年短暂下降后，第二产业从业人员开启稳中趋缓的增长态势，到2017年末达到286.61万人，比重为33.2%，比2000年末下降了6.8个百分点。第三产业从业人员逐年增加，从1978年末仅有64.55万人，增加到2017年末的461.24万人，累计增长了6.1倍，第三产业从业人员比重从1978年末的24.2%提高到2017年末的59.6%，上升了35.4个百分点。

（三）失业率维持低位，就业形势保持稳定

在努力扩大就业、改善就业结构的同时，广州市委、市政府采取多种措施加强失业调控，城镇登记失业情况得到有效控制。自1985年广州市公布城镇登记失业的相关数据以来，年末城镇登记失业人员均维持在30万人以内，城镇登记失业率均保持在4%以下（见图4），保持了就业局

势的基本稳定。

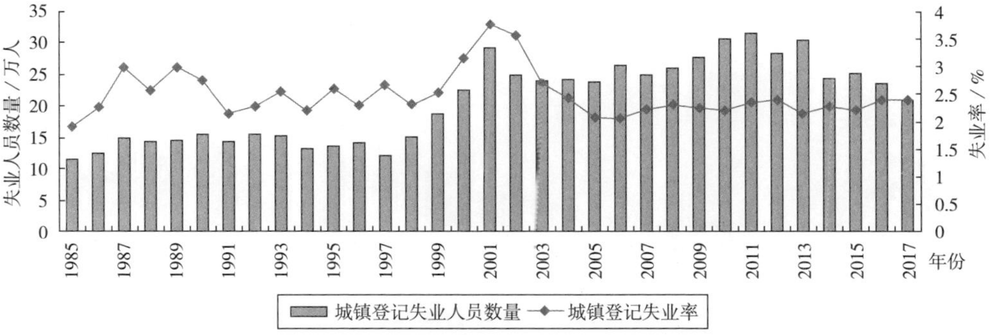

图4 1985—2017年广州市城镇登记失业情况

二、工资逐年提高，行业差距收窄，保障逐步提高

（一）人均生产总值持续增长，平均工资逐年提高

改革开放以来，广州市人均生产总值实现了持续增长，企业效益不断提高的同时政府不断推动收入分配制度改革，提高了劳动者的工资收入水平，有效地调动了劳动者的积极性。2017年，广州市人均生产总值首超15万元，达15.07万元，是1978年907元的166.1倍，剔除物价因素实际增长45.0倍，1979—2017年年均增长6.4%。同期，广州市在岗职工年平均工资[①]达9.86万元，比1978年的714元名义增长137.1倍，2017年城市居民消费价格指数（以1978年价格为100）达到978.8，在岗职工年平均工资剔除物价因素后，实际增长13.1倍，年均增长7.0%（见图5）。

①1978—2006年为职工年平均工资，2007—2010年为城镇单位职工年平均工资，自2011年起为全市城镇非私营单位在岗职工年平均工资（下同）。

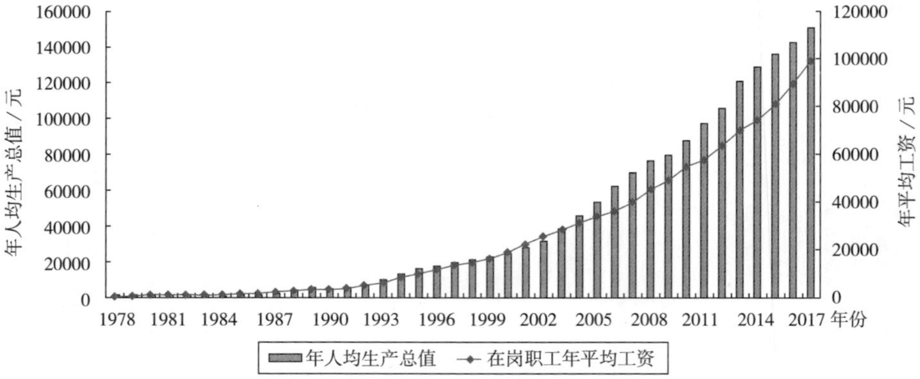

图5　1978—2017年广州市人均生产总值与在岗职工年平均工资情况

回顾广州市收入分配制度改革的历程，广州市在岗职工年平均工资的变化大致分为四个阶段。

第一阶段（1978—1991年）：逐步打破“大锅饭”，职工年平均工资缓慢增长阶段。随着经济体制改革的推进，纯靠政府指令性计划调节的手段逐步得以改变，市场机制被更大范围地引入。相应地，在收入分配制度方面，以打破平均主义为突破口，重新确立了按劳分配原则，否定了收入分配体制的高度集中和平均主义的分配方式。同时，随着坚持以公有制为主体，其他多种所有制的逐步发展，收入分配制度改革为了适应这种所有制结构的变化，确立了以按劳分配为主体，其他分配形式为补充的分配方式。1978年职工年平均工资仅有714元，1991年增加到4022元，13年间名义增长了4.6倍，年均增长14.2%。

第二阶段（1992—2001年）：按劳分配和按生产要素分配相结合，职工年平均工资进入快速增长阶段。随着经济体制改革的日益深化，收入分配制度改革也进入了一个新阶段。突破了以前的兼顾效率与公平，首次提出了“效益优先，兼顾公平”的原则。也首次使用并明确了“按生产要素分配”的地位，进一步提出了“允许和鼓励资本、技术等生产要素参与收益分配”，确立了“按劳分配和按生产要素分配相结合”

的分配政策。1993—2001年职工年平均工资名义增长3.6倍，年均增长18.5%。

第三阶段（2002—2011年）：逐步强调公平问题，职工年平均工资进入平稳增长阶段。随着收入分配差距的逐步扩大，开始逐步强调分配公平的问题，首次提出了在初次分配过程中，也要处理好效率和公平的关系。在这些分配政策的指引下，政府采取了很多缩小收入分配差距的政策。一方面提高低收入者收入，在城市和农村分别建立了与经济社会发展水平相适应的最低生活保障制度和最低工资标准；另一方面保护合法收入，调节过高收入，取缔非法收入。2003—2011年职工年平均工资名义增长1.2倍，年均增长10.0%，增速有所放缓。

第四阶段（2012年至今）：更加重视公平，着力让人民共享发展成果阶段。党的十八大以后，中央提出了努力实现居民收入增长和经济发展同步、劳动报酬增长和劳动生产率提高同步，提高居民收入在国民收入分配中的比重，提高劳动报酬在初次分配中的比重。较之以前，再次将公平放在了更加突出的位置，要求“初次分配和再分配都要兼顾效率和公平，再分配更加注重公平”。并且进一步提出“完善劳动、资本、技术、管理等要素按贡献参与分配的初次分配机制，加快健全以税收、社会保障、转移支付为主要手段的再分配调节机制”。2017年在岗职工年平均工资达9.86万元，比2012年的6.38万元增长55.7%，年均增长9.1%。

（二）更加注重公平，行业差距有所收窄

1978年以来，随着经济社会的发展，各行业平均工资稳步增长，行业间的差距经历了“平稳→扩大→下降”的倒V型过程。1978—1992年，在国民经济行业十二大门类中，在岗职工年平均工资最高为交通运输、

仓储及邮电通信业（除1982—1985年建筑业短暂领先外），在岗职工年平均工资最低均为农、林、牧、渔业，最高与最低行业在岗职工年平均工资的差距在2倍以内。1993—2008年，各行业在岗职工平均工资差距逐渐拉大。其中，1993—2002年，在国民经济行业十六大门类中，在岗职工年平均工资最高均为电力、煤气及水的生产和供应业，在岗职工年平均工资最低仍为农、林、牧、渔业，最高与最低行业在岗职工年平均工资的差距由2倍多扩大到3倍多；2003—2008年，在国民经济行业二十大门类[①]中，在岗职工年平均工资最高分别为金融业（2006—2008年）和信息传输、计算机服务与软件业（2003—2006年），在岗职工年平均工资最低为住宿和餐饮业（除2004—2005年农、林、牧、渔业垫底外），最高与最低行业在岗职工年平均工资的差距由3.8倍快速扩大到5.6倍的历史峰值；2007年党的十七大提出逐步缩小收入差距，随着政策效果的逐步显现，2008年以后各行业在岗职工平均工资差距扩大的趋势得到扭转，在岗职工年平均工资最高为金融业（2013年除外），在岗职工年平均工资最低为住宿和餐饮业（2013和2016年除外），最高与最低行业在岗职工年平均工资的差距由5倍多下降到4倍左右（见图6）。

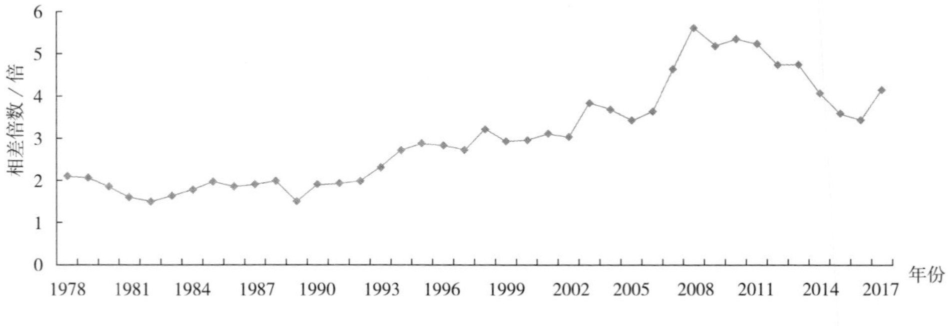

图6　1978—2017年广州市在岗职工年平均工资最高与最低行业相差倍数

①在此期间国家统计局对国民经济行业分类和代码进行了三次调整。1992年以前国民经济行业分类执行十二大门类标准，1993—2002年执行十六大门类标准，2003年以后执行二十大门类标准。

（三）社会保障政策兜底，保障水平逐步提高

改革开放以来，广州市借鉴国际社会保险制度发展与改革的经验，结合经济与社会发展实际，逐步建立了最低生活保障和最低工资标准制度，且随经济社会发展、消费价格指数和城镇居民人均收入变动动态调整。城镇居民最低生活保障制度和其他社会保障相关标准，起到了调节收入分配和贫富差距的作用。广州市自1995年建立城镇居民最低生活保障标准①以来，到2018年已做了13次调整，从1995年每月195元增加到2018年每月950元（见图7）。

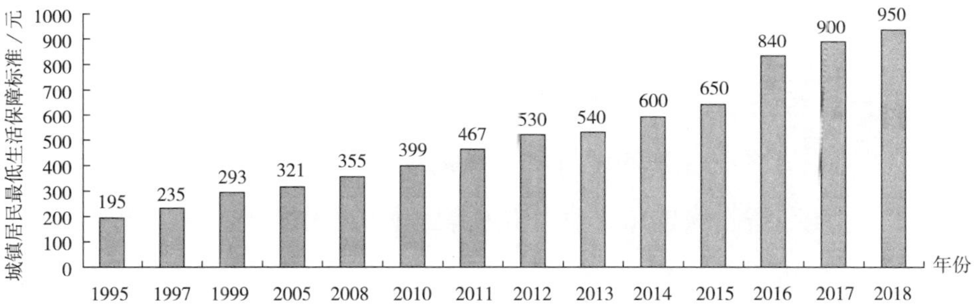

图7 1995—2018年广州市城镇居民最低生活保障标准

1993年，原劳动部发布了《企业最低工资规定》，标志着开始建立最低工资制度。广州市依据国家、省的相关规定建立了企业职工最低工资制度，并随经济发展定期调整。从建立之初至现在，企业职工最低工资标准已经过11次调整，从1993年每月250元增加到2018年每月2100元（见图8）。

①自2015年以后实行城乡一体，不再分为城镇居民和农村居民标准，统一为城乡居（村）民最低生活保障标准。

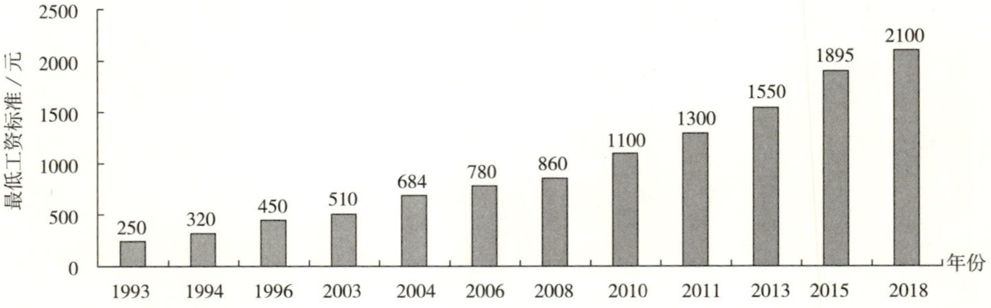

图8　1993—2018年广州市企业职工最低工资标准

三、劳动就业和工资变动的特点

（一）经济增长是就业增加和工资增长的“发动机”

按照西方经济理论的经济增长因素分析，一国或地区的GDP增长是技术进步、资本积累和劳动力增加等因素长期作用的结果。世界各国经济的发展史表明，就一国的长期总量生产函数而言，经济增长与就业及收入的增长一般是正相关的。改革开放40年以来，广州市国民经济持续、健康、快速发展为扩大就业和提高劳动工资提供了基础保障，进一步验证了经济增长与就业及收入增长之间的良性互动机制。

1979—2017年，广州市地区生产总值剔除物价因素实际年均增长13.2%，带动全社会就业人员年均增长3.1%，GDP就业弹性①为0.23，表明GDP每增长1个百分点，能带动全社会就业人员增长0.23个百分点。同期，广州市人均地区生产总值剔除物价因素实际年均增长6.4%，在岗职工年平均工资用城市居民消费价格指数消除通胀后，实际年均增长7.0%，人均地区生产总值收入弹性为1.09，表明人均地区生产总值每增长

①GDP就业弹性是指GDP每增长一个百分点所带来的就业增长率。用公式表示即为：GDP就业弹性=就业增长率/GDP增长率。

1个百分点，在岗职工年平均工资增长1.09个百分点。

（二）体制改革是就业增加和工资增长的“助推器”

就业和收入分配制度改革的历程充分印证了生产力决定生产关系，生产资料所有制决定收入分配体制的社会发展规律。在改革开放初期，就业和收入分配均在公有制的大背景下进行。党的十二大提出了计划经济为主，市场调节为辅；党的十三大提出了在坚持公有制为主的前提条件下，发展商品经济。党的十四大提出建立社会主义市场经济体制，所有制以公有制为主体，个体私营经济、外资经济为补充，多种经济共同发展。党的十五大最终确立了以公有制为主体、多种所有制经济共同发展的所有制结构。随着收入分配差距的不断扩大，党的十六大提出，坚持效率优先，兼顾公平的原则，在初次分配注重效率，再分配注重公平。党的十七大首次提出了“初次分配和再分配都要处理好效率和公平的关系”，强调了“再分配要更加注重公平”。党的十八大又将公平放在了更加重要的位置，要求“初次分配和再分配都要兼顾效率和公平，再分配更加注重公平”。十九大报告指出，坚持在经济增长的同时实现居民收入同步增长、在劳动生产率提高的同时实现劳动报酬同步提高。

随着经济体制改革的逐步推进和深入，劳动力市场经历了一个从无到有并逐步完善的过程，充分发挥了劳动力市场配置人力资源的决定性作用，达到了有效扩大就业的目标。收入分配制度改革也随之经历了“平均化的单一‘按劳分配’→打破平均主义→在坚持按劳分配为主体的前提下实行多种分配方式→按劳分配与按生产要素分配相结合”的演进过程。

（三）政策兜底是就业增加和工资增长的“稳压阀”

建立了覆盖城乡的公共就业服务制度和体系。20世纪90年代后期以来，广州市委、市政府大力加强劳动力市场科学化、规范化、现代化建设，建立了公共就业服务制度，形成了市、区、街（镇）、社区四级公共就业服务网络，基本实现了免费职业介绍服务。截至2017年底，全市经人力资源社会保障部门批准的人力资源服务机构962个，比1997年的210个增长了3.6倍。

政府的责任体系日益突出。改革开放以来，为适应国营企业经营机制的转换和劳动制度的重大改革，保障职工失业后的基本生活，1986年7月国务院颁布了《国营企业职工待业保险暂行规定》，以此为标志，我国的失业保险制度正式建立，失业人员的基本生活得到有效保障。进入21世纪以来，在继续完善经济领域立法的同时，加强了社会领域方面的立法。1993年原劳动部颁布了《企业最低工资规定》，在1994年通过的《中华人民共和国劳动法》第四十八条明确规定："国家实行最低工资保障制度。用人单位支付劳动者的工资不得低于当地最低工资标准。"2007年8月，全国人大审议通过了《中华人民共和国就业促进法》，将多年行之有效的就业促进政策措施通过法律形式确立下来，为积极就业政策的长期实施和实现公平就业提供了法律保障。与此同时，还建立健全了劳动合同制度、集体合同制度和协调劳动关系三方机制，促进建立和谐劳动关系，全力解决企业工资拖欠问题。

四、当前需关注的几个问题

（一）经济增长与就业增长不同步

尽管随着劳动要素市场配置机制的作用不断强化，经济增长与就业增长的非一致性程度在不断下降，同向变动的趋势逐渐明显；但是经济增长与城镇登记失业率之间的相关性一直不明显，而且自2005年以来，城镇登记失业率具有明显的向下“刚性”，即地区生产总值增长率往下走，城镇登记失业率却基本稳定（见图9）。

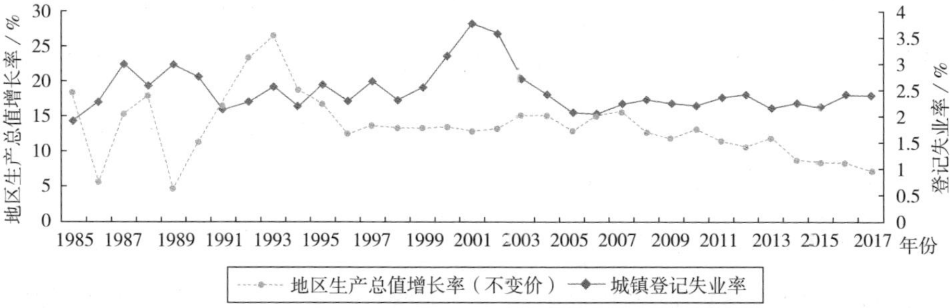

图9　1985—2017年广州市地区生产总值增长率与城镇登记失业率情况

自改革开放以来，广州市经济保持快速增长，带动了就业的增长，但经济增长和就业增长在速度上存在非对称性，这体现为GDP就业弹性的下降，经济增长带动就业增长的作用在减弱。1979—1991年间广州市GDP就业弹性平均值为0.188，而在1992—2001年间GDP就业弹性平均值下降至-0.13，经济的高速增长未能带来就业的快速增长。2002—2012年间GDP就业弹性平均值上升至0.29，但自2012年以后GDP增长率逐年走低，GDP就业弹性平均值也随之下降至0.06，这说明GDP增长所带来的就业吸纳能力在不断下降（见图10）。

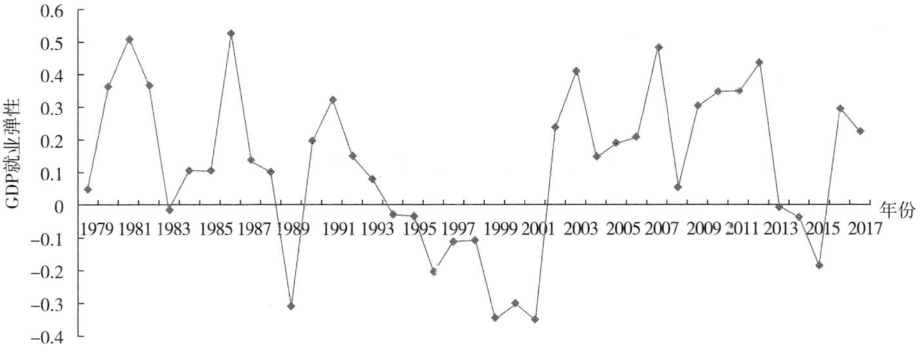

图10　1979—2017年广州市GDP就业弹性情况

（二）居民收入和劳动报酬在国民收入分配中的比重仍然偏低

党的十八大报告提出，提高居民收入在国民收入分配中的比重，提高劳动报酬在初次分配中的比重。尽管居民收入在国民收入分配中的比重①较2006年的谷底（31.8%）有所回升，升至2017年的36.8%，但仍远远低于改革开放初期1982年52.3%的比重，更低于国际上主要发达经济体居民收入占国内生产总值的比重（一般介于65%～72%）。

总体上来看，劳动报酬在初次分配中的比重②呈现明显的上升趋势，由1989年的32.0%上升到2017年的50.2%，提高了18.2个百分点（见图11）。而从国际上看，主要发达经济体劳动者报酬占国民总收入的比重一般为55%左右，因此，广州市还有提升空间。

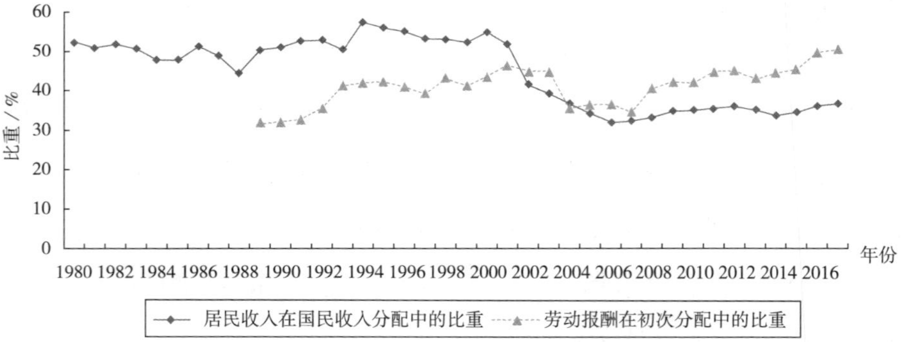

图11　1980—2017年广州市居民收入在国民收入分配中的比重和劳动报酬在初次分配中的比重情况③

（三）收入相对差距有所收窄，但绝对差距持续扩大

从行业差距来看，在岗职工年平均工资最高与最低行业的相对差距

①居民收入在国民收入分配中的比重没有直接的数据来源，这里直接用城市居民人均可支配收入占人均GDP的比重来近似代替。

②以收入法核算的GDP，其中劳动者报酬所占的比重。

③劳动报酬在初次分配中的比重仅能查到1989年至今的数据。

由改革开放初期的2倍左右扩大到2008年5.6倍的历史峰值后收窄到目前的4倍左右；但最高与最低行业的绝对差距却由改革开放初期的473元持续扩大到2017年的16.96万元（见图12）。

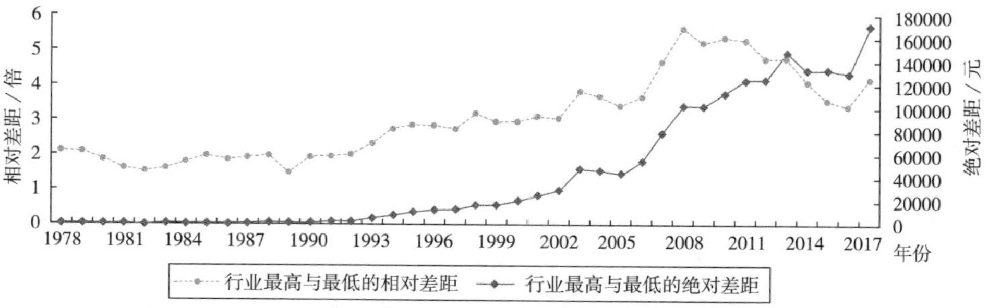

图12 1978—2017年广州市在岗职工年平均工资的行业差距情况

从城乡差距来看，城市居民人均可支配收入与农村居民家庭人均可支配收入[①]的相对差距由改革开放初期的2倍以内扩大到2007年2.6倍的历史峰值后收窄至2017年的2.4倍；但城市居民人均可支配收入与农村居民家庭人均可支配收入的绝对差距却由改革开放初期的283.46元持续扩大到2017年的3.19万元（见图13）。

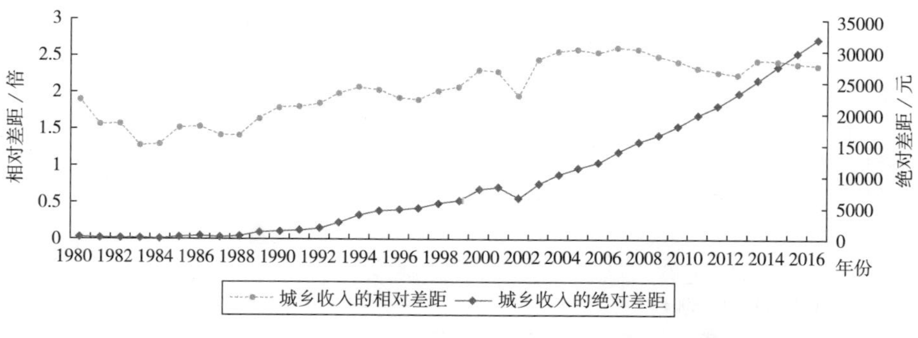

图13 1980—2017年广州市城乡居民人均可支配收入差距情况

①农村居民家庭人均纯收入自2003年起采用新的统计口径；2014年起广州实施城乡一体化分市县住户调查制度，统一以新口径公布城乡居民人均可支配收入，用农村居民人均可支配收入指标代替农村居民家庭人均纯收入指标。

从城乡居民内部分组差距来看，按五等份分组的城市居民人均可支配收入最高与最低的相对差距，由1999年[①]的3.4倍快速扩大到2001年的6倍后，缓慢收窄至2017年的3.3倍；但最高与最低的绝对差距却由1999年的1.48万元扩大到2017年的6.87万元（见图14）。

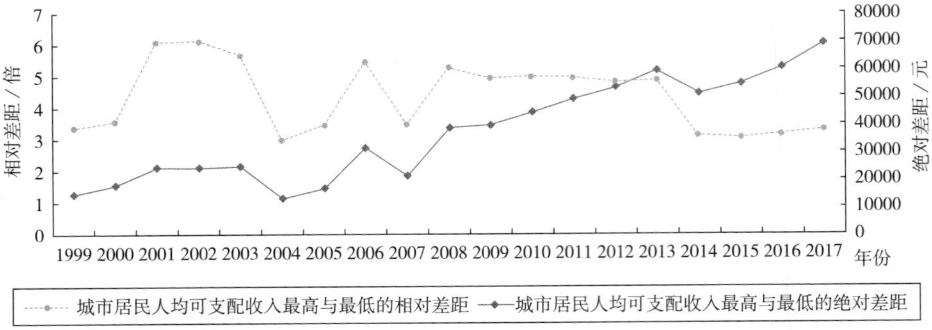

图14　1999—2017年广州市城市居民人均可支配收入差距情况

按五等份分组的农村居民家庭人均可支配收入最高与最低的相对差距，由1999年的4.9倍快速扩大到2005年的6.2倍后，缓慢收窄至2017年的3.3倍；但最高与最低的绝对差距却由1999年的0.96万元扩大到2017年的3.00万元（见图15）。

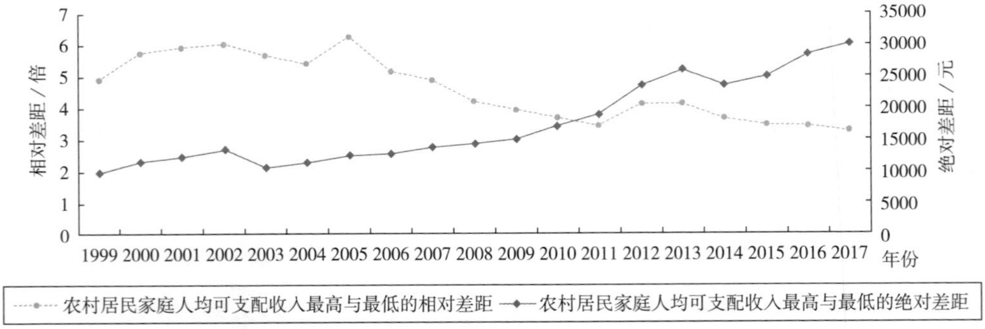

图15　1999—2017年广州市农村居民家庭人均可支配收入差距情况

①仅能查到1999年以来按五等份分组的城乡居民人均可支配收入数据；且2004—2005年、2007年未公布城市居民人均可支配收入，故用人均消费支出代替。

五、统筹推进就业岗位创造和劳动报酬增长的思考

在经济增长由高速转为中高速的新常态下，劳动力供求关系保持平稳，长期困扰我国就业的总量性矛盾基本得到缓解。但当前和今后一段时期，受产业结构转型升级以及国际国内各种不确定不稳定因素的影响，结构性就业矛盾依然存在。为此，各级党委和政府要深入贯彻落实习近平新时代中国特色社会主义思想和党的十九大精神，在实施就业优先战略过程中更加突出地体现以人民为中心的发展思想，加快建设实体经济与人力资源协同发展的产业体系，统筹推进就业岗位创造和劳动报酬增长，着力稳定和促进就业，更好保障和改善民生。

（一）大力发展实体经济，稳定和促进就业

一是发展壮大新动能，创造更多高质量就业岗位。围绕提高供给体系质量、建设现代化经济体系等重大任务，在做大做强新动能中，创造更多适合高校毕业生和高技能人才的高质量就业岗位。大力发展“互联网+”家政服务、养老服务，培育一批领军企业，创造更多高质量家政养老就业岗位。大力发展平台经济、众包经济、共享经济等新业态新模式，保障从业人员劳动权益，充分释放新动能带动就业效应。加快农业供给侧结构性改革，培育新型农业经营主体，积极发展农村电商等新业态新模式。推进高水平对外开放，稳定和促进外向型就业。进一步降低企业用工成本，对符合产业升级方向、产品技术较为先进，但受国际国内不确定不稳定因素影响遇到暂时性困难的企业，继续实施援企稳岗护航行动，鼓励企业尽力稳定现有就业岗位。

二是促进传统产业转型升级，引导劳动者转岗提质就业。同步推进传统产业升级和职工技能提升、岗位转换，围绕传统制造业向智能化、

绿色化、高端化、服务化发展的人才需求，引导和支持企业完善职工技能培训制度。支持企业通过项目工资、协议工资以及股权、期权、分红等方式强化薪酬激励，促进劳动者转岗提质就业。适应制造业智能化、服务化发展趋势，鼓励制造企业积极发展服务型制造，支持发展产品研发设计、整体解决方案设计等高端服务和远程维护、质量诊断等在线增值服务，不断延伸产业链条，开发更多研发、维保、控制等服务型就业机会，引导职工有序转换就业岗位。

三是深入推进创新创业，催生吸纳就业新市场主体。全面落实创新创业扶持政策，加快推进网上审批，深化商事制度改革，进一步降低市场准入门槛和制度性交易成本，不断激发市场活力，催生更多吸纳就业新市场主体。加快建立以企业为主体、市场为导向、产学研深度融合的技术创新体系，依托互联网、大数据等平台，加速创新创业资源开放与共享，支持各类企业创新发展。加大创业担保贷款实施力度，健全配套制度，加快各类小微企业创业创新基地建设，培育更多中小微企业，增强就业带动能力。

（二）多措并举，推动劳动报酬同步增加

一是稳增长、惠民生、促就业，推动劳动报酬增加。继续加大对实体经济的支持力度，促进企业和个人增收减支。在企业端要着力推进降成本，降低企业税费负担和制度性交易成本；优化营商环境，加大金融对中小企业的支持力度。在居民端，着力改善民生，推进基本公共服务的均等化、标准化，适当改革个税起征点及扣除等个税综合改革措施，减轻人民群众生活负担；夯实工资性收入的主体地位，鼓励勤劳守法致富，加大对劳有所得的保障力度；加强产业工人队伍建设，提高技术工人待遇等。

二是激发重点群体活力，带动劳动报酬增长。政策层面的重点群体主要是指技能人才、科研人员、小微创业者、企业经营管理人员、新型职业农民等群体。他们既是就业人员的主体，也是扩大中等收入群体的中坚力量。所以要通过完善针对这些群体的激励政策，带动整个社会劳动报酬的增长。如建立技能人才的职业资格、职业技能等级与相应职称比照认定制度，赋予创新团队和领军人物、领军人才更大的人财物支配权和技术路线的决定权，完善企业经营管理人员的股权激励办法，加快培育爱农业、懂技术、善经营的新型职业农民，等等。

三是保基本、兜底线，加大对低收入群体和行业的政策保障扶持力度。包括强化兜底网络，健全帮扶机制，提升扶危济困的精准化程度；完善劳动力市场政策，发挥失业救济和最低工资保障制度的作用，加大对困难行业、困难群体的就业创业支持。加强政策衔接，完善制度体系，进一步消除户籍等体制性障碍，搭建社会纵向流动的阶梯，让低收入者有机会跨入中等收入群体。

（三）履行好再分配调节职能，缩小收入分配差距

国际经验和我国现实均表明，为实现全体人民收入水平提高、缩小收入差距这一目标，分好蛋糕与做大蛋糕同等重要。因此，必须坚持按劳分配原则，完善按要素分配的体制机制。政府要切实履行好再分配调节职能，加快推进基本公共服务均等化，通过有效措施增加低收入者收入，调节过高收入，取缔非法收入，缩小收入分配差距，促进收入分配更合理、更有序。在初次分配领域，政府应该着眼于创造政策环境，让每个人享有公平的培育人力资本、从事就业创业和获得公共服务的机会；在再分配领域，政府以改革措施和法律手段，通过税收、劳动立法和执法、转移支付、社会保障和其他基本公共服务供给等公共政策途

径，合理规范收入分配秩序并调节初次分配结果，承担体制改革和结构调整中的转型成本，保护弱势群体的劳动力市场权益。

（广州市统计局人口和社会科技处供稿）

改革开放40年广州固定资产投资发展回顾

改革开放40年以来，广州市坚持以经济建设为中心，积极拓宽投资领域，扩大投资规模，优化投资结构，增强投资活力，项目建设成绩斐然，为全市经济高质量发展提供了坚实的基础，铸就了广州社会经济发展的新辉煌。党的十八大以来，广州市围绕稳增长、调结构、补短板、惠民生的总体要求，着力加强投资的有效性，以新的更大作为开创工作新局面，助推全市经济高质量发展。

一、波澜壮阔的40年：改革开放以来广州市固定资产投资发展历程

改革开放40年来，全市累计完成固定资产投资57 369.67亿元，成绩令人瞩目。从投资规模看，1978年全市固定资产投资只有7.26亿元，1981年开始投资规模超十亿元，1991年开始投资规模超百亿元，2002年开始投资规模超千亿元，至2017年全市投资规模达到5919.83亿元，是1978年的815.4倍，固定资产投资呈现跨越式发展。1979—2017年，广州

市固定资产投资年均增长20.3%。从各个历史时期看，“六五”时期至“十二五”时期，广州市固定资产投资年均增速分别为34.2%、19.6%、50.4%、7.5%、9.0%、14.4%和12.7%（见图1）。40年来，广州市固定资产投资发展主要经历了快速起步期、调整发展期、稳步发展期和高质量发展期四个阶段。

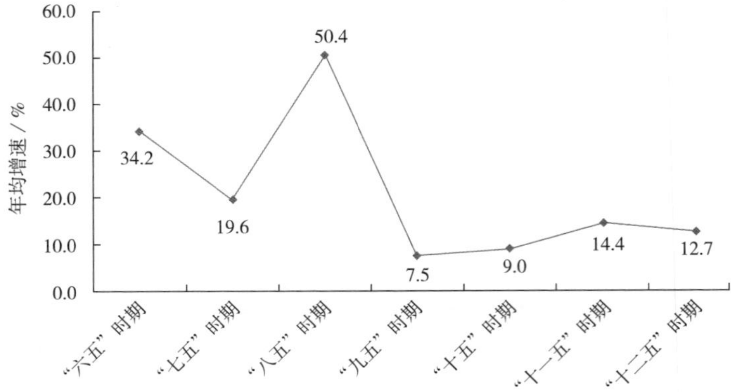

图1　“六五”时期至“十二五”时期广州市固定资产投资年均增速图

（一）快速起步期：1978—1995年（改革开放初期至“八五”时期）

这一时期，全市固定资产投资被迅速激活，从1978年的7.26亿元起步，逐步发展到1995年的618.25亿元，18年间累计完成投资2350.00亿元，1979—1995年年均增长28.7%，呈现高速发展的态势（见表1）。改革开放初期，百废待举，百业待兴，广州市固定资产投资迅速崛起，成为社会经济发展的坚实基础和有力保障。1980年至1985年6年间，有5年全市固定资产投资保持30%以上的高速增长。在1992年邓小平南方谈话精神的鼓舞下，广州市改革进入了新的阶段，开创了现代化建设新局面。1992年、1993年全市固定资产投资同比分别增长81.4%和98.5%，是改革开放以来增长最快的年份。

表1 1978—1995年广州市固定资产投资增长速度

年份	同比增速 / %
1978	-0.8
1979	2.3
1980	34.0
1981	36.9
1982	54.2
1983	8.9
1984	30.7
1985	45.8
1986	20.3
1987	11.3
1988	54.4
1989	3.5
1990	-2.9
1991	14.5
1992	81.4
1993	98.5
1994	40.8
1995	17.6

（二）调整发展期：1996—2005年（“九五”时期、“十五”时期）

这时期，广州市固定资产投资经历了两次低迷、两次复苏，在起伏中继续前行（见图2）。从1996年的638.94亿元，发展到2005年的1519.16亿元，10年间累计完成投资9886.97亿元，1996—2005年年均增长8.4%。受亚洲金融危机、全球经济发展放缓的影响，广州市固定资产投资在1996—1997年、2000—2002年期间表现低迷，只有个位数增长。其后广州市受扩大内需等宏观调控政策的刺激，实行积极财政政策，开拓进取，进一步加大城市基础设施建设和环境综合整治工作力度，全市固定资产投资出现复苏，1998—1999年、2003—2005年期间固定资产投资呈现两位数增长。

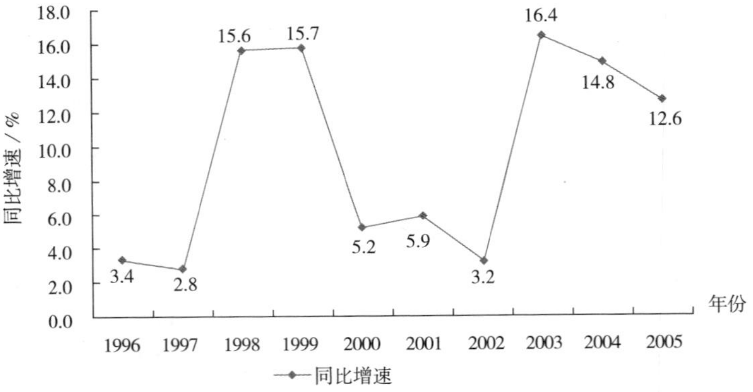

图2 1996—2005年广州市固定资产投资同比增速图

（三）稳步发展期：2006—2015年（“十一五”时期、“十二五”时期）

这时期，广州市抓住国际金融危机形成的倒逼机制，积极推进“三促进一保持”，引进建设一大批高端产业项目，固定资产投资稳步发展，从2006年的1696.38亿元，发展到2015年的5405.95亿元，10年间累计完成投资33 509.28亿元，2006—2015年年均增长14.0%。为成功举办第16届亚运会和首届亚残运会，广州市开展了大规模的城市环境综合整治，积极推进亚运城及各项设施建设，实现“天更蓝、水更清、路更畅、房更靓、城更美”的目标，固定资产投资在2009年、2010年掀起了建设高潮，连续两年增速超过20%。

（四）高质量发展期：2016—2017年（“十三五”以来）

我国经济步入新常态后，广州市深入推进供给侧结构性改革，加快产业升级，坚持创新引领，广州市固定资产投资由高速增长阶段转向高质量发展阶段。2016年、2017年固定资产投资同比分别增长8.0%和5.7%。在新发展理念的指导下，2017年，广州市高技术制造业投资同比增长1.1倍，引领广州市固定资产投资朝着高质量发展的方向奋力前行。

二、优化升级的40年：改革开放以来广州市固定资产投资结构变化

改革开放以来，广州城市建设不断提档升级，投资产业结构优化调整，投资主体日益多元化，融资渠道持续拓宽，质量效益不断提升，为促进经济平稳协调发展发挥了关键作用。

（一）产业结构有效调整

在投资规模扩大的同时，广州市积极推进经济发展方式的转变，第二产业投资提质增效，第三产业投资蓬勃发展，产业结构不断优化升级。1978年，广州市三次产业分别完成投资0.43亿元、3.21亿元和3.62亿元，投资结构为5.9∶44.2∶49.9，第二产业与第三产业投资规模差距不大。随着社会经济的发展，房地产开发投资逐步壮大，民生投入持续增加，第三产业投资的引领地位日益增强。2017年，广州市三次产业分别完成投资10.51亿元、751.51亿元和5157.81亿元，分别约为1978年的24.4倍、234.1倍和1424.8倍，第三产业投资规模显著扩大，投资结构为

0.2：12.7：87.1，第三产业投资的主体地位凸显。

（二）投资主体日益多元化

随着经济体制改革的不断深化，一系列投融资体制改革政策陆续出台，全市投资主体呈现多元化发展趋势，打破了国有经济单一投资主体的体制，逐步形成了国有经济、股份经济、外商及港澳台经济等多种投资主体全面发展的格局。1978年，广州市国有经济投资占全市投资比重为94.4%，投资主体单一（见图3）。1992年邓小平发表南方谈话后，改革开放继续深入，广州市外商及港澳台投资经济开始崛起。1993年，广州市国有经济投资占比下降至50.5%；外商及港澳台经济投资占比跃至22.6%，位列第二。随着改革的推进，广州市股份经济投资逐步发展起来，并渐渐成为广州市投资最主要的组成部分。2017年，股份经济投资占比达42.6%，排名第一；国有经济投资、外商及港澳台经济投资占比分别为22.9%和17.1%，分列第二、第三位（见图4）。

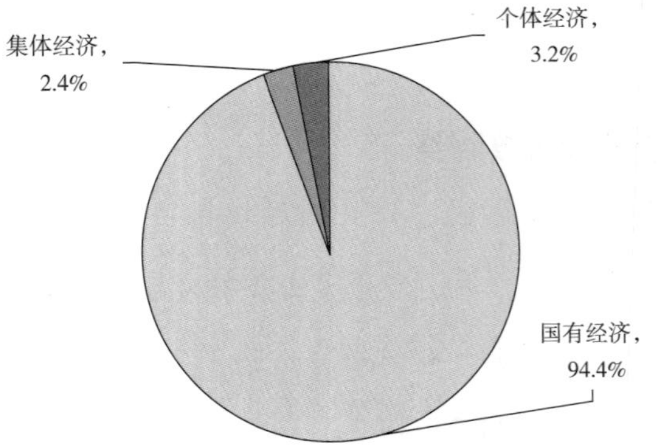

图3　1978年广州市固定资产投资构成图（按经济类型分）

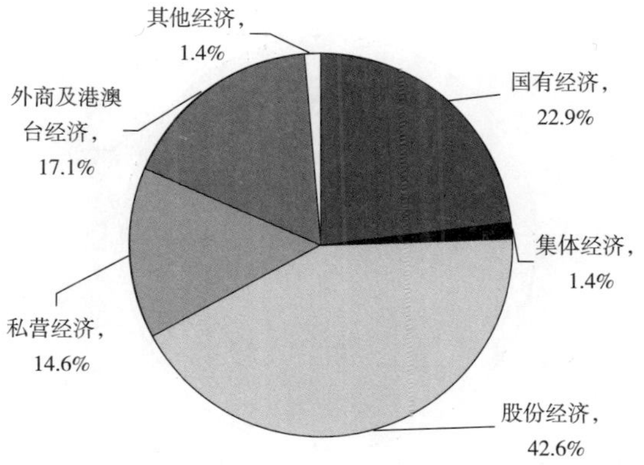

图4 2017年广州市固定资产投资构成图（按经济类型分）

（三）融资渠道持续拓宽

在投资主体多元化的同时，投资项目的资金筹措方式更加丰富，股票、债券、集资等融资方式逐步进入投资领域，企业融资渠道得到拓宽，为建设项目的顺利实施提供了保障。改革开放初期，广州市投资到位资金以预算内资金为主，自筹资金占比不高，国内贷款、利用外资尚未登上舞台。1978年，全民所有制固定资产投资的6.86亿元中，预算内资金、其他资金、自筹资金的比重分别为75.1%、20.0%和4.9%（见图5）。2017年，自筹资金占全市到位资金的40.5%，主导地位突出；其他资金、国内贷款占全市到位资金的比重分别为29.7%和21.1%，对广州市投资的发展发挥着重要的作用；国家预算资金占全市到位资金的比重只有8.0%（见图6）。

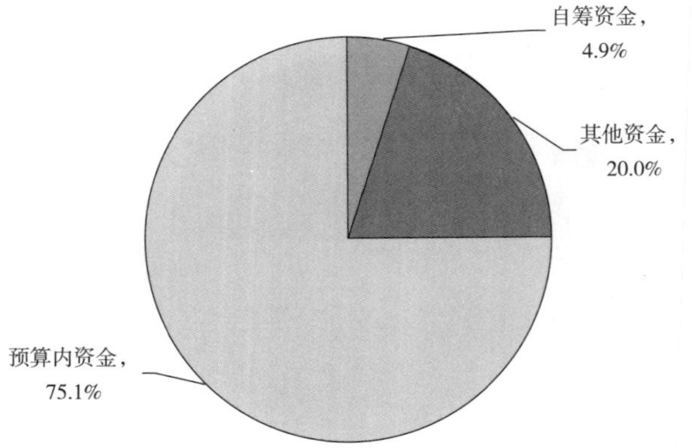

图5　1978年广州市全民所有制固定资产投资资金构成图

注：因资料所限，1978年只有全民所有制固定资产投资资金构成情况，全民所有制固定资产投资占全社会固定资产投资的比重为94.4%。

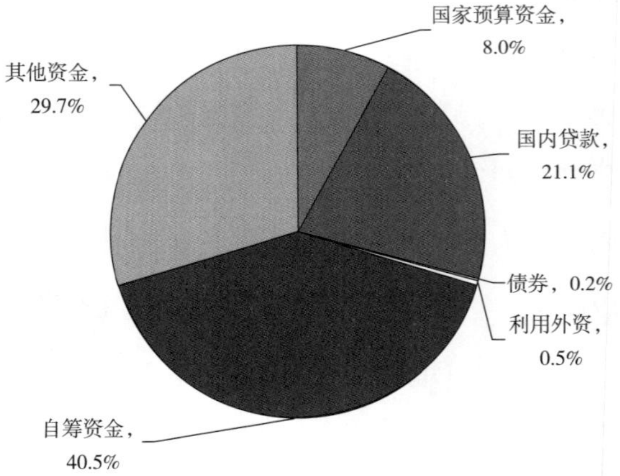

图6　2017年广州市固定资产投资资金构成图

注：国家统计局制度规定，从2012年定期报表开始，"国家预算内资金"指标改为"国家预算资金"指标，"自筹资金"指标中不再含有地方财政资金，原"自筹资金"指标中的财政资金划归到"国家预算资金"指标中。

三、成绩斐然的40年：改革开放以来广州市固定资产投资辉煌成就

改革开放40年来，广州投资规模逐年扩大，一座座高楼拔地而起，

综合交通基础设施建设成效显著，城市面貌发生了翻天覆地的变化。20世纪90年代初期，广州63层的广东国际大厦成为内地最高的建筑物；1997年，中信广场落成，再次拔高了广州的天际线；近年来广州塔、西塔、东塔相继建成，三大最高地标建筑成为广州极具国际影响力的城市新景观。市政设施建设方面，2017年全市道路7819.31公里，是1978年的20.0倍；道路面积13 012.82万平方米，是1978年的38.0倍；桥梁1491座，是1978年的10.7倍；绿地面积145 159公顷，是1978年的23.6倍。40年来，广州逐步建设成为国家重要中心城市之一，全国的三大信息港之一、三大航空枢纽之一和四大铁路枢纽之一，正在向枢纽型网络城市、国际一流城市的目标迈进。

（一）建设改造投资稳步发展

改革开放以来，广州市建设改造投资从1978年的7.26亿元发展至2017年的3216.94亿元，投资规模增加了442.1倍，累计完成投资35 852.13亿元，1979—2017年年均增长18.6%，增长态势良好。从投资比重看，改革开放初期，广州市几乎没有房地产市场，均为建设改造投资。随着住房制度改革和土地使用制度改革的启动与推进，广州市房地产开发市场逐步形成并发挥越来越大的作用，建设改造投资占全市投资的比重有所减少（见图7）。从1993年开始，建设改造投资比重基本维持在60.0%左右的水平。2016年、2017年建设改造投资占比进一步下降，分别为55.5%和54.3%。

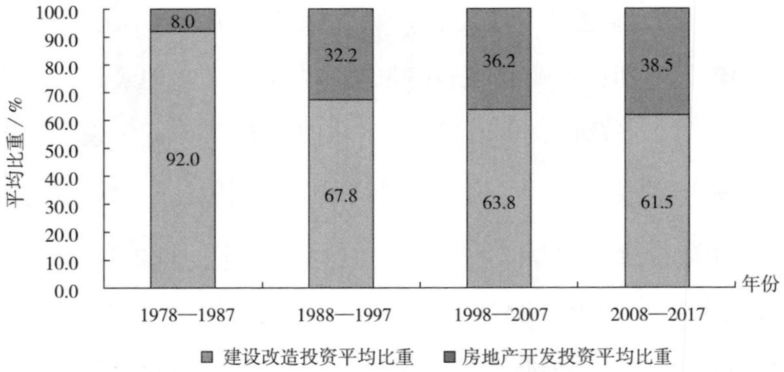

图7　广州市改革开放40年固定资产投资构成图

（二）房地产开发投资崛起腾飞

随着改革开放的推进，广州市房地产业迅速发展，在社会经济中扮演越来越重要的角色。广州市房地产开发投资从1984年的4.29亿元起步，至1988年规模超十亿元，至1993年规模超百亿元，至2011年迈入千亿元行列，2017年全市房地产开发投资2702.89亿元，规模明显扩大。1985—2017年，广州市房地产开发投资年均增长23.1%。其中，1988年、1992年和1993年成倍增长，同比增速分别为1.0倍、1.5倍和2.2倍。从比重看，房地产开发投资占比从1984年的14.3%逐渐发展到2017年的45.7%（见表2），比重明显提升，成为广州市投资重要的组成部分。从1993年开始，房地产开发投资占比均保持在30%以上，对全市投资的稳定增长起到较强的支撑作用。

表2 1984—2017年广州市房地产开发投资比重

年份	比重 / %	年份	比重 / %
1984	14.3	2001	39.6
1985	10.7	2002	42.2
1986	10.0	2003	35.7
1987	12.0	2004	35.4
1988	15.5	2005	33.4
1989	16.3	2006	32.8
1990	13.0	2007	37.8
1991	15.1	2008	36.3
1992	21.1	2009	30.7
1993	33.5	2010	30.1
1994	36.0	2011	38.3
1995	33.8	2012	36.5
1996	35.9	2013	35.3
1997	36.2	2014	37.1
1998	35.5	2015	39.5
1999	33.7	2016	44.5
2000	38.5	2017	45.7

（三）工业投资提质增效

改革开放以来，广州市工业结构和工业布局发生了深刻变化。从1978年的2.70亿元，发展到2017年的736.26亿元，40年来累计完成工业投资9509.32亿元，占全市投资的平均比重为16.6%；1979—2017年年均增长17.4%。改革开放头20年，是工业投资的黄金发展期，各年工业投资占全市投资的比重均超过20%，其中1986—1992年连续7年比重超过30%，最高值出现在1991年，占比高达39.2%。随着社会经济的发展和城市定位的调整，工业投资占全市投资的比重逐渐减少。近10年工业投资占全市投资的平均比重降至15.0%，比改革开放第一个10年的平均比重减少12.1个百分点（见图8）。党的十八大以来，广州市坚持以推进供给侧结构性改革为主线，加快推动经济结构战略性调整和经济转型升级。2017年，广州市高起点布局发展IAB和NEM产业，富士康超视堺、乐金OLED、广汽新能源汽车等重大项目加快建设，先进制造业集聚发展，新动能加速成长，全市高技术制造业投资298.49亿元，占工业投资的40.5%。

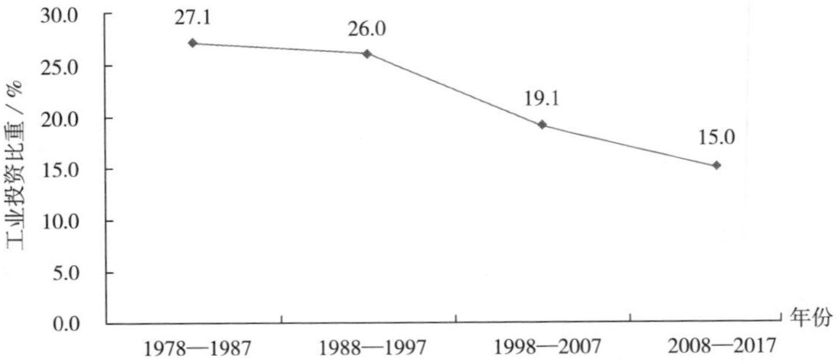

图8　广州市改革开放40年工业投资比重趋势图

（四）基础设施投资成效显著

随着经济的快速发展，广州市不断完善城市功能配置，城市面貌焕然一新。近10年来，广州市基础设施从2008年的605.86亿元，发展到2017年的1684.30亿元，累计完成投资11 945.01亿元，占全市投资的平均比重为28.7%；2008—2017年年均增长14.1%。2009年、2010年，广州市举全市之力筹办亚运会和亚残运会，空港、海港、铁路港、信息港等现代化重大基础设施建设全面提速，白云国际机场二期，南沙港区二、三期工程加快推进，广州南站建成投入使用，基础设施投资占全市投资比重分别高达38.4%和40.8%（见图9）。2017年，广州市统筹推进一批国铁、城际轨道，高速公路、国道、省道主干线和市政路桥工程建设，完善水利、环境和公共设施，全市基础设施投资同比增长15.3%，占全市投资的比重为28.5%。

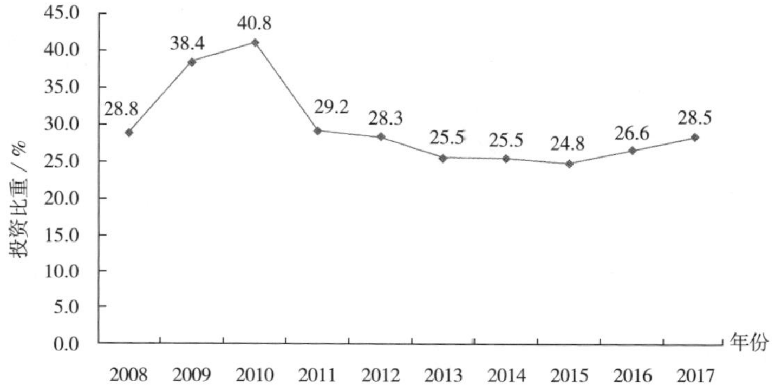

图9 2008—2017年广州市基础设施投资比重趋势图

（五）施工规模明显扩大

改革开放以来，人民生活水平逐步提高，办公、住房需求日益旺盛，全市施工规模明显扩大。2017年，全市房屋施工面积12 044.84万平方米，是1978年的28.0倍，1979—2017年年均增长10.6%，其中住宅施工面积6427.97万平方米，是1978年的37.1倍；房屋竣工面积1496.38万平方米，是1978年的近8.1倍，1979—2017年年均增长9.2%，其中住宅竣工面积832.80万平方米，是1978年的9.8倍（见表3）。

表3 1978年、2017年广州市房屋建筑面积情况

年份	房屋施工面积 / 万平方米	住宅施工面积 / 万平方米	房屋竣工面积 / 万平方米	住宅竣工面积 / 万平方米
1978	429.55	173.09	184.97	84.82
2017	12044.84	6427.97	1496.38	832.80

四十载波澜壮阔，广州市固定资产投资取得了辉煌的成就。站在新的起点上，广州市要进一步解放思想、改革创新、真抓实干、奋发进取，以新的更大作为开创工作新局面，按照高质量发展要求，抓重点、补短板、强弱项，勇当“四个走在全国前列”的排头兵。

（广州市统计局投资处供稿）

改革开放40年广州房地产业发展概况

自1978年12月党的十一届三中全会确定中国实行改革开放的政策以来，广州市房地产市场孕育而生，并迅速发展成长。改革开放40年，广州市房地产市场从无到有，房地产开发投资规模稳步增长，市场化水平显著提高，行业日益繁荣壮大。

房地产业的蓬勃发展满足了广大居民日益增长的住房需求、改善了市民的居住条件、促进了广州市社会经济发展。同时对新时代广州全面推进美丽、和谐、幸福城市建设作出突出贡献。

一、广州市房地产市场发展历程

纵观广州市房地产市场发展轨迹，房地产业先后经历了应势而生、不断探索、蓬勃发展、调控优化的历史进程。房地产行业在不断探索和改革中砥砺前行，不断进步。

（一）1978—1990年，房地产试点萌芽，破茧而出

邓小平同志在1980年4月发表了关于建筑业和住宅问题的重要讲话，

全国的住房商品化开始萌芽。1981年，广州市被列入第一批商品房开发试点城市。1982年，中央政府开始推动实施住房改革，广州市房地产的市场化由此起步，房地产业开始进入民众视野并逐步改变大众的居住和生活方式。1990年，广州市完成房地产开发投资总量仅为11.74亿元，整个房地产业从业人员不足2万人。

（二）1991—1997年，房地产发展体系初步建立，开发投资初具规模

1992年，邓小平视察南方并发表重要讲话，鼓舞了房地产市场。1993年，中央政府陆续颁布实施了住房公积金制度、发放住房债券等。在宏观经济过热的背景下，广州市房地产开发投资呈跳跃式增长。1991—1997年，广州市房地产开发投资由15.63亿快速增长至237.42亿元，年均增长速度达到57.4%。七年间累计完成投资1045.75亿元，是上个七年（1984—1990年）累计数的16.8倍。1997年，广州市房地产开发企业个数已达到977家，当年完成开发投资237.42亿元，约为1991年的15.2倍。

（三）1998—2014年，住房制度改革，房地产市场蓬勃发展

1998年，国家发布《城市房地产开发经营管理条例》和《国务院关于进一步深化城镇住房制度改革加快住房建设的通知》，通知明确要求从1998年下半年起停止住房实物分配，逐步实行住房分配货币化。同时调整了住房投资结构，重点发展经济适用住房，建立以经济适用住房为主的住房供应体系。房地产开发资金结构得到调整，全国住房分配制度发生重大变革。之后几年，国家又陆续出台相关政策，实行积极财政政策，启动住房消费，深化落实住房分配货币化改革；鼓励个人换购住房，免个人所得税；调整房地产市场若干政策；启动房地产市场，免征

房地产营业税，契税减半；推动住房制度、房贷、税费改革，完善土地招拍挂等配套政策，基本形成了完整的房地产市场框架。政策的推行极大促进了住房建设和住房消费市场，房地产市场迎来“黄金发展期”。2014年，广州市房地产开发投资已经达到1816.15万元，是1998年的6.7倍。1998—2014年年均增长速度达到12.7%，房地产开发投资年平均增量近百亿元。

（四）2015—2017年，调控政策密集发布，房地产市场步入新时期

房地产业经历十多年“黄金发展期”之后，住房市场供需关系失衡、房价快速增长等一系列民生问题逐渐显现。2016年中央经济工作会议重点强调“促进房地产市场平稳健康发展”。十九大之后，党的报告也同时指出“坚持房子是用来住的、不是用来炒的定位，加快建立多主体供给、多渠道保障、租购并举的住房制度，让人民住有所居”，首次提出了建立房地产调控“长效机制”。中央对房地产市场施政方向已逐渐明晰。根据中央的指示精神，为遏制房地产市场过热，保障市民合理购房需求，2017年3月份以来，广州市相继实施了“317新政”和“330新政”等一系列房地产调控政策。秉着“因城施策、分类调控”的宏观定位，以“平稳运行、健康发展”为落脚点，广州市住房市场长效机制进一步趋于完善，房地产市场将迈入一个新的历史发展阶段。

二、广州市房地产市场发展情况

（一）房地产开发投资稳步增长

改革开放40年来，广州市房地产开发规模不断扩大，开发投资稳步

增长，房地产开发投资占全社会固定资产投资的比重也在不断扩大。从房地产开发投资情况看，广州市房地产开发投资总量由1984年的4.29亿元快速增至2017年的2702.89亿元，34年内累计完成开发投资超过2万亿元，年均增长速度为20.9%（见图1）。从房地产开发投资占全市固定资产投资比重情况看，1984年，广州市房地产开发投资占全市固定资产投资比重仅为14.3%，经历了高速发展之后，房地产开发投资占比迅速攀升，1992年占比超过20%，1993年占比超过30%，2016年占比超过40%，2017年占比已经达到45.7%，房地产开发投资已逐渐成为广州市固定资产投资的重要组成部分。

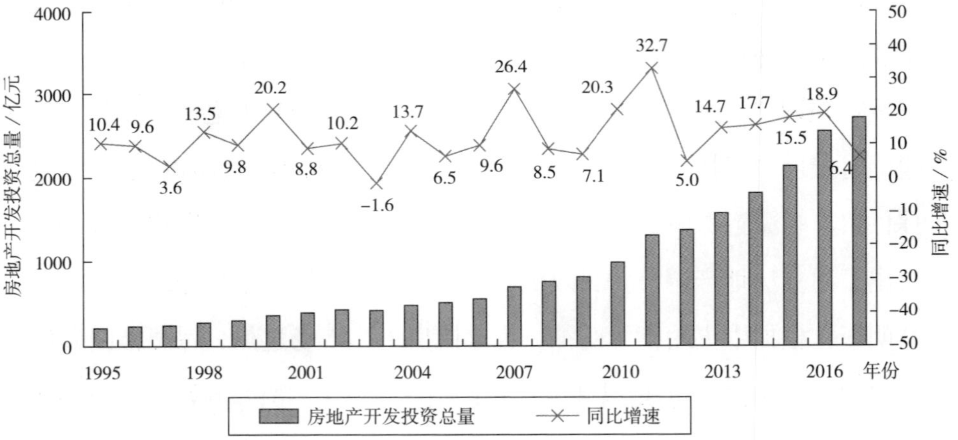

图1　1995—2017年广州市房地产开发投资完成情况

（二）房地产开发企业实力不断增强

改革开放40年来，广州市大型房地产开发企业开发实力不断增强。2017年，广州市在库统计的房地产企业1306家。其中，三级资质以上的房地产开发企业565家，占全市房地产开发企业的比重超过四成。从企业资产总计数据看，2017年，广州市房地产开发企业资产总计2.60万亿元，是1998年的14.7倍，1998—2017年资产总计年均增长速度为15.2%。从企业总体规模和盈利水平看，2017年，广州市房地产开发企业营业收入2369.53亿元，是1998年9.5倍，1998—2017年营业收入年均增长速度为12.6%。2017年，广州市房地产开发企业实现利润总额474.75亿元，是1998年的22.9倍，1998—2017年利润总额年均增长速度为17.9%。截至2017年末，广州市一级资质房地产开发企业共12家，本土诞生了保利、富力、恒大、珠江实业、越秀、时代、祈福等一系列大型房地产开发企业。这些企业致力于提升产品规划设计理念和建造品质，逐步成长为享誉全国的超大型房地产开发企业。

（三）施工规模不断扩大

改革开放以来，广州市房地产市场开发规模迅速扩大，房地产企业开发能力逐步增强。自1982年房地产业开始试点以来，在实行积极的财政政策，促进住房消费，深化落实住房分配货币化改革，鼓励个人换购住房，免个人所得税等一系列政策刺激下，广州市房地产市场开发热情高涨，商品房消费市场保持畅旺。到2017年，广州市商品房施工规模已经突破1万平方米大关，达到10 658.49万平方米，是1998年的3.3倍，1998—2017年商品房施工面积年均增长速度为6.4%。从各类型占比情况看，近20年来广州市住宅投资在整个房地产开发中比重一直保持在六成左右，住宅作为房地产开发重心的地位一直没有改变。

（四）销售面积波动增长，居民住房需求不断得到满足

改革开放以来，广州市人民生活水平不断提高，居民可支配收入也在快速增长。经济条件不断改善使得民众居住环境改善的需求也日益显现。加之商品房开发市场的快速发展为住房需求市场提供了有效供应，

商品房销售面积逐年扩大。1986—2017年，广州市商品房累计销售面积达到2.49亿平方米。其中，广州市商品房销售面积分别在1989年和2005年超过100万和1000万大关。2017年，广州市商品房销售面积已经达到1757.75万平方米，分别是2010年、2000年和1990年的1.3倍、3.2倍和15.3倍（见图2）。

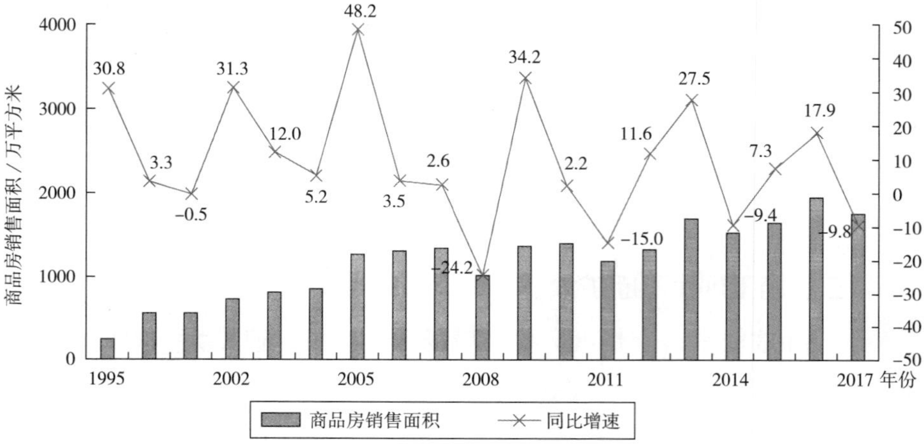

图2　1995—2017年广州市商品房销售情况

从商品房销售市场结构看，住宅销售一直是商品房销售的主体部分。2017年，广州市商品住宅销售面积占全市商品房销售面积比重为77.8%，占比较1998年减少8.4个百分点。广州被誉为千年商都，商业服务业在改革开放之后迅速发展崛起，这也直接促使了广州市居民对商业营业用房和办公楼的购房需求快速攀升，商业地产类销售面积占全市商品房销售面积比重也在不断扩大。2017年，广州市非住宅类用房合计销售面积390.28万平方米，是1998年的7倍。从占比情况看，2017年，广州市非住宅类商品房销售面积占全市商品房销售面积的22.0%，占比较1998年提高8.2个百分点。

三、广州市房地产业对社会经济发展贡献

（一）房地产业对社会经济增长拉动作用不断增强

房地产行业作为广州市支柱产业之一，近年来对广州社会经济增长的拉动作用越来越明显。1998—2017年，广州市房地产业增加值年均增长速度达到19.1%。2017年，广州市房地产业实现增加值1833.78亿元，是1998年的27.8倍，增速高于全市地区生产总值5.3个百分点。从房地产业增加值占比情况看，2017年，广州市房地产业增加值占全市地区生产总值的8.52%，占比较1998年提高4.95个百分点。2017年，广州市房地产业对地区生产总值的贡献率达到11.3%，拉动经济增长1.1个百分点，是广州市经济结构的重要组成部分，对社会经济增长的拉动作用也在不断增强。

（二）房地产业促进了社会就业

随着房地产业在社会经济中的比重不断扩大，房地产行业吸纳社会就业的能力也在逐步增强。改革开放以来，房地产业为社会提供了大量就业岗位，对于促进社会经济发展与稳定和谐发挥了至关重要的作用。1998—2017年，广州市从业人员年均增长速度为14.4个百分点。2017年末，广州市房地产业从业人数为34.92万人，是1998年的12.9倍。2017年，广州市房地产业从业人员构成中，房地产开发业从业人员4.87万人，占房地产业人员总数的13.9%；而物业管理、房地产中介服务、房地产租赁经营和其他房地产从业人员30.05万人，占从业人员总数的86.05%。

（三）房地产业大力推动了广州的城镇化进程

房地产业蓬勃发展，大力推动了广州市的城镇化进程。据广州市住

建委数据显示，2017年末，广州市城市建成区面积为1263.34平方公里，是1980年的近10倍。2017年末，广州市城镇化率已经达到86.14%，各项城镇化数据均位于全国重点城市前列。房地产业的快速发展不仅为城镇化提供必要的生产、生活、居住、商业娱乐等活动空间，并且大力提升了城市的规划建设水平，推动广州市城市化建设迈向更高台阶。

（四）房地产业满足了人民日益增长的住房需求

改革开放40年来，随着广州市经济的快速发展和居民收入的不断提高，广大市民对城市居住环境、房屋建筑质量的要求也在快速提高。受科技水平不断发展和人民观念不断进步等因素影响，花园小区、高层洋房、复式建筑、公寓式住宅、酒店式公寓、联排别墅等新鲜词汇不断进入民众视野。据统计，2008—2017年间，广州市别墅和高档公寓类项目销售面积达到703.37万平方米，是全市住宅需求的重要构成部分。房地产开发水平的不断提高，有效地满足了全市不同人群日益增长的住房需求，为新时代广州全面推进社会主义现代化建设和城镇化建设作出重要贡献。

（五）房地产业助力广州的美丽城市建设

改革开放40年来，广州市的城市建设发生了翻天覆地的变化。珠江两岸，灯光交相辉映；珠江新城，高楼林立；广式园林，密布城中。而房地产业的蓬勃发展为广州市的美丽城市建设写下浓墨重彩的一笔。广州市的一些大型房地产项目享誉全球，如著名的广州周大福金融中心，以530米的总高度在2016年全球十大新建摩天楼中排名第四，是广州的地标性建筑。广州国际金融中心获得中国建筑学会建筑设计奖（建筑结构）金奖和LEED铂金级绿色建筑认证，也开启了房地产“开发+运营+

金融”的高端商业地产发展模式；广州万科云山住宅项目荣获2010年中国土木工程詹天佑奖，并获得“全国优秀示范小区”和“中国国际花园社区”等称号。猎德村旧改、杨箕村旧改、琶洲村旧改等一系列旧城旧村改造项目相继完成。破旧的城中村被整齐划一的新式建筑和花园所替代，市民居住水平日益提升，城市面貌也焕然一新。

（广州市统计局投资处供稿）

改革开放40年广州能源消费发展回顾与展望

能源是推动经济社会发展必不可少的助动力，是国民经济发展和人民生活改善的重要基础。改革开放40年，广州经济持续快速健康发展，1979—2017年地区生产总值年均增长13.2%，能源投入功不可没。回顾历史，广州能源系统始终能在改革开放大局中确立发展定位、谋划战略举措，以开放促发展、促改革、促创新、促合作、促共享。特别是党的十八大以来，积极构建稳定、经济、清洁的能源供应体系，采取能源开发与节约并重的方针，着力推进工业企业结构调整和转型升级，加大节能降耗力度，积极促进工业向节约、清洁、低碳、高效生产方式转变，能源消费向着效率更高、结构更合理的方向发展，能源利用率稳步提高，不断推动能源向绿色、低碳、环保等方向发展。

一、能源消费总量增速逐步放缓

一般来说，同一时期能源消费增长较快的国家或地区，其国民经济的增长速度也较快；反之，能源消费增长较慢的国家或地区，其国民经济的增长速度也较慢。广州经济社会的发展充分印证了这一点。改革开放初期，广州能源消费增速较快，能源产品单一，石油、电力供应还是稀缺品，停电成为一代人的记忆。而今，广州能源消费情况已发生脱胎换骨的蜕变。近年来，广州市坚持以创新推动产业转型升级，加快现代服务业发展，大力发展先进制造业和战略新兴产业，主动适应经济发展新常态，在经济稳中有进、提质增效的同时，能源消费增速呈稳中趋降之势。1985年（广州市能源统计工作自1985年开始建立）以来，1985—1990年，能源消费总量增速随各年间经济发展速度的明显波动呈现较大差异，期间能源消费增速最快达到10.9%（1987年），最慢为1.1%（1988年）；1991—2005年，广州经济呈现两位数快速增长势头，能源消费总量随着经济的快速发展保持较快增长。1998年前后受亚洲金融危机影响，广州能源消费增速有所放缓，其余年份增速均超过5%，其中有8年增速超过10%；2006—2017年，能源消费增速逐步放缓，能源消费增速从2006年的7.7%逐步放缓至2017年的1.9%，大部分年份能源消费增速保持在3%左右的水平。全市能源消费总量由1985年的697.27万吨标准煤提高到2017年的5961.97万吨标准煤，比1985年增长7.6倍，年平均增长速度达到6.9%。同期，广州地区生产总值年均增长13.4%，明显高于同期能源消费增长的增速。

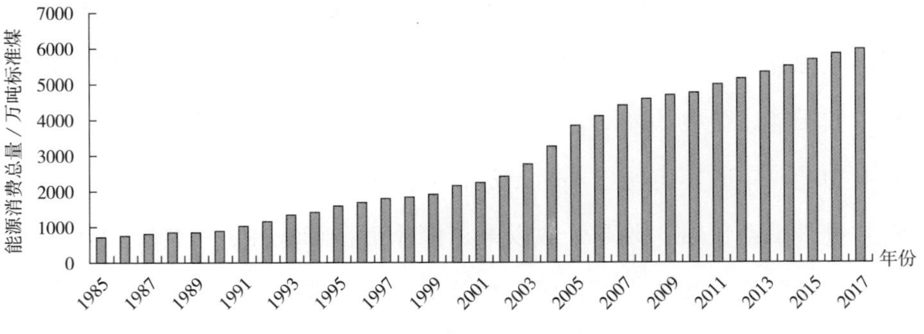

1985—2017年广州市能源消费总量

与此同时，电力作为能源产品中的老大，对广州市经济社会发展起到重要支撑作用。电力消费水平呈逐年升高的趋势，从侧面反映了生产力水平、科技水平和人民生活质量的提高。改革开放初期，电力占能源消费总量的比重在20%左右；1991年，电力占能源消费总量的比重达到30%，之后总体上呈现不断提升的趋势；2009年开始，电力占能源消费量的比重稳定在40%以上，2017年达到占比45.4%的最高水平。近年来，电力作为清洁、高效和得到大力发展的能源，在保障全市生产和生活用能安全的同时，消费量随着经济总量和城市规模的扩大不断增加，各产业的电力消费情况也随着产业结构优化升级和生活方式的改变发生变化。到2017年，广州市全社会用电量达到869.59亿千瓦时，比1978年增长36.9倍，年平均增长速度达9.8%，占全市能源消费总量比重达到45.4%的历史最高水平；三次产业的用电量比重为0.95∶64.43∶34.62，呈现良好发展态势。广州市能源及电力消费总量的快速增长，有力地支撑了全市经济社会的高速发展。

二、能源消费结构不断优化

改革开放前，受经济发展影响，广州市能源消费品种主要是传统的不可再生能源，如煤炭、石油等。改革开放后，经济呈多元化迅速发展，能源品种也随经济结构的变化而变化，呈多元化发展，如增加了风能、太阳能、生物质能等，能源消费结构趋于优化。而在电力方面，原有电力能源中的水电比重不断增加，太阳能、天然气等清洁能源从无到有并进入消费领域。改革开放以来，广州市在加快经济结构转型升级、加大污染防治攻坚战中，积极贯彻落实绿色低碳发展战略，推动能源结构优化调整。

（一）三次产业能源消费结构逐步优化

改革开放初期，广州市的能源消费以第二产业为主，特别是第二产业中的工业，其能源消费量占能源消费总量的比重达到七成。30多年来，各个产业能源消费量随着经济发展呈现了快速增长，而产业结构的变动使得各产业的能源消费结构不断优化，第二产业比重下降，第三产业和居民生活比重上升成为显著特征。1985年第一、第二、第三产业和城乡居民生活用能占全市能源消费总量的比重分别为0.42%、71.10%、17.13%和11.35%；到2017年第一、第二、第三产业和城乡居民生活用能占全市能源消费总量的比重分别为0.68%、42.42%、40.75%和16.15%（见下表），与1985年相比，第一产业占比增加0.26个百分点，占比始终在1%以下；第二产业占比降低28.68个百分点；第三产业和城乡居民生活用能占比分别上升23.62个和4.80个百分点。其中工业能源消费量占比由1985年的70.60%降至2017年的39.57%，占比变动达到31.03个百分点，是广州市能源消费结构变动的主要因素，第二产业和第三产业比重“一降一升”的态势与广州市“退二进三”的经济发展进程相辅相成。

1985—2017年能源消费量结构变动情况

行业	2017年能源消费量／万吨标准煤	比1985年增长	占能源消费总量比重／%	
			2017年	1985年
能源消费总量	5961.97	7.6倍	100.00	100.00
第一产业	40.75	13.0倍	0.68	0.42
第二产业	2528.84	4.1倍	42.42	71.10
第三产业	2429.64	19.3倍	40.75	17.13
城乡居民生活用能	962.74	11.2倍	16.15	11.35

（二）清洁能源占比不断上升

改革开放初期，广州市能源消费品种主要是不可再生，且带来较严重污染的煤炭、燃料油等。随着经济转型、改革开放的不断深化，特别是“十二五”以来，广州市各能源品种的消费结构出现了积极的变化，清洁化、高效化成为能源消费结构调整的主方向。以煤炭为代表的非清洁能源消费量占能源消费总量比重大幅下降，天然气消费量快速增长，以太阳能为代表的新能源开发利用从无到有。其中煤炭消费量占能源消费总量的比重由20世纪90年代高峰期时的超过五成，降低至2017年的18.0%；天然气的利用从生活领域向生产领域不断扩展，2017年消费量达到30.15亿立方米；太阳能开发利用在政策支持下逐步进入快车道，2017年太阳能发电量达到1.81亿千瓦·时。

2017年在深入推进煤炭消费减量替代工作和加快天然气推广应用工作力度双作用下，全市能源消费呈现煤品燃料等高污染能源品种比重下降，天然气、电力等清洁高效能源比重上升的良好势头。2017年全市能源消费总量中煤品燃料、油品燃料、天然气、电力（包括一次电力和外调电力）、其他能源消费量分别为1077.79万吨标准煤、2488.19万吨标准煤、400.93万吨标准煤、1738.43万吨标准煤和256.63万吨标准煤，分别占18.08%、41.73%、6.73%、29.16%和4.30%。煤品燃料和油品燃料占比分别下降0.29个和0.60个百分点，天然气和电力等清洁高效能源占比分别上升1.08个和0.63个百分点。

（三）优化提升产业结构

改革开放至20世纪90年代左右，广州市的电力、热力主要是燃煤机组，装机容量小，效率不高。近年来，广州市通过发电机组“上大压小”，推行使用天然气发电机组等举措，不断优化能源结构。特别是

“十二五”以来，广州市加大淘汰落后产能的力度，并于2014年在全国率先开展在役燃煤发电机组的“超洁净排放”改造。截至2016年底，全市所有机组完成了改造，合计完成改造机组共24台，总装机容量约500万千瓦，“超洁净排放”改造工作成效显著。2014年前，淘汰了8家企业合计装机容量5.55万千瓦的落后小火电机组。2016年底广州瑞明电力股份有限公司2台12.5万千瓦燃煤机组正式停运，2017年减少煤炭消费约30万吨。煤炭消费量占能源消费总量呈逐年下降态势，比重从改革开放初的50%左右降到2012年的27.7%，再下降到2017年的18.0%。

三、节能减排取得积极进展

改革开放以来，随着我国经济社会发展的进步，环境和能源问题日益突出，节能减排逐渐被提上重要的议事日程。国家、省相关部门制定了节能工作办法和措施，各地、各部门相继做出了工作部署，节能减排工作取得了积极进展。

重点领域节能降耗效果不断增强。党的十八大以来，广州市实施“百家重点耗能企业节能行动”，重点领域节能降耗成效显著。修建资源热力电厂、卫生填埋场、餐厨垃圾处理厂等，列入国家第三批餐厨废弃物资源化利用和无害化处理试点等；获得多个绿色建筑评价标识项目，推广太阳能光电建筑应用。截至2017年，太阳能分布式光伏发电总装机容量20.16万千瓦，全市生物质发电总装机容量13.24万千瓦；从化鳌头分布式能源站、广州超算中心天然气分布式能源站及广州开发区协鑫蓝天天燃气热电有限公司平稳运作。与此同时，近年来，减少了高耗能的燃煤发电厂、纸厂、印染等项目，2016—2017年通过“上新关旧”淘汰落后燃煤火电机组，淘汰印染行业产能7846万米，没有新上的石化、有色金属等高耗能项目。2017年新增新能源汽车1.8万辆，累计推广新能源汽车约5万辆。目前，广州市出行的公交车基本上是新能源车。

能源利用效率不断提升。随着我国经济发展进入新阶段，能源发展也步入了新阶段，能源利用效率不断提升。自“十一五”以来，单位GDP能耗指标已被纳入我国各时期国民经济和社会发展五年规划纲要，国家、省、市各级都建立了能源考核控制制度。其中，“十二五”期间，广州市以年均3.6%的能源消费增长率支撑了年均10.1%的地区生产总值增长率，2015年广州市单位GDP能耗比2010年下降21.01%，超额完成省下达的任务，单位GDP能耗约为全国平均水平的60%，低于广东省的平均水平。进入“十三五”时期，广州市主要能耗指标持续下降，其中2016、2017年万元GDP能耗同比分别下降4.96%和4.81%，至2017年，超额完成了万元GDP能耗下降目标任务和“十三五”目标任务累计进度，万元GDP电耗和工业增加值能耗同比分别下降1.32%和5.79%，保持了持续下降的良好趋势。

加工转换效率普遍提高。改革开放以来，广州能源事业取得一定成效，在能源消费保持稳步增长的同时，能源利用水平不断提高，主要能耗指标持续下降，能源加工转换效率稳中有升。1999年规模以上工业能源加工转换总效率为71.5%，2017年提高到79.0%。近年来，在大气污染防治和煤炭消费减量替代等工作带动下，广州市关停广州市梅山热电厂有限公司、广州瑞明电力股份有限公司等企业的落后燃煤机组，积极推动燃煤机组节能升级改造，能源加工转换效率总体保持稳步提升。2017年三大加工类别中火力发电效率达到40.9%，比上年提高0.6个百分点；供热和炼油效率分别为87.5%和97.8%，分别比上年提高0.5个和0.3个百分点。

四、存在的问题不容忽视

改革开放40年广州市能源发展虽然取得一定成效，但仍然存在不足和短板，节能降耗面临较大压力。一是消费总量控制难度加大，缺乏强有力的抓手。尽管目前广州市节能降耗工作已打下较好基础并取得显著成效，但持续推进节能降耗仍存在诸多挑战。二是电力需求旺盛，有可能带动煤炭消费量出现反弹。三是非化石能源占能源消费总量比重较低，开发利用有待加速。目前本地非化石能源开发利用量偏小，特别是太阳能开发利用规模与广州能源发展“十三五”规划中的目标仍相距甚远，开发利用有待加快。四是近年来，交通运输仓储和邮政业能源消费量快速增长，成为拉动广州市能源消费和影响能源消费控制的主要因素。交通运输业是联系国民经济各部门的纽带和发展经济的“先行官”，其快速发展将为经济社会发展提供强有力的保障。但当前交通运输仓储和邮政业占能源消费总量比重较大（2017年为23.1%），单位增加值能耗水平高，从而决定了其快速发展对经济增长的贡献和对能源消费总量拉升的矛盾愈加明显。

五、新常态下能源绿色低碳发展任重道远

能源消费与国民经济发展速度密切相关，是一把双刃剑。因此，我们在发挥能源产业为经济建设发展服务的同时，一方面要适应广州经济社会发展的需要，广泛地挖掘和利用可持续的能源项目，以提供经济社会发展的动力；另一方面，又要注重“开源”和“节流”，坚定不移地走绿色低碳发展道路，要通过调整地区产业结构和改进技术等，努力提高能源使用效率，适度控制能源消费总量的增长速度，以最少的能源消

耗促进经济的良性发展。

（一）以建设高质量发展体制机制为引领，推动能源结构优化转型

近年来，国家实行能源消费强度和总量“双控”。从近两年情况来看，能源消费强度控制目标受GDP增速放缓影响，持续下降的难度不断加大，能源消费总量控制目标的实现更是困难重重。为此，广州市只有转变经济发展方式，提升绿色低碳发展水平，建设高质量发展体制机制，降低能源消费强度，同时兼顾不削弱经济发展的原动能，才能实现能源消费总量与经济发展之间的协调平衡。要深入贯彻落实党的十九大精神，以习近平新时代中国特色社会主义思想为指导，以绿色发展理念为引领，扎实推进能源生产和消费改革，大力提升能源清洁化水平，抑制不合理能源消费。严格项目准入制度，限制高耗能高排放行业发展，大力培育发展节能低碳产业，推动经济结构向高附加值、低资源消耗方向转型；对新建、扩建高耗能项目实行能耗等量或减量置换，从源头上严格控制高耗能高排放项目建设。同时培育壮大新一代信息技术、生物与健康、新材料与高端制造、新能源与节能环保等战略性新兴产业，推进优势产业绿色发展，以推动广州生态文明建设迈上新台阶。

（二）以打好污染防治攻坚战为依托，贯彻落实节能降耗各项举措

工业革命以来，建立在煤炭、石油、天然气等化石燃料基础上的能源体系在推动人类社会的进步和发展的同时，也带来日益严峻的环境问题。能源消费性污染已成为我国的主要污染源，严重影响着生态环境。

当前，我国生态文明建设处于“关键期、攻坚期、窗口期”，党

的十九大报告将“污染防治”列为三大攻坚战之一，并将其作为党和国家今后三年重点要抓的工作任务，为节能降耗工作的开展提供了有利环境。我们要以污染防治攻坚战为依托，全面强化能源资源节约和循环利用，不断强化工作力度，把节能和提高能效作为打好污染防治攻坚战、打赢蓝天保卫战的源头措施。在加大煤炭消费减量替代工作力度，全面推进传统高耗能行业节能改造和清洁生产改造，大力推广节能产品、技术、设备和服务，大幅提高煤炭等化石能源的清洁高效利用水平等方面做好贯彻落实工作。

（三）以加快天然气开发利用为切入点，推进煤炭消费减量替代工作

要严格控制煤炭等高排放能源消费，大力发展天然气、可再生能源，提高能源生产、电力输送效率，促进能源结构低碳化。坚持减量与替代工作双管齐下，以加快清洁高效的天然气开发利用为切入点，优化能源消费结构，才能在完成煤炭消费减量工作，打赢蓝天保卫战的同时，不影响经济发展所需能源供给。要加快燃气机组建设步伐，提高燃气机组装机容量和其占火力发电机组的比重。在燃气机组项目立项，核准和建设工作中加快进度，通过新增天然气机组投产和服役期满燃煤机组关停，进一步实现煤炭消费减量替代和加工转换效率的提升。要加快天然气推广应用，积极拓展天然气气源，建设完善天然气管网，提升主干管网接收输配能力和管道覆盖率。要结合供给侧结构性改革降成本要求，积极采取多种有效措施，降低下游企业用气成本，切实降低天然气推广利用成本。同时，要打造一流电网，建成安全、可靠、绿色、高效的智能电网等，以实现经济、环境可持续发展。

（四）以构建现代交通运输体系为目标，提升交通运输业能源利用效率

交通运输业单位增加值能耗高，能源消费量占广州市能源消费比重大，其能源利用效率的提高对加快广州市第三产业发展质量，遏制能源消费量增长十分关键，且大有潜力可挖。因此，广州市要在着力构建枢纽型网络城市的过程中科学规划，建设各种运输方式衔接紧密，智能技术广泛应用，运输服务提质升级，安全、便捷、高效、绿色的现代综合交通运输体系，提升交通运输效率。要加快科技含量高、能耗水平低的现代交通运输工具，特别是新能源汽车在交通运输业的推广应用。重点在城市公交、出租汽车和城市物流配送领域，通过完善和落实对新能源汽车推广应用的扶持政策，科学选择新能源汽车车型，结合本地实际和运营需求，优化运营调度和充电设施布局，提高新能源汽车的运营效率。要充分发挥行业管理职能，加强对车辆、船舶等交通运输工具能耗的监督检查。从源头上限制高耗能运输装备进入交通运输市场的同时，加快燃料经济性差、尾气排放超标的交通运输工具退出市场。要狠抓重点交通运输企业的节能降耗工作，明确企业节能主体责任，建立节能工作责任制，增强企业员工特别是驾驶员的节能意识，促进企业节能降耗达到更高的水平。

（广州市统计局能源处供稿）

改革开放40年广州财政金融发展回顾

改革开放40年来，广州财政金融实现了跨越式发展，财政税源体系不断优化，推动了财政收入的稳步增长，金融体系日趋完善，形成传统金融、新兴金融互补发展的良性格局，为广州市经济社会健康发展提供了有力保障和支持。

一、财政

改革开放以来，广州财政坚持改革创新，不断完善体制机制，实施积极有效的财政政策，深化财税体制改革，统筹推动城乡区域协调发展，财政收入大跨越，推动财政事业踏上新台阶。

（一）改革开放40年财政体制的历史演变进程

1978年以来，广州财政体制不断深化改革，锐意创新，逐步实现从计划经济体制向社会主义市场经济体制的转变。主要分为三个阶段：

（1）1978—1993年，广州财政实行“分级包干和分级管理”的财政包干制。中央和省赋予广州市一定的财政税收优惠政策，给广州市地方财政一定的自主权。1979年4月，中央决定打破统收统支的旧体制，实行财政包干体制。1980年起，实行“划分收支，分级包干”的财政包干体制，市财政收入有固定的项目。之后，又改为“核定基数，增收分成”和“定额上缴，超收全留，核定收支，分级包干”。广州各区（县级市）的财政收支可以因地制宜自行掌握，调动了各级财政的积极性。

（2）1994年以后，实行分税制分级财政体制，促进区域的协调发展。1994年起，全国统一实行分税制分级财政体制。广东省对广州则实行“分税包干”体制，即在全国实行分税制分级财政体制的同时，维持原来包干体制的基本格局。以1993年税收作为省对市的税收返还基数，增值税中央分享75%、广州分享25%；营业税、企业所得税和土地增值税广东省分享40%、广州市分享60%。分税制的实施，初步建立了与社会主义市场经济体制相适应的财政体制框架，采取切实措施保证了中央税和地方税的增长，实现了税制改革的平稳过渡。1996年起，在分税制的基础上，广东省对广州市实行“分税分成，水涨船高”的财政体制。新体制将地方收入分为省级固定收入、市县固定收入和省市共享收入三部分。广州财政部门按照“分级负担，区别对待”的原则，对部分区和县级市的财政基数进行适当的调整，保证了新体制的顺利实施。2001年，广州进一步完善财税体制，调整市对八区分税制财政体制改革方案。针对分税制财政管理体制存在的问题，从解决基数遗留问题、综合财政支出和经济发展等因素考虑，重新形成市与区、区与区之间更为完善的收入分配机制，调动了各区组织财政收入的积极性，实现了市对区财政体制的规范、统一，有效促进了区域的协调发展。

（3）2006年，广州对市、区共享收入的分成比例实行一区一率。2006年以来，广州市先后出台了四轮市对区财政管理体制。这四轮市对区财政管理体制，对照市下放区（县级市）管理事权，按照“财随事转”的原则，在财力上给予保障；进一步加大财政激励机制和横向转移支付力度，逐步缩小区域间财力差距，促进区域基本公共服务均等化；扩大区参与土地出让收入等专项收入的分配，充分调动和发挥各级政府创收增收积极性，以增强各区域科学发展、持续协调发展等方面的能力。现行市对区财政管理体制在逐步理顺市、区各级政府职责的基础上，较好地体现了财权与事权相统一、兼顾公平与效率的原则，一方面增强了市级宏观调控能力，另一方面促进了区域基本公共服务均等化和城区之间经济的均衡、协调发展；并通过完善收入激励机制，较好地调动了各区增收的积极性，市、区共享经济发展成果。

（4）广州财政积极转变财政职能，改革创新，采取了一系列改革举措。近十年来，广州市财政继续深化部门预算、国库集中支付、政府采购、“收支两条线”管理、绩效评价、投资评审、会计管理和资产管理等多项特色改革，进一步加强和提高预算编制的完整性和科学化水平；采取有效措施加强资金安排的计划性，加快预算支出进度；加强财政资金安全管理，推进建设核算信息集中监管、财税库行横向联网、公务卡结算改革和“金财工程”信息化等以电子信息系统为脉络的多元化、透明化监督体系；建立国有资源（资产）有偿使用和国有资本经营收入管理的制度，不断扩大和完善财政管理体系，推进广州市下好资金、资产、资源管理的“一盘棋”，最大限度调动和发挥财政资源的整体效益。按照“财随事转”原则，进一步完善市对区（县级市）财政管理体制，加强财政激励机制，逐步缩小区域间财力差距。出台了《广州市全面深化财政体制改革总体方案》，启动广州市新一轮财政体制改革。将一般公共预算、政府性基金预算、国有资本经营预算、社保基金收支预算连同财政专户管理资金一并向广州市人民代表大会报告，在全国率先实现了“全口径”预算编报体系。

（二）财政收支实现大跨越

改革开放40年以来，广州财政深化各项改革，税源体系不断优化，推动了财政收入的大跨越增长，有力地促进了广州经济提质增效。从1978年到2017年，广州地方财政收入增长了202.1倍，达2844.83亿元，1979—2017年年均增长14.6%；其中2017年广州市一般公共预算收入达到1536.74亿元，比1978年增长了111.6倍，1979—2017年年均增长12.9%。其中2008—2017年，是广州历史上财政收入增长较快和较稳定的10年，一般公共预算收入2008年突破了600亿元，2012年突破1100亿元，2014年突破1200亿元，2015年突破1300亿元，2017年又冲上了1500亿元，达到1536.74亿元，财政收入在40年间不断迈上新的台阶，实现了持续、稳定的增长。

税收收入是广州市地方财政收入的最主要来源。改革开放40年来，广州市财政部门不断拓宽收入渠道，深化收支两条线改革，各项税收稳步增长。2017年各项税收完成1197.49亿元，比1978年增长137.9倍，占一般公共预算收入的比重为77.9%，1979—2017年年均增长13.5%。特别是近十年来，广州市财政在面临国际经济格局深度调整、转变发展方式等诸多困难和挑战下，财政收入依旧实现了高质量增长，税收收入保持了年均9.6%的增长。

非税收入也大幅增长。特别是1997年以来，各项行政事业性收费、政府性基金和罚没收入等实现执收执罚部门与收款部门分离。2017年非税收入339.25亿元，比1978年的5.02亿元增长了66.6倍，1979—2017年年均增长11.4%。

财政支出结构不断优化，强化支出绩效管理。广州市财政部门改革创新，推进供给侧结构性改革，认真落实惠民措施，充分发挥财政配置资源的作用，不断提高资金使用效益，有力地促进了经济社会协调发展。2017年地方财政支出3484.7亿元，比1978年增长791.0倍，1979—2017年年均增长18.7%。其中广州市一般公共预算支出2186.01亿元，比1978年增长563.9倍，1979—2017年年均增长17.6%。财政保障民生能力也大幅提升，确保财政资金切实用于民生等各项事业。2017年用于教育、社会保障和就业、城乡社区事业、医疗卫生、环境保护等方面的支出分别达404.33亿元、236.5亿元、390.09亿元、202.35亿元和26.53亿元，近5年均有不同程度的增长，2012—2017年年均增长分别为18.2%、12.3%、21.9%、24.5%和12.0%。同时为适应国家重要中心城市的要求，广州市加大了重大建设项目的投入，如中新广州知识城、国际金融城、国际航空枢纽工程、城市轨道、地铁工程等，保障了经济和城市建设的持续发展。

二、金融

1978年，广州作为全国首批对外开放的沿海城市，金融体制改革处于全国领先地位，金融业进入新的历史发展时期。通过改革开放40年的发展，广州金融业实现了跨越式发展。2017年金融业增加值1955.12亿元，按可比价计算，比1978年增长945.0倍，1979—2017年年均增长19.2%。金融业综合实力显著增强，金融改革创新不断深化，多元化金融组织体系和多层次金融市场体系不断完善，金融基础设施建设成就显著，金融业服务社会经济发展的能力不断增强，为推动广州社会经济健康发展发挥了重要作用。

（一）广州金融业实现跨越式发展，金融业综合实力显著增强

1978年，广州地区金融机构本外币各项存贷款余额为51.60亿元，1982年突破100亿元，1992年突破1000亿元，2000年突破10 000亿元，2012年突破50 000亿元，2017年突破80 000亿元，达到85 506.09亿元，比1978年增长1656倍，1979—2017年年均增长20.9%，存贷款规模在国内十大城市中位居第四。截至2017年末，广州共有法人金融机构53家，持牌金融机构310家，类金融机构超过2万家。从行业分布来看，全市有中外资银行业金融机构101家，保险业金融机构106家，证券公司及证券分支机构319家，期货公司及期货分支机构60家，基金公司5家，融资租赁公司350家，股权投资机构4500家，小额贷款公司106家，融资担保公司31家。此外，还有数量众多的证券投资咨询、资产评估、商业保理、保险代理、保险经纪、保险公估等金融市场中介服务机构。全市拥有银行业金融机构营业网点2795个，金融业总资产超过7万亿元，金融从业人员达到16万人。

（二）持续深化金融改革，构建适应经济发展需要的现代金融体系

改革开放40年来广州金融业发展的巨大变化是从根本上突破了传统的计划金融体制模式，全面建立符合现代市场经济要求的市场金融体制模式。

1. 突破高度集中的“大一统”金融体制，建立市场化运作的金融体制框架

改革开放前，广州金融业实行的是高度集中、“大一统”的中国人民银行体制。改革开放以后，广州经过一系列金融体制改革，建立了适应社会主义市场经济发展需要的以中央银行为领导、政策性金融和商业性金融相分离、监管高效和调控有力的现代金融体系，在我国金融体制

改革进程中发挥了排头兵作用。

1985年，中国人民银行广州分行分离专业银行业务，专门行使中央银行职能。先后恢复和建立了中国农业银行广州分行、中国银行广州分行、中国人民建设银行广州分行、中国工商银行广州分行等国有专业银行。1986年广州被国家经济体制改革委员会和中国人民银行批准为首批金融改革试点城市以后，广州金融体制改革不断深入。1994年后，稳步推进“分业经营、分业监管”体制改革。1994年成立了广州地区证券同业协会，强化证券业的自律管理。2000年4月，中国保监会广州保监办成立，负责广东行政辖区（不含深圳市）保险监管，随后更名为中国保监会广东保监局。2011年中国人民银行广州分行设立营业管理部，承担面向广州市的金融协调和金融服务职能，履行相应的管理职责，为广州经济社会发展提供更加完善的金融服务。

2. 不断推进法人金融机构改革，支持地方金融控股公司改革创新发展

2009年9月，广州市商业银行股份有限公司获准更名为广州银行股份有限公司，由城市商业银行向区域性银行转变。2009年12月，广州市农村信用合作联社更名为广州农村商业银行股份有限公司（简称“广州农商行”），成为广东省内第二家农村商业银行。2017年，广州农商行成功在香港交易所上市。2011年，广东发展银行转型为全国性商业银行，更名为“广发银行股份有限公司”。2013年，广州国际控股集团有限公司正式更名为广州金融控股集团有限公司。2016年，越秀金控成为国内首家上市的地方国资金融控股平台。

3. 加快推进南沙自贸区金融改革创新，带动广州金融业创新发展

2014年11月，经国务院同意，中国人民银行、国家发改委等十部委联合印发了《关于支持广州南沙新区深化粤港澳台金融合作和探索金融改革创新的意见》；2015年12月，中国人民银行印发了《关于金融支持中国（广东）自由贸易试验区建设的指导意见》；2016年4月，中国人民银行广州分行发布《关于支持中国（广东）自由贸易试验区扩大人民币跨境使用的通知》。这些政策对南沙自贸区的金融创新、粤港澳金融合作、跨境人民币创新、资本项目可兑换及外汇管理改革等方面的先行先试起到了积极的推动作用。目前，南沙自贸区金融改革创新取得积极进展，南沙已落户金融（类金融）企业超过4000家，其中超过900家融资租赁企业在南沙落户，注册资金超过2000亿元，成为全省融资租赁发展最快的区域；航运交易平台、产业基金和保险"三位一体"的航运金融服务体系初步形成；粤港电子支票联合结算等金融改革创新经验和模式逐步复制推广。2016年，南沙自贸区落地全国首笔"跨境资产代客衍生品综合交易"业务、首单境外美元私募债券等创新业务，在全国范围内首创粤港电子支票联合结算，率先启动粤港电子支票联合结算业务。该项创新被列入广东自贸区第三批可复制推广的改革创新经验。截至2017年末，南沙自贸区累计已形成280项改革创新成果，其中19项在全国复制推广，74项在全省复制推广。

4. 启动绿色金融改革，广州绿色金融改革创新试验区建设初见成效

2017年6月23日，中国人民银行等七部委联合印发《广东省广州市建设绿色金融改革创新试验区总体方案》，广州获批成为全国首批五家绿色金融改革创新试验区之一，也是全国大城市中唯一获批试验区的城市。依托试验区平台，广州在首批试验区中率先出台了扶持政策，支持工商银行花都支行、中国银行花都支行、建设银行花都支行升格为绿色分行，推动银行机构加大绿色信贷投放力度，推动市属有关企业发行了全省首单绿色企业债券、全国造纸行业首单绿色中期票据，积极开展绿色金融对外交流合作，在体制机制创新方面取得了一定成效，形成了一批可复制、可推广的经验。同时，积极推动环境权益市场的建设，不断进行绿色金融创新，其碳市场的发展处于全国领先地位。通过探索运用再贴现、再贷款、绿色信贷专项统计等手段，全力支持绿色金融发展壮大。

（三）多元化、多层次金融体系不断完善，金融资源市场化配置水平不断提升

1. 金融机构的类型不断丰富，多元化金融组织体系逐步健全

1982年中国第一家外资银行分行——南洋商业银行广州分行成立。1987年广州第一家全国性股份制银行——交通银行广州分行建立。随后招商银行、中国投资银行、深圳发展银行、广东发展银行、中信实业银行、民生银行、光大银行、上海浦东发展银行等一批区域性商业银行均在广州设立分支机构。1991年，国内首批综合类证券公司之一的广发证券成立，并先后于2010年和2015年分别在深圳证券交易所及香港联合交易所主板上市。1992年，全国第一家期货经纪公司——广东万通期货经纪有限公司在广州成立。2010年，广东省首家汽车金融公司——广汽汇理汽车金融有限公司在广州开业。2011年，众诚汽车保险股份有限公司成立，是首家总部设在广州市的中资保险法人机构。2012年，广州首家全国性寿险企业——珠江人寿保险股份有限公司开业。2013年，全国首家小额再贷款公司——广州立根小额再贷款股份有限公司在广州民间金融街成立。全国首家以农业龙头企业为载体的资金互助合作社——增城福享资金互助合作社开业运营。2014年，越秀集团成功收购香港创兴银行，是国内首宗非金融机构收购香港银行机构的案例。珠江金融租赁有限公司是华南地区首家银行系金融租赁公司。全省首家互联网小额贷款公司：广州唯品会小额贷款有限公司、广州金控网贷等一批重要互联网金融企业开业运营。2016年，全国首个合资期货公司——摩根大通期货有限公司落户广州。2018年，中国工商银行广东省分行营业部和中国农

业银行广东省分行营业部分别更名为中国工商银行广州分行和中国农业银行广州分行；中国建设银行广州分行正式挂牌成立。

经过改革开放40年的发展，广州已形成以银行、证券、保险、信托、基金为主体，融资租赁公司、消费金融公司、汽车金融公司、财务公司、股权投资基金、小额贷款公司、融资性担保公司等多种新型金融业态为辅助的多元化金融组织体系，成为我国金融门类最丰富齐全、金融产业链条最完善的城市之一。

2. 大力培育多层次金融市场体系，金融资源市场化配置水平不断提升

一是信贷市场融资和服务机能全面提升。创新小微企业信贷产品和消费金融产品，探索互联网银行发展模式，满足客户多元化、定制化的金融服务需求。二是依托全国银行间市场大力发展直接债务融资，引导金融机构发行“三农”、小微企业、绿色等专项金融债券，鼓励企业发行债务融资工具，拓宽直接融资渠道。三是区域性股权市场规范发展。2012年，广州股权交易中心在全国首创“青年大学生创业板”；2014年，广州金融资产交易中心开业运营。区域性股权市场的建立，对于促进中小微企业股权交易和融资、鼓励科技创新和激活民间资本发挥了积极作用。四是各类要素交易平台加快发展。2011年，继上海航运交易所、重庆航运交易所之后，华南地区首家、国内第三家航运交易所广州航运交易所成立。2012年，广州碳排放权交易所成立，完成国内基于碳排放总量控制下的首例减排交易，成为国内首个配额现货交易额突破十五亿元大关的试点碳市场，发布了全国首个碳市场指数——中国碳市场100指数。2016年，全国第一家地方金融重要基础设施广州商品清算中心正式上线运营。2017年3月19日，中证报价私募股权市场正式在广州上线运行，标志着全国性资本市场在京沪广深形成四足鼎立的局面，广州结束了缺乏全国性金融交易平台的历史。

（四）金融基础设施建设成就显著，金融业服务社会经济发展的能力不断增强

1. 企业和个人征信系统建设取得重大进展，社会信用环境不断优化

改革开放以来，中国人民银行广州分行不断推进广州征信体系建设，以广州为枢纽的企业征信系统不断完善，个人征信系统建设持续推进，银行间企业和个人征信系统实现全国联网运行；金融信用信息基础数据库持续稳健运行，征信服务覆盖范围不断扩大；搭建中小微企业信用信息和融资对接平台，努力实现信用信息共享，中小微企业信用环境不断改善。广州市社会信用体系建设不断深化，社会诚信意识逐步强化，金融发展生态环境不断改善。

2. 金融科技和信息化水平不断提高，银行卡和金融IC卡（集成电路卡）业务发展迅速

改革开放后，广州金融业不断推进金融科技创新和信息化发展。自1981年6月第一台小型计算机在广州的银行机构推广使用开始，基于电子计算机广泛使用基础上开发的综合会计系统、综合联机业务系统、办公自动化系统、本外币通存通兑系统、银行卡管理系统、财务管理信息系统、信贷管理系统等相继建立，极大提高了银行业信息化水平，全面改善和提升了金融服务效率。

3. 支付结算系统建设成效显著，跨境支付结算平台创新持续推进

1991年，广州在全国范围内率先推出票据自动清分系统，彻底突破手工票据交换中“作坊式”操作的局限，实现票据交换业务的自动化处理，建立了内地联网城市最多、辐射范围最广的跨同城票据交换网络，加快了广州区域内、广州与全国各地间的资金流转速度，提高了资金使用效率，金融服务水平进一步提高。1992年，由中国人民银行广东省分行开发的、全国首家用于办理证券业务的“异地证券业务计算网络系

统”正式开通使用。1995年，中国人民银行广东省分行开发“广东跨银行ATM（自动柜员机）网络系统”，广东银联建成全国第一个跨银行、跨地区的ATM网络。1997年，中国人民银行广州分行开发的全国第一个大型同城电子资金转账系统在广州市投入使用，形成我国内地最大的同城电子资金汇划网络，为企业、政府部门和银行提供统一的支付信息传输和资金清算渠道，极大提高了资金流转速度。

随后，特别是党的十八大以来，支付清算系统进一步升级改造，支付结算制度建设和监督管理不断强化；率先发放国内第一批“电子证照银行卡”，实现证照户卡（企业电子证照、银行结算账户、银行卡）的整合，为商事主体登记制度改革提供了有力支持。粤港澳大湾区支付与市场基础设施建设持续推进，率先启动粤港电子支票联合结算，推出粤港跨境电子直接缴费业务，提高了企业和居民跨境资金往来的结算效率。

随着我国经济的发展和市场化改革的推进，广州财政金融坚持改革创新，砥砺奋进，取得了辉煌成就。今年是改革开放40周年，也是中央和国家全面贯彻党的十九大精神的开局之年，决胜全面建成小康社会、实施“十三五”规划承上启下的关键的一年，广州财政金融将以创新、协调、绿色、开放、共享五大发展理念为引领，坚持稳中求进、改革创新，继续把改革作为持久动力，把调结构作为长远之计，着力培育经济增长内生动力，在“弘扬正能量·共筑中国梦”活动中，同心同德再创优异成绩，为广州市全面实现“十三五”时期发展目标提供坚实保障。

（广州市统计局核算处供稿）

改革开放40年广州CPI运行情况分析

改革开放40年来，作为对外开放的前沿，广州经济快速发展，广州居民消费价格指数（简称CPI）[①]经历了明显上行、剧烈波动、温和波动、平稳运行的过程（见图1）。2017年，广州CPI比1978年上涨8.8倍，年均上涨6.0%。

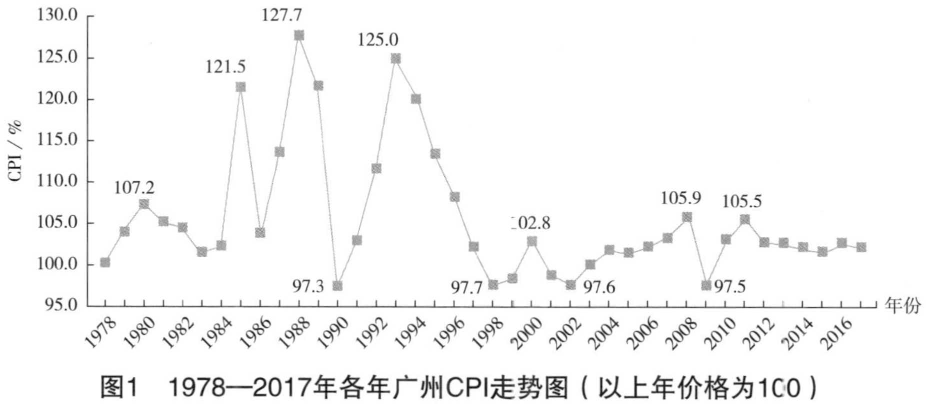

图1 1978—2017年各年广州CPI走势图（以上年价格为100）

一、广州CPI总体运行情况

1978年，广州社会消费品零售额中，国家定价占98%，市场调节价

①1994年以前，居民消费价格指数以职工生活费用价格指数代替；1994年开始，根据“价格统计报表制度”，开始单独编制居民消费价格指数。

只占2%，而农产品收购价、生产资料价格和经营服务性收费则几乎全部由国家定价。1979年，广州以农产品价格为突破口，在全国率先实行价格改革；1984年，广州率先在全国放开蔬菜价格；1985年，广州又在全国率先放开猪肉、水产品等8种主要副食品和缝纫机、自行车等大商品的价格。经过40年的改革，广州大部分商品和服务价格已放开由市场自行调节，政府只管理少数关系国计民生的重要商品和服务的价格，实现了定价主体由政府向生产经营者的转变，建立了新的价格形成机制。40年来，广州CPI运行大致分为四个阶段：

第一阶段：1978—1983年，价格改革拉开序幕，物价明显上行。在改革开放之初，广州从农产品价格入手，先分步提高农产品价格，然后逐步放开农产品价格，以此为先导，紧接着放开了大部分工业消费品价格。1979年，广州先后提高了18种农副产品收购价格和肉、禽、蛋、鱼、菜等8种副食品销售价格，逐步减少了农产品统购、派购品种。1980年初，放开了塘鱼价格。1982年，价格改革逐步转向工业品价格，当年放开了1200多种工业小商品价格。受价格改革的影响，1979年起，物价开始呈现明显的上行趋势（1964—1978年广州CPI涨幅均低于0.4%），1979—1982年，广州CPI涨幅均达到或超过4.0%，其中实行价格改革的第二年即1980年，CPI涨幅达到7.2%，出现了改革开放以来物价上涨的第一个小高峰。

第二阶段：1984—1996年，价格改革全面铺开，物价剧烈波动。这一阶段价格管理经历了放开部分工业消费品、放开鲜菜价格、副食品价格及粮食价格、生产资料价格分轨及并轨等历程，理顺了一大批悬而未决的商品及收费项目的价格。价格改革对于发展生产、扩大流通、活跃经济、改善供应等方面都起到了良好的作用，但由于价格改革牵涉面广，进程较快，因而刺激了价格总体水平大幅上涨，到1992年部分商品及收费项目的价格水平居于全国十大城市前列。在价格改革力度加大，投资、消费过热等因素的影响下，这一阶段经历了三次明显的物价上涨高峰，以1985年、1988年、1993年为代表，广州CPI分别上涨21.5%、27.7%和25.0%。

面对价格总水平的大幅度上涨，广州在全国宏观调控大环境下，为保持物价基本稳定，采取了积极的价格调控措施，把握价格改革的节奏，减小调价对市场价格的冲击；抓生产，促流通，建设“菜篮子工程”，增加市场供应，缓和供求矛盾；对“菜篮子”等重要商品和服务价格实行提价备案、差率管理和最高限价；加大价格管理力度，整治乱收费、乱涨价行为；严格控制固定资产投资和银行信贷规模，抑制过热的市场需求。由于调控有力，价格总水平的过快上涨得到有效遏制，使这一阶段物价水平起起落落，CPI剧烈波动。

第三阶段：1997—2013年，市场机制逐渐发挥作用，物价温和波动。至1996年底，除垄断行业产品外，价格改革基本完成，调价对市场价格的冲击减弱，物价水平波动幅度减小。受到1997年亚洲金融危机的冲击，广州经济增长的速度有所减缓，社会有效需求不足，同时随着前几年抑制通货膨胀的宏观调控效果逐渐显现，价格总水平低位运行，1998—2002年期间出现通货紧缩。随着积极的财政政策和稳健的货币政策效果逐渐显现，在食品价格上涨的带动下，2003年通货紧缩的压力得到缓解，价格总水平小幅上升，2004—2006年广州CPI保持温和上涨态势。

在食品价格上涨的推动下，2007年广州CPI结构性上涨明显，涨幅达到3.4%，2008年涨幅达到5.9%，是这一阶段的高峰。2009年，在全球金融危机的影响下，世界经济步入衰退期，原油等大宗商品价格大幅下滑，广州CPI下降2.5%，由这一阶段的高峰跌到谷底。2010年在促消费政策和亚运因素的推动下，广州消费市场持续繁荣，CPI上涨3.2%。2011年，在国内外货币流动性充裕，供需矛盾变化，资源性产品及劳动力、土地、资本等要素价格上涨累积效应释放等多重因素的共同作用下，广州CPI大幅上涨5.5%。2012—2013年，随着各级政府物价调控政策的效果逐步显现，CPI上涨压力明显减缓，全年分别上涨3.0%和2.6%。

第四阶段：2014—2017年，经济增长速度放缓，物价平稳运行。从2014年起，广州地区生产总值告别过去30多年平均10%左右的高速增长，经济从高速增长转为中高速增长。2014—2017年，在经济增速运行缓中趋稳的背景下，广州坚持稳中求进工作总基调，CPI平稳运行在温和上涨区间，分别上涨2.3%、1.7%、2.7%和2.3%。

二、广州CPI涨幅与GDP增长率走势对比情况

改革开放40年来，广州经济又好又快发展，经济建设取得了显著成绩。在经济发展过程中，GDP增长率和CPI变动均受到货币政策和财政政策等宏观调控政策的影响。通常，经济增长总是伴随着物价的上涨，但GDP对CPI的影响有一定的滞后性。从图2可以看出，CPI与GDP增长率之间的关系大致可以分为四个阶段：

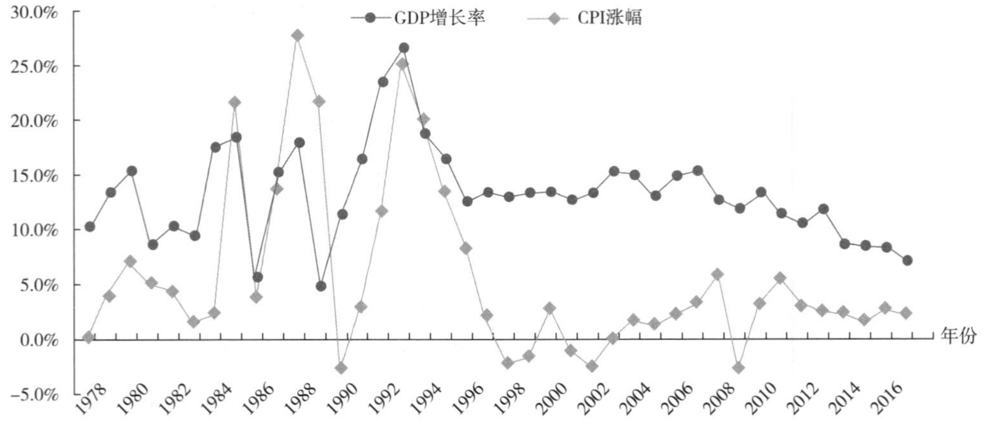

图2　1978—2017年各年广州GDP增长率、CPI涨幅走势图

第一阶段：1978—1983年，经济快速增长，物价加速上涨。改革开放初期，广州率先进行价格“闯关”，进行了一系列开创全国先河的“改革”，通过减少商品流通环节、放开物价、开放农贸市场等措施，不仅繁荣了市场，较好地满足了人民日益增长的对生活必需品的需要，而且促进了经济发展。1978—1983年，广州GDP年增长率分别为10.3%、13.4%、15.4%、8.6%、10.3%和9.4%。这一阶段，物价出现加速上涨的苗头，1979—1982年出现了改革开放以来的第一次通货膨胀，其中1980年广州CPI比上年上升7.2%，是这一阶段价格水平升幅最高的一年。

第二阶段：1984—1996年，经济增长与物价剧烈波动。此阶段是价格管理体制逐步从计划管理走向市场化的重要阶段。广州在前几年改革成果的基础上，继续深化经济体制改革，出现了几次经济增长小高峰，1985、1988、1993年GDP增长率分别达到18.3%、17.8%和26.4%。而在受紧缩货币和财政、整顿金融秩序等宏观调控政策影响的年份，广州经济增长速度出现明显回落。由于经济高速增长，国民收入大幅增加，社会需求增长较快，随着价格改革的不断推进，多种产品的价格不断放开，但物价管理体制与经济领域改革措施缺乏协调、调控滞后，这一阶段物价水平与GDP增长率走势基本一致，大起大落，波动剧烈，分别在1985年（上涨21.5%）、1988—1989年（分别上涨27.7%和21.6%）和1993—1994年（分别上涨25.0%和20.0%）发生了三次较为严重的通货膨胀。

第三阶段：1997—2013年，经济高速增长，物价温和波动。这段时期内经济保持高速增长，广州GDP年增长率均保持在10.0%以上。随着市场化价格形成机制的确立，以及在国家对经济过热和通货膨胀的强力调控下，物价进入了温和波动阶段。受经济增长刺激，广州出现了两次中度的通货膨胀，2008年、2011年CPI分别上涨5.9%和5.5%，总体上处于“高增长、低通胀”的“黄金时期”。

第四阶段：2014年至今，经济增长与物价波动平稳运行。在世界经济艰难缓慢复苏的大背景下，国家对经济发展强调“稳中求进”，保民生，促发展，相对上一阶段的快速发展，广州经济增速稍有回落，2014—2017年，GDP增长率分别为8.6%、8.4%、8.2%和7.0%，保持平稳增长态势。物价波动也进入温和上涨阶段，2014—2017年，广州CPI分别上涨2.3%、1.7%、2.7%和2.3%。

三、广州CPI主要运行特点

（一）广州CPI与全国、广东省CPI走势基本一致

2017年，全国CPI①比1978年上涨5.4倍，年均上涨4.9%；广东省CPI比1978年上涨6.3倍，年均上涨5.2%；广州CPI比1978年上涨8.8倍，年均上涨6.0%。由于广州在全国的价格改革中先行一步，经济增速又保持在全国较高水平，广州CPI的增长水平高于全国、广东省平均水平，但走势基本保持一致（见图3）。

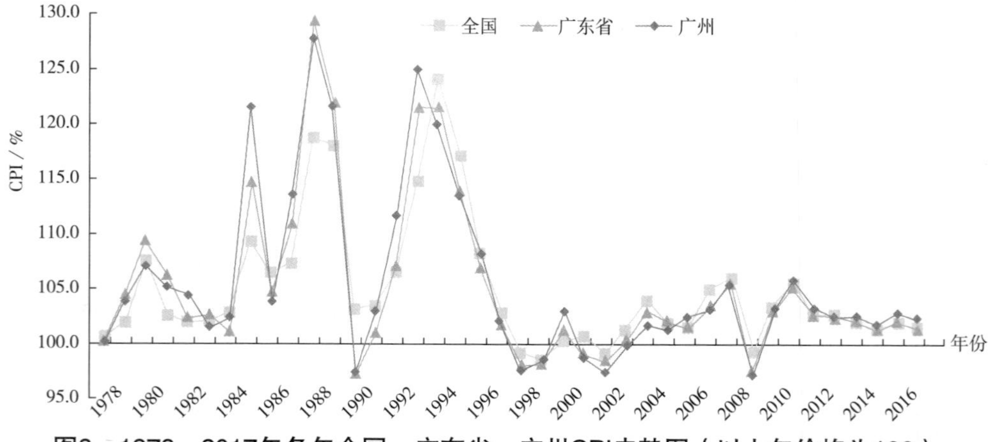

图3　1978—2017年各年全国、广东省、广州CPI走势图（以上年价格为100）

①1978—1984年全国CPI为城市居民消费价格指数，1978—1983年全省CPI为城市居民消费价格指数。

（二）食品价格波动幅度大于CPI

2017年，广州食品类价格指数比1978年上涨13.9倍，年均上涨7.2%。分年度看，食品类价格指数上涨的有32个年份，其中涨幅超过两成的有7个年份，最高涨幅出现在1988年（上涨32.3%）；价格下降的有7个年份，降幅均不超过5.0%。（见图4）

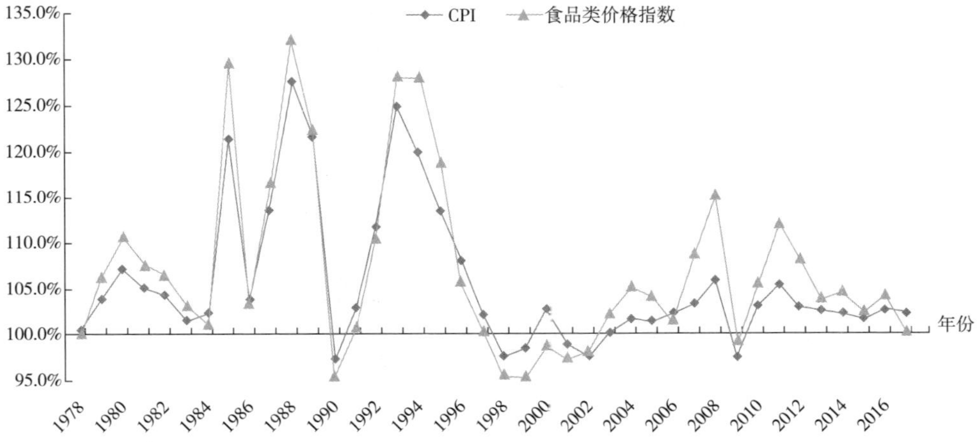

图4 1978—2017年各年广州CPI、食品类价格指数走势图（以上年价格为100）

食品价格受产品流通体制、价格形成机制、市场供求关系、国际市场传导等多种因素影响。改革开放以来，广州的食品价格和CPI走势基本一致，历次CPI大幅上涨都是以食品价格上涨拉动为主，只是各时期的影响程度有所不同。1979年11月上调了猪肉、家禽、鲜蛋、水产品等8种主要副食品价格，1980年食品价格上涨10.8%，CPI上涨7.2%；1985年放开猪肉、水产品、鸡蛋、鲜菜等鲜活商品价格，当年食品价格大幅上涨29.7%，CPI上涨21.5%；1992年邓小平同志视察南方后经济发展进入快车道，同时放开了粮、油、冻猪肉等多种商品价格，1993年全国调整粮油收购价格，1993年、1994年食品价格分别上涨28.3%和28.2%，CPI分别上涨25.0%和20.0%；2001年中国加入世界贸易组织，外部冲击对国内物价波动的影响日益突出。2008年，国际市场石油、粮食、食用植物油、铁矿石等大宗商品价格持续上涨，国内输入型通胀压力迅速上升，食品价格上涨15.4%，CPI上涨5.9%；2011年，国际粮价上涨，受粮食、猪肉价格大幅上涨推动，食品价格上涨12.2%，CPI上涨5.5%。

（三）服务项目价格持续上涨

2017年，广州服务项目价格指数比1978年上涨11.7倍，年均上涨6.7%。分年度看，服务项目价格上涨的有37年，其中涨幅超过两成的有4年，最高涨幅出现在1992年（上涨29.6%）；价格下降的仅两年，分别为2002年（下降0.5%）和2009年（下降2.9%）。（见图5）

改革开放以前，由于实行计划经济管理模式，服务项目价格长期偏低，存在价格背离价值的现象。从1984年起，广州开始逐步对服务项目价格进行调整或放开由市场自行调节，大多数服务项目价格出现上升。同时，受房租、工资等成本上升、服务质量提升、居民消费结构升级的影响，在价格改革项目减少的时期，服务项目价格仍维持上涨趋势。

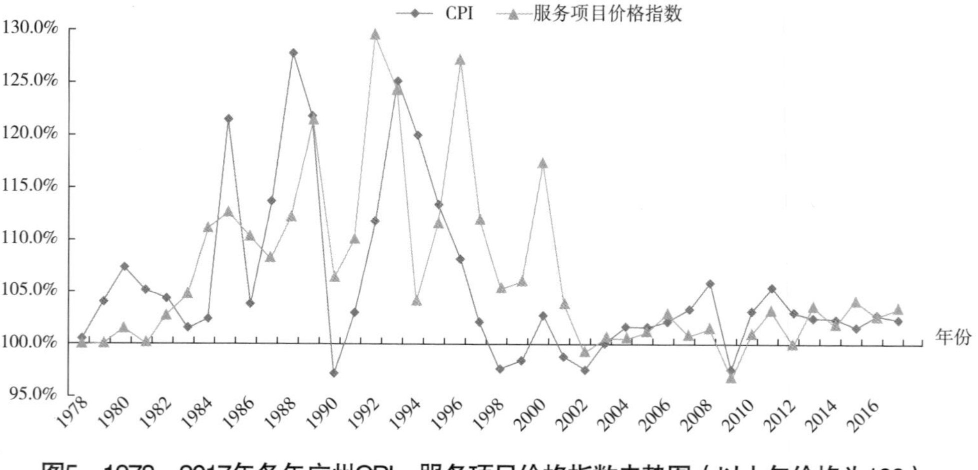

图5 1978—2017年各年广州CPI、服务项目价格指数走势图（以上年价格为100）

（四）价格调控是影响CPI运行的重要因素

广州是全国率先实行价格改革的城市。改革开放之初，广州以农副产品为突破口，经历了“调放结合、以调为主—放调结合、以放为主、双轨过渡—放、调、管结合”三个阶段，走出了一条“先小后大，先易后难，先调后放，双轨过渡，加强调控，依法规范”的价格改革路子，顶住压力，承受阵痛，逐步放开物价，搞活流通，繁荣市场。同时，价格改革带来了很多商品和服务项目价格的上涨，价格调控是影响CPI运行的重要因素。

1979—1984年，广州价格改革以调为主，以放为辅，CPI打破了改革开放前低位波动运行的局面，开始出现明显上涨。1985—1988年，价格改革以放为主，以调为辅，CPI开始出现两位数涨幅。尤其是1988年调放50多种商品或服务价格，有些商品轮番涨价，涨幅过大，出现抢购风潮，当年CPI大幅上涨27.7%，达到改革开放以来最高涨幅。1989—1991年，价格改革以管为主，治理整顿，1990年实施“菜篮子”工程，CPI涨幅明显回落。1992—1994年，继续放开粮、油、冻猪肉等价格，CPI涨幅明显扩大。1995—1999年，国家宏观调控控制通胀，广州加大了物价的调控力度，CPI涨幅逐渐回落。2000年以后，逐渐进入“理顺价格体系、完善价格机制”时期，广州加快完善主要由市场决定价格的机制，加强对市场价格的监管，整顿和规范市场价格秩序，建立反应灵敏的价格监测机制，CPI波动减小，逐渐呈现平稳运行态势。

四、综述

经过40年的改革，社会主义市场经济体制已经建立并不断完善，取得了令人瞩目的成就。目前，除少数重要公用事业、公益性服务和网络型自然垄断环节等领域外，大部分商品和服务价格已经放开，发挥了市场对资源配置的基础性作用，减轻了政府财政负担，调动了企业的生产积极性，推动了经济结构的调整。

在大多数商品和服务价格由市场自主形成的条件下，有关政府部门积极加强事中、事后监管，加强市场价格监测，建立价格调节基金、完善重要物资储备制度和价格应急响应机制，深化资源性产品价格改革，维护了市场价格秩序。

改革开放后，我国建立起社会主义市场经济体制，这是一个伟大创举。随着广州全面落实党的十九大关于经济体制改革的各项部署要求，不断深化以完善产权制度改革和要素市场化配置为重点的经济体制改革，完善的生产要素市场、生产要素价格形成机制将逐渐形成，社会主义市场经济体制将不断完善，政府调控市场价格的能力将不断增强，价格总水平将保持基本稳定。

（国家统计局广州调查队消费价格调查处供稿）

改革开放40年广州工业生产者价格走势分析

改革开放以来，我国不断深化经济体制改革，各项经济快速发展。广州作为改革前沿地广东省的省会城市，工业规模不断扩大，经济效益稳步提高。为反映各工业行业产品价格水平及其变动趋势和幅度，为国民经济核算和宏观经济分析等提供科学准确的依据，国家统计局广州调查队自1994年开始编制广州工业生产者价格指数，包括工业生产者出厂价格指数（简称PPI）和工业生产者购进价格指数（简称IPI）。

1994—2017年，广州工业由轻纺工业为主逐渐发展成以重工业为主的现代化工业体系，其间工业生产者出厂价格指数（PPI）走势由起初的“大起大落”转向平稳波动，24年间广州工业生产者出厂价格指数年均涨幅为1.4%。其中，年度总指数正增长的有13年，涨幅超过3%的有5年，最高的是1994年上涨26.0%；年度总指数负增长的有11年，降幅超过3%的有4年，最低的是1998年下降4.8%。

一、工业生产者出厂价格总体走势

1994—2017年，广州PPI伴随着经济运行态势呈现阶段性波动的特点，大致可划分为六个阶段（见图1）。

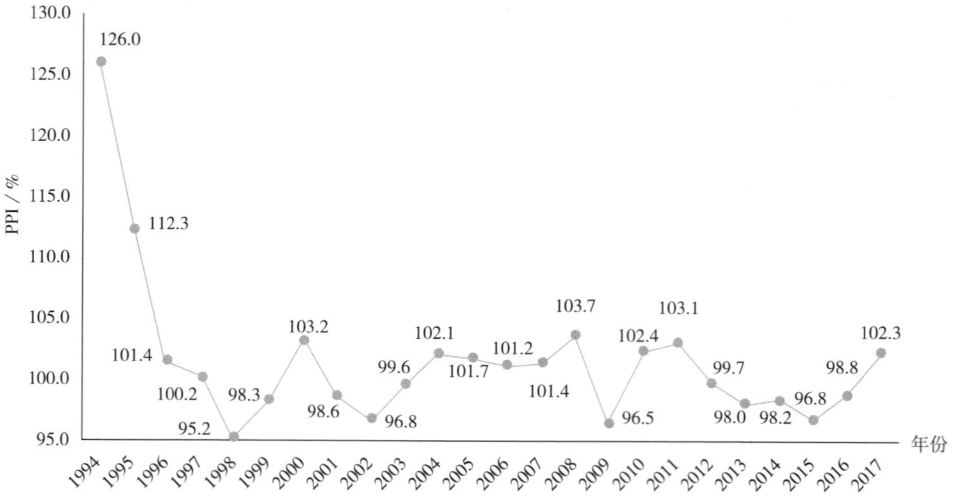

图1　广州工业生产者出厂价格指数走势（1994—2017）（以上年价格为100）

第一阶段：市场经济下的第一次通货膨胀阶段——投资过热（1994—1997年）

这一周期共经历了4年。1992年，党的十四大召开，明确了我国经济体系的目标是建立社会主义市场经济体制，以市场为主的价格形成机制由此逐步建立。加上邓小平发表南方谈话，市场信心高涨，同时国家实施宽松的货币政策和积极的财政政策，一系列举措掀起了投资热潮，国民经济高速增长。1994和1995年间，国内生产总值分别增长13.0%和11.0%，广州地区生产总值增长率高达18.8%和16.4%。在多重刺激下，社会总需求扩张迅猛，而改革开放初期的有效供给又不能相应跟进，供求矛盾突出，物价飞涨，形成市场经济条件下的第一次通货膨胀。

这一阶段，广州深化企业体制改革，进一步发挥国有大中型企业骨干作用，同时大力吸引外资，发展民营经济，引导企业多元化发展，工业产品结构得到优化。但全国上下过热的投资，导致能源和原材料资源紧张，生产资料价格大幅上涨，广州PPI在1994年和1995年分别高达26.0%和12.3%。

严重的通货膨胀已经威胁到经济的平稳增长和社会稳定。为了抑制当时投资过热、资源紧张、秩序混乱的局面，国家及时调整政策，通过采取适度从紧的财政政策和货币政策，整顿金融秩序，加大结构调整力度，压缩长期固定资产投资贷款规模等一系列的经济调控政策，加强市场价格调控和价格管理。工业产品价格涨幅也在随后两年出现明显的回落态势，1996年和1997年广州PPI分别上涨1.4%和0.2%。

第二阶段：价格螺旋下降阶段——需求不足（1998—2003年）

这一周期共经历了6年。受1997年亚洲金融危机的冲击，国内有效需求不足的矛盾凸显出来，经济增速整体放缓；1998年起，进一步加大国有企业改革步伐，企业下岗待业职工迅速增加，社会经济出现不稳定因素；加上1998年《中华人民共和国价格法》颁布并实施以后，国家对粮食、药品和医疗服务等价格政策管理更加完善，广州PPI于1998年由升转跌，呈螺旋式下降态势：其中1998、1999年分别下降4.8%和1.7%，2000年回升3.2%，2001年到2003年继续下降，分别下降1.4%、3.2%和0.4%。

其间，2001年工业生产者价格调查对原调查方案进行了重大技术修订和改进，制订了新的工业生产者价格调查方案，工业生产者价格调查的科学性、准确性得到了加强。

第三阶段：价格持续温和上涨阶段——经济加速（2004—2008年）

这一周期共经历了5年。随着扩张型宏观调控政策的连续实施、我国加入WTO以及全球经济回暖，2003年我国经济进入快速发展时期，2003—2008年间，全国GDP年均增长11.3%，广州地区生产总值年均增长14.3%。

这一阶段，广州工业发展迅猛，汽车、石化、钢铁、造船等大工业逐渐成形，电子信息、生物医药、光机电一体化、新能源等高新技术产业发展喜人。进入21世纪后，虽然各种产品已经比较丰富，但在经济加速增长的过程中，仍出现了煤炭、石油、电力和运输紧张等资源约束现象，且贸易顺差不断加大，导致基础货币投放量迅速增加。此外2003年以原油为首的大宗商品价格再次步入上升通道，一系列因素推动工业行业产品价格上涨。2004年起，广州PPI止跌回升，但这一阶段的价格上涨相对温和，工业生产者价格稳步上升，2004—2008年分别上涨2.1%、1.7%、1.2%、1.4%和3.7%。

第四阶段：突然下降后逐步回升阶段——金融危机影响（2009—2011年）

这一周期共经历了3年。2009年受国际金融危机影响，我国商品出口大幅下降，企业经营情况下滑，工业生产者价格从明显上升转为较大幅度的下降，2009年广州PPI下降3.5%。面对金融危机影响，我国坚持实行积极的财政政策和适度宽松的货币政策，全面实施并不断完善应对国际金融危机的一揽子计划，加上之后全球经济回暖，较快扭转了经济增速明显下滑的局面，企业经营情况好转，工业生产者价格也迅速回升，2010年和2011年广州PPI分别上升2.4%和3.1%。

其间，为进一步提高工业生产者价格准确性，改进原有方法不完善之处，2010年对工业生产者价格统计调查方法进行了全面改革，将指数计算方法更改为定基计算，从按产品赋予权数改为按基本分类赋予权数等，改革后调查目录“产品篮子”更加丰富，指数计算方法更加科学。

第五阶段：价格持续下降阶段——国际大宗商品降价、产能过剩（2012—2016年）

这一周期共经历了5年。这一阶段，一是外需疲软、国内部分行业产能过剩；二是国内面临“三期叠加”的经济下行压力；三是随着全球化的进展，我国工业产品价格受国际市场的影响不断加深，此期间国际大宗商品如钢材、有色金属、石油等价格大幅下降。据美国商品调查局数据显示：反映大宗商品价格的CRB指数2015年跌至2008年全球金融危机时的水平。受以上因素影响，此阶段广州PPI不断探底，2012年到2016年分别下降0.3%、2.0%、1.8%、3.2%和1.2%。

第六阶段：结束下降，缓慢回升阶段——结构优化（2017年至今）

这一周期刚经历了1年。此期间，国际市场中原油、钢铁、有色金属等大宗产品价格向上波动；以去产能、去库存、去杠杆、降成本、补短板为重点的供给侧结构性改革成效逐渐显现，广州工业提质增效成果显著。广州PPI于2017年终于结束了之前连续五年下降的局面，转降为升，2017年广州PPI上升2.3%。

二、PPI波动的特点分析

（一）广州PPI与全国走势趋同，波幅更小

广州PPI的波动情况与全国相比表现出走势趋同、波幅更小的特点（见图2）。其中，1994年到1996年间由于指数升降幅度较大，广州和全国对比波动差异也较大，差异在1.5到6.5个百分点之间；1997到2002年间，差异较小，在1.0个百分点以内；2003年以后，波动差异有所扩大，差异在0.1到4.0个百分点之间。广州与全国的波幅差异主要是产业结构差异造成的，如从全国范围来看，煤炭开采和洗选业，石油和天然气开采业，有色金属矿采选业，非金属矿采选业四个行业价格波动较大，而广州由于自然条件，产业结构不断深化调整，目前纳入PPI计算的并无此四个行业。

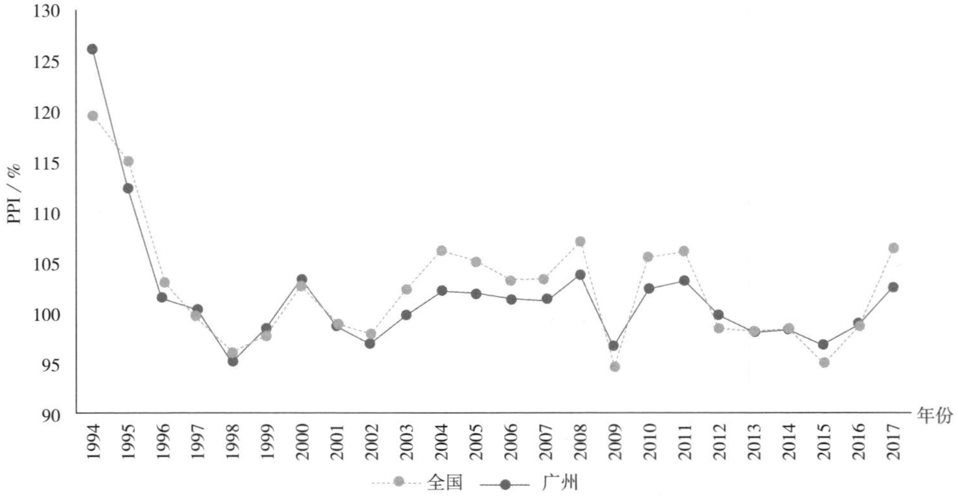

图2　广州和全国工业生产者出厂价格指数走势对比（1994—2017年）（以上年价格为100）

（二）IPI波动大于PPI

广州工业生产者购进价格指数（IPI），与PPI走势趋同，但波动幅度大于PPI（见图3）。2000年后，PPI的波动幅度在-3.5%和3.7%之间，IPI的波动则在-6.3%到13.6%之间。价格传导作用是工业生产者价格波动的重要推动力量，一般情况下，PPI会跟随着IPI变动而变动。

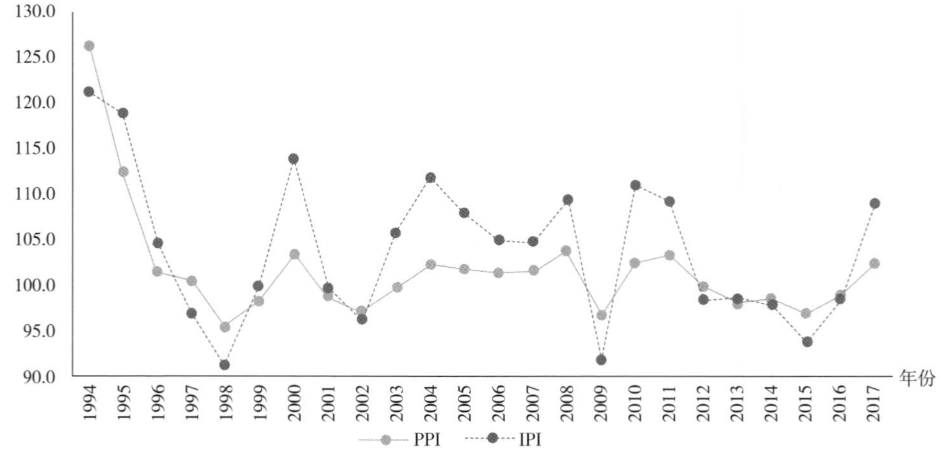

图3　广州工业生产者出厂和购进价格指数走势（1994—2017年）（以上年价格为100）

（三）PPI波动逐渐缓和，政策调控体系日趋完善

从广州PPI的运行情况看，2000年以前波动幅度较大，波幅在-4.8%到26.0%之间，呈现出大起大落的特点；2000年以后，波动较温和，波幅在4.0%以内。一是因为2001年工业生产者价格调查工作进行了重大技术修订和改进，所涵盖的企业和产品范围更广泛、更全面，科学性、准确性得到了加强。二是价格管理体制实现了由计划到市场的转变，大部分产品的价格由市场决定，随市场供求变化而变化。三是2000年后，我国对宏观经济的调控能力不断增强，在稳定物价方面做了大量工作，如针对部分行业，特别是钢铁、水泥、电解铝等高消耗、高排放行业产能过剩，企业竞争激烈，价格低迷的情况，把“去产能”列为改革任务之首；针对我国供给体系与需求侧严重不配套，中低端产品过剩，高端产品供给不足的情况，从2015年开始进行以去产能、去库存、去杠杆、降成本、补短板为重点的供给侧结构性改革；在维护重点产品价格稳定方面也做了一系列工作，如规范电网企业的输配电价，根据成本和经济情况尽可能降低一般工商业电价，实现了国内成品油与国际市场原油价格有控制的间接接轨等。

（四）PPI和经济发展高度相关

1994年以来，广州PPI年均上涨1.4%，同期广州GDP年均增长12.6%。从经济发展与PPI运行状况看，广州工业生产者价格随着每一轮经济周期而起伏，与经济增长的周期密切相关（见图4）。经济的快速增长，必将带动对原材料和生产资料的大量需求，为原材料和生产资料价格的上涨提供了动力，1994年广州GDP增长18.8%，也是PPI涨幅最大年份（上涨26.0%）；2004年到2008年间，GDP增长率在相对高位的区间运行，PPI稳定走高；经济增速的回落也反映在PPI上，2012年到2016年间，

GDP增长率逐年收窄，PPI也持续下降。

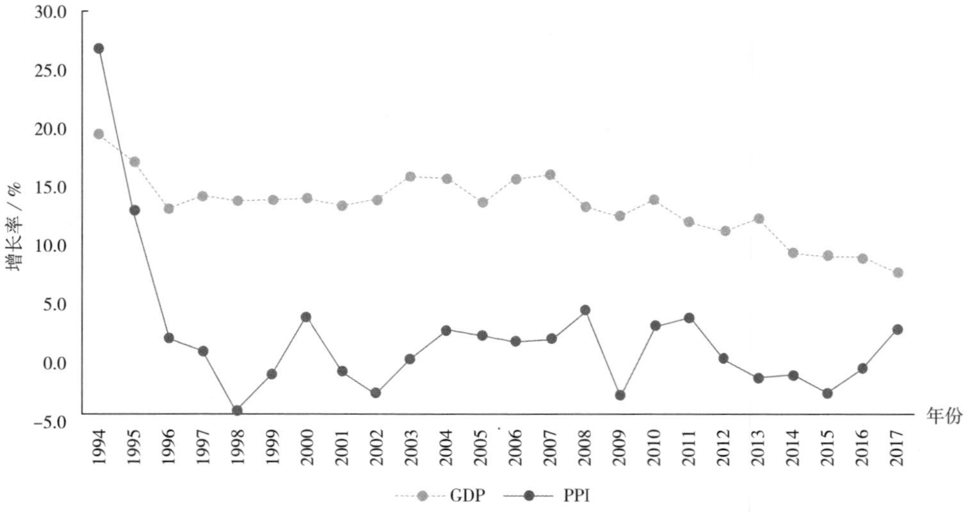

图4　广州PPI和GDP运行走势（1994—2017年）

（五）国际大宗商品价格输入性传导作用明显

随着全球经济一体化的深入，国际市场中矿产品、原油、钢铁、有色金属、粮食等大宗产品价格的波动对国内PPI价格变动的输入性传导作用非常明显。2012—2015年间，反映国际大宗商品价格的CRB指数从最高500多点一路下跌至100多点，2016年则逐步回升，从166.75点（2016年1月1日收盘指数）回升至192.51点（2017年1月1日收盘指数）。广州PPI月度同比相应地在2012到2015年间持续下探，至2016年则降幅收窄，2017年转降为升。

三、建议

1994年以来，经过二十多年的发展，广州PPI经过了六个阶段的起落，随着经济的发展，国家宏观经济的调控能力日益增强，物价波动总体平稳，但仍应进一步提高调控能力，增强定价话语权。

（一）继续加强价格监测，提高稳物价能力。我国已建立起消费价格的物价监测体系，但对工业生产者价格的监测仍然不够，应建立和实施工业生产者价格监测体系，及时掌握价格波动对企业生产经营的影响情况，摸索出一套行之有效的稳物价调控方法，提高对异常波动的反应能力。

（二）合理布局工业企业，提高产品竞争力和定价权。广州工业支柱产业带动着全市工业的发展，三大支柱产业总产值占全市规模以上工业企业总产值的五成左右，其中汽车制造业总产值增长较快。但传统支柱行业大部分产品技术含量低，只能跟随市场定价。应使局部工业企业形成合力，大力推进传统制造业与现代服务业的融合，推动新型业态的发展，发展先进制造业。且我国制造业总体上仍然处于全球产业链的中低端，应进一步鼓励企业研发核心技术，支持自主品牌和自主知识产权的发展，提高产品竞争力，降低对进出口的依赖度，增强定价话语权。

（国家统计局广州调查队生产价格处供稿）

改革开放40年广州农村居民生活状况变化

改革开放40年来，广州农村经历了实行家庭联产承包责任制、农业服务工业、粮价放开、乡镇企业发展、农业税减免、粮食直补、中心镇建设辐射新农村建设、工业反哺农业、城市支持农村、都市农业转变、城中村改造、城市化推进、美丽乡村建设、乡村振兴战略等一系列重大变革，农村经济稳步发展，农村社会面貌焕然一新，农村居民生活发生翻天覆地的变化：收入水平大幅提高，消费能力大幅增强，生活改善提质，城镇化水平显著提高，城乡一体融合提速。

一、农村居民收入大幅提高，奔康致富历史新飞跃

改革开放40年，广州农村居民实际收入实现翻四番。从1978年的全年人均纯收入250元，大幅提高到2017年的全年人均可支配收入23 484元。按可比口径计算[①]，2017年名义收入是1978年的130.4倍；1979—2017

①1978—2013年农村居民收入为农村居民人均纯收入，其中2003—2013年农村居民人均纯收入统计口径与2003年前相比有调整；根据国家城乡一体化住户调查改革要求，2014年起农村居民收入统计口径调整为农村居民人均可支配收入。因口径有调整，居民收入对比增速不能直接用绝对值相除，采用可比的发展速度连乘计算，下同。

年年均增长13.3%。扣除价格因素，2017年农村居民实际收入是1978年的22.0倍；1979—2017年年均实际增长8.3%，比城市居民年均实际增速高0.9个百分点。农村居民经历了从走向温饱，解决温饱，到基本实现小康，到高水平全面建成小康，再到稳步迈进富裕新时代的过程。

（一）1983年实际收入第一翻，走向温饱

1978年拉开了以家庭联产承包责任制为中心的农村经济体制改革。1978年底，广州在全省率先放开了部分水产品市场，并恢复成立第一间国营广州河鲜货栈，引鱼货进城，放开价格，自由购销，随行就市，议价成交，迈开了农副产品放开价格的第一步。根据《中共中央关于加快农业发展若干问题的决定（草案）》，首先在从化县①江埔公社禾仓大队试行“包产量、包成本、包报酬、包上调，增产节约归己”的家庭联产承包责任制，在花都炭步公社区涡大队试行“包产到户，增产全奖，减产全罚”的联产承包责任制。“一包就灵”，农村体制改革新风很快吹遍郊县。两三年内，全市农村实行包干到户达到95%。1979年广州全部放开塘鱼价格，更是拉开了广东物价改革的序幕，使中国进入了由计划经济向市场经济过渡的历史新阶段。

农村产品经济格局取得实质性突破。1980年开始进行农产品购销体制改革；1981年，广州市对郊县大部分的鲜蛋实行议购议销，接着取消肉鸡和鲜蛋的派购任务，放开价格；1983年，又取消了水果的派购任务，实行自由经营、议价成交。全市派购的农副产品品种由118种减为47种，并相应调整和放开价格，“以粮为纲”的传统结构逐步被打破，农村出现了多种经济成分、多种经营方式、多种流通格局。

乘改革开放东风，广州农村居民收入不断提高。1983年农村居民人

①1994年从化县撤县设市；2014年从化市撤市设区。

均纯收入612元，名义收入是1978年的2.5倍；扣除价格因素，实际收入是1978年的2.2倍，实际收入和名义收入双双实现改革开放后第一次翻一番。

伴随收入实现翻番，农村居民生活开始走向温饱。农村居民恩格尔系数[①]从1978年的67.1%下降到1983年的53.3%。恩格尔系数从60%以上下降到60%以下，标志着广州农村居民生活实现了走向温饱的重要转折。

（二）1995年实际收入第二翻，从温饱走向小康

广州农村居民实际收入第二翻大致经历了三个阶段，分别是：1984—1987年实现名义收入第二翻；1988—1992年实现名义收入第三翻；1993—1995年实现名义收入第四翻，同时实现实际收入第二翻。

1. 1984—1987年生产体制改革，温饱稳定

1984年广州被国务院列为全国沿海港口开放城市、计划单列市和经济体制综合试点城市之一。这一阶段改革的特点是以“放”为主。1984年，广州市率先在全国各大城市中全面改革蔬菜产销体制，采取放上市任务、放流通渠道、放购销价格的“三放”政策。1985年1月，广州又在全国率先放开了猪肉、水产品等8种主要副食品和缝纫机、自行车等商品的价格，取消指令计划，实行指导性计划。组织体制上彻底废除农村人民公社“三级所有，队为基础”和“政社合一”的体制，推行土地由农户家庭承包，统分结合、双层经营的联产责任制。农民真正成为独立的商品生产者，农民与集体之间的经济关系得到初步理顺。农民有了生产经营自主权和农副产品处置权，提高了生产积极性，促进了农业生产的发展。1987年农业总产值达25.9亿元，比1978

①恩格尔系数是指居民食品支出占消费支出的比重，按国际通行标准，恩格尔系数59%以上为贫困，50%～59%为温饱，40%～50%为小康，30%～40%为富裕，低于30%为最富裕。由于“食在广州”美誉，在同等收入环境下，广州恩格尔系数较其他地区稍高。

年增长63.6%，年均增长5.1%。

其间，广州集体经济产权和管理制度改革也走在时代前头。1987年，天河区杨箕村、天河区登峰村率先在全国试行农村股份合作制，将原有的集体资产折股量化到人，首创全国农村股份合作制先河。随后全市不断完善和大力推进农村股份合作制改革，乡镇企业兴起，农村商品经济得到快速发展。

随着农业生产体制的不断改革，农村居民收入来源也从以集体分配收入为主转变为以家庭经营收入为主。广州农村居民人均家庭经营纯收入占总纯收入的比重从1978年的22.7%上升到1987年的79.3%，在1985年和1986年甚至达到80.6%的高位。收入来源结构的改变，加快了农村居民收入的提高。1987年广州农村居民人均纯收入1075元，名义收入是1978年的4.3倍，实现改革开放后农村居民名义收入翻两番。扣除价格因素，1987年农村居民实际收入是1978年的2.9倍。

收入水平的提高，使农村居民生活进一步改善。其间，广州农村居民恩格尔系数在48.7%～55.4%之间波动，表明农村居民生活稳定在温饱阶段。

2. 1988—1992年放开粮油价格，温饱生活殷实

1988年广州调整并放开了粮油价格，艰难的价格闯关成功，加快广州千年商埠流通业的发展，有力地推动全市市场繁荣、百业发展，经济和社会不断进步，农村居民收入大幅提升。1992年农村居民人均纯收入2153元，名义收入是1978年的8.6倍，实现改革开放后农村居民名义收入翻三番。扣除价格因素，1992年农村居民实际收入是1978年的3.5倍。

农村居民生活在温饱进程中不断改善，农村居民恩格尔系数在49.1%～54.9%之间波动，物质生活更加丰富。1992年，广州农村居民基本告别了物资短缺的历史，平均每百户农村居民家庭拥有自行车315辆，比上

年增长5.4%；彩色电视机36台，比上年增长24.1%；收录机68台，比上年增长17.2%；电冰箱8台，比上年增长33.3%；摩托车9辆，比上年增长28.6%。

3. 1993—1995年乡镇企业兴起，迈进小康

1993—1995年以建设“菜篮子”“米袋子”工程为契机，以发展“三高”（即高产、高质、高经济效益）农业为核心，推进农业向基地化、专业化、规模化、企业化方向发展。同时，实行计划经济与市场调节相结合，为农业发展注入新活力。1995年广州农业总产值达126.8亿元，按可比口径计算，比1992年增长28.4%。农业商品化水平有所提高，农业商品率83.0%。乡镇企业保持了较快的发展势头，继续发挥了农村经济的支柱作用。1995年，广州乡镇企业总收入736.7亿元，是1992年的3.5倍；乡镇企业总产值691.3亿元，是1992年的3.8倍。

农业和农村经济保持了良好的发展势头，1995年农村居民人均纯收入4483元，名义收入是1978年的17.9倍，实现改革开放后农村居民名义收入翻四番。扣除价格因素，1995年农村居民实际收入是1978年的4.2倍，实现改革开放后农村居民实际收入第二次翻一番。

伴随农村居民实际收入实现第二翻，农村居民生活迎来第三次历史性飞跃，其间恩格尔系数保持在50%以下，在46.3%～49.6%之间波动，标志着广州农村居民生活已跨过温饱阶段，开始踏进小康阶段。

（三）2006年实际收入第三翻，中心镇建设新生活

“九五”期间（1996—2000年），全面推进农业产业化经营和开展农业现代化试点，农业产业化、现代化示范基地和特色品牌农产品生产区建设富有成效，带动农业生产逐步向规模化、集约化发展。2000年，广州市实现农业增加值94.4亿元，比1995年增长28.4%；农业总产值163.1亿元，比1995年增长28.6%，其中花卉总产值7.0亿元，成为都市农业新亮

点。农业商品率达85.8%，比1995年提高2.8个百分点。乡镇企业稳步发展，2000年营业收入1634.6亿元，是1995年的2.2倍；总产值1567.5亿元，是1995年的2.3倍。

“十五”期间（2001—2005年），根据中央“多予少取放活”的方针，统筹城乡发展，促进了农业增效、农民增收、农村稳定。从2002年起，广州分三个阶段推进农村税费改革，逐渐降低农业税率。2004年全市实现农业“零赋税”，比全国提早了两年。2005年，广州实现农、林、牧、渔业总产值220.4亿元，比1995年增长73.8%。全市完成近80万亩（1亩≈666.67平方米，下同）农田和3万亩鱼塘的标准化改造。以“今日中心镇、明日卫星城”为目标，加强中心镇建设，市、区共安排4.5亿元，重点支持中心镇基础设施项目建设，中心镇基础设施和综合服务功能逐步完善。

与“九五”时期推进农业产业化和现代化，以及“十五”时期中心镇建设相配套，2004—2005年广州共培训和转移农村富余劳动力就业超过10万人，扶助1525名农村特困户子女免费入读中专和技校；出台了《关于进一步加强农村教育工作的意见》，从2005年起，在三年内共投入49.6亿元全面改造农村地区中小学。农村经济发展，农村劳动力素质提高，农村居民收入实现第三次大跨越。2006年广州农村居民人均纯收入7788元，名义收入是1978年的33.3倍，实现改革开放后农村居民名义收入翻五番。扣除价格因素，2006年农村居民实际收入是1978年的8.4倍，实现改革开放后农村居民实际收入第三次翻一番。

其间，农村居民恩格尔系数在38.2%～48.5%之间波动，农村居民生活在小康建设中不断丰富。农村基础设施建设逐步加强，2004年广州行政村全部实现“五通”（即通上水、通下水、通电、通路和通信），农村居民饮水质量实现了从“有水喝”到“有干净水喝”的新跨越。2005

年中心镇又有401个人口在100人以上的自然村实现了通水，50户村民以上已通电的自然村大部分实现通广播电视，新增自然村道路100公里。新型农村合作医疗（简称“新农合”）制度逐步完善，2006年全市有194.2万农民参加新农合（简称“参合”），参合率达86.1%。全市参合农民患病后到镇卫生院住院治疗的占45.6%，到区（县级市）医院的占37.8%，到市以上医院的占16.7%。参合农民住院补偿人数达9.9万人次，每人次平均住院补偿1459元；有1237人次获得合作医疗保障救助基金的住院医疗救助，救助金合计为355.7万元。农村居民“看病难、看病贵”问题开始得到缓解。

（四）2014年实际收入第四翻，社会主义新农村建设新阶段

广州农村居民实际收入第四翻大致经历了两个阶段，分别是：2007—2011年，社会主义新农村建设从试点到推进；2012—2014年，农村扶贫开发，建设美丽乡村。

1. 2007—2011年，社会主义新农村建设从试点到推进

广州市委、市政府继2006年制定《关于贯彻落实〈中共中央、国务院关于推进社会主义新农村建设的若干意见〉的实施意见》，把建设社会主义新农村作为“三农”（即农村、农业和农民）工作的重点和中心任务后，2007年又出台了《关于切实解决涉及人民群众切身利益若干问题的决定》，明确广州市各部门职能向农村延伸的21项任务。广州“三农”工作进入社会主义新农村建设新阶段。

总体过程分为试点先行和示范推进两个阶段：2006—2008年为试点先行阶段。2006年选定39个试点村建设，2007—2008年每年挑选100个试点村建设，两年安排92个村子进行重点扶持和建设；市本级新农村建设资金也逐年增加，2006—2008年各年分别为780万元、1900万元和2040万

元。通过三年建设，完成市本级331个试点村、重点村建设，惠及56万农村居民。2009—2011年为示范推进阶段。新增新农村示范村和重点村467条，市财政共安排扶持资金6080万元，专项用于农村各项基础设施建设和村容村貌整治。完成1139个行政村规划和1142个行政村村容村貌整治。完成1.64万户农村危破房改造。累计建设农村绿地面积39万公顷。建成5万盏农村路灯，全市30%的农村道路实现“亮化”，农村“10里文化圈”基本建成。初步实现农村生活垃圾统一收运和无害化处理。建成326个行政村的生活污水处理设施，受惠的农村居住人口达80万人。全市行政村道路硬化率达100%，实现300人以上的自然村通水泥路，992个行政村实现100%通客车。

随着社会主义新农村建设从试点到推进，农村居民收入不断提高。2011年广州农村居民人均纯收入14 818元，名义收入是1978年的69.7倍，实现改革开放后农村居民名义收入翻六番；扣除价格因素，实际收入是1978年的13.3倍。

在社会主义新农村建设下，广州农村居民生活面貌焕然一新。2011年农村低保平均标准达到377元，比2006年提高1.2倍。新型农村合作医疗基本实现全覆盖，农民村居“看病难、看病贵”问题进一步缓解。广州将111万35岁以上的农村居民全部纳入社会养老保险体系，提前一年完成省下达的任务。7.7万名农村困难群众和重度残疾人获资助参加新农保。全市共有199个贫困村和3253户贫困户脱贫，脱贫率分别为53.0%和56.0%。50户以上有条件的自然村全部实现通洁净水，农村自来水普及率超过97.0%；20户以上的自然村全部实现通广播电视和电话；光纤骨干网络和ADSL宽带①已经覆盖全市所有行政村。完成农村改厕项目3400户，

①ADSL属于DSL技术的一种，全称Asymmetric Digital Subscriber Line（非对称数字用户线路），该技术提供的上行和下行带宽不对称，因此亦可称作非对称数字用户环路，是一种数据传输方式。

农村卫生厕所普及率达98.0%。

2. 2012—2014年，农村扶贫开发，建设美丽乡村

2014年，广州农村居民人均可支配收入达17 663元，名义收入是1978年的98.1倍；扣除价格因素，实际收入是1978年的17.3倍，实现改革开放后农村居民实际收入第四次翻一番。

农村居民生活得到切实提高。2013年在430个贫困村开展新一轮扶贫开发工作；市、区财政投入7.5亿元建设14个美丽乡村。农村集体经济股份合作制改革取得新进展，实现全市集体土地登记全覆盖。农村基层公共服务站基本完成，建成9项乡镇农民体育健身工程。全市农村生活污水处理率稳步提高，石井河截污、猎德涌改造等河涌治理工程顺利推进。完成农村泥砖危房改造10 118户。农村平均低保标准提高到505元，“五保”（即我国农村对无劳动能力、生活无保障的成员实行的社会救助，包括保吃、保穿、保住、保医、保养五个方面）供养标准提高到当地农村人均纯收入的70%。农村三级医疗卫生服务网络建成。农村居民可免费享受11类37项基本公共卫生服务项目。

2014年广州全市实现自来水改造工程，城乡自来水全面普及。开展土地承包经营权确权登记试点，推进集体建设用地使用权流转，建成集体经济“三资”（即土地资产、物业资产、实物资产和其他资产）交易平台。建设27个美丽乡村和3个名镇、41个名村。市财政安排4.85亿元扶贫，新一轮农村扶贫开发取得成效。

（五）2015年开始迈向富裕新时代

2015—2017年，广州农村居民恩格尔系数一直维持在40%以下，标志着农村居民生活从小康进入富裕阶段。2017年农村居民人均可支配收入23 484元，按可比口径计算，名义收入是1978年的130.4倍，实现改革开

放后农村居民名义收入翻七番。扣除价格因素，2017年农村居民实际收入是1978年的22.0倍。

2015年，集体建设用地使用权确权登记发证率超过99.6%。农转居人员月均养老金869元，比2010年增长53.3%。完善城乡居民医疗保险制度，实施城乡居民大病医疗保险，城乡居民医保统筹基金年度最高支付限额达到30.28万元。连续9年提高城乡低保标准，2015年颁布的《广州市最低生活保障办法》在全国率先实行城乡统一的最低生活保障标准。建成覆盖全体居民的医疗救助体系，5年新建1142个农村老年人活动站点。

2016年广州着力推动美丽乡村、新农村连片示范建设，打造宜业、宜居、宜游的社会主义新农村。新农村建设明显加快，完成89个市级美丽乡村试点建设，开展71个市级美丽乡村创建工作和执行6个镇、116个村的名镇名村创建任务，完成惠及168.6万农村人口的自来水改造。农业保持平稳发展，农业增加值达到258亿元，比2011年增长10.5%，“米袋子”“菜篮子”安全有效供给水平持续提高。

2017年推进农业供给侧结构性改革，加快89宗农村水利工程加固和20项防洪工程建设，国际种业中心建设取得新进展，全市产地农产品质量稳定优于国家标准。农村综合改革有力推进，超额完成农村土地承包经营权确权登记颁证年度任务。新农村的“造血功能”进一步加强。全市共创建省级休闲农业和乡村旅游示范镇、示范点13个，全国休闲农业和乡村旅游示范县、示范点2个。

但是，农村居民收入仍然存在发展不平衡不充分问题。主要表现在两个方面：

一是区域间收入差距较大，且呈扩大趋势。从收入分布的差距看，2010—2017年，最高辖区与最低辖区比值较大，总体呈扩大走势。从高低区域的年均差距看，农村居民收入最高的区收入绝对值比最低的区高出80.0%。从差距的趋势看，2017年农村高低区域比值为1.85，比2010年上升8个百分点。从绝对额对比看，靠后区域主要分布在广州的北部片区，主要是从化、增城、花都。

二是本地农村居民外出打工收入竞争力低于外地来穗务工人员。2017年，广州市本地农村居民外出打工月均收入3705元，仅为同期外地来穗打工农民工资性收入①的85.0%。

二、农村居民消费升级提质，生活殷实幸福有尊严

改革开放40年，广州农村居民生活经历了走向温饱、温饱、基本小康、高水平小康、富裕几个重要阶段，消费观念随着收入水平的上升不断更新，消费层次从日用型向舒适型、从生活型向发展型不断优化升级，生活质量不断改善。从1978年的全年人均生活消费支出222元，大幅提高到2017年的18 932元。按可比口径计算②，2017年名义消费支出是1978的82.7倍；1979—2017年年均名义增长12.0%。扣除价格因素，2017年农村居民实际消费支出是1978年的14.0倍；1979—2017年年均实际增长7.0%。

（一）从“吃饱”到“吃好”，食品消费从追求数量向讲求质量转变

从生活水平所处阶段的演变进程看，1978—1981年广州农村居民恩格尔系数均在60%以上，广州农村居民在温饱边缘生活了4年；1982—

①国家统计局广州调查队开展的农民工市民化进程动态监测调查显示，外地来穗务工农民现金工资性收入2017年为4358元/月，2016年为4077元/月，2015年为3759元/月。

②1978—2013年农村居民消费支出为生活消费支出，其中2003—2013年农村居民人均纯收入统计口径与2003年前相比有调整；根据国家城乡一体化住户调查改革要求，2014年起农村居民收入统计口径调整为农村居民人均可支配收入。因口径有调整，居民消费对比增速不能直接用绝对值相除，采用可比的发展速度连乘计算，下同。

1992年广州农村居民恩格尔系数在50%～60%之间，从改革开放第5年起，广州农村居民连续11年过上温饱生活；1993—2013年，广州农村居民恩格尔系数在40%～50%之间，从改革开放第16年起，广州农村居民连续21年过上小康生活；2014—2017年，广州农村居民恩格尔系数低于40%，从改革开放第37年起，广州农村居民过上富裕生活。

随着生活发展阶段的演变，食品消费结构不断改善。改革开放前，由于食品供应紧张，农村居民主要靠分粮油分鱼肉过日子，食品消费以主食型为主，食品消费目标是“吃饱”。改革开放后，物质条件不断丰富，吃饱早已不成问题。2017年，广州农村居民人均粮食消费量111公斤（1公斤=1千克，下同），油脂类消费量10公斤，鲜菜、鲜菌类消费108公斤，猪肉消费量33公斤，鸡肉消费量16公斤，水产品消费量24公斤，鲜蛋消费量7公斤。广州农村居民食品消费需求从填饱肚子逐步向讲究营养、美味和方便的新需求转变。食品消费构成中，谷类、薯类、豆类等主食消费支出占食品消费支出的比重从1978年的49.7%，大幅下降到2017年的8.6%。取而代之的是副食品支出比重的大幅提高。副食品消费支出占食品消费支出比重从1978年的38.8%，大幅提高到2017年的61.3%。除了副食品消费比重提高以外，在外饮食消费支出占消费支出比重也从1978年的1.6%，大幅提高到2017年的18.4%。食品消费从“吃饱”的数量追求，向“吃好”“吃精”的质量追求转变。

（二）居住环境大幅改善，居住空间、结构、环境、品质显著提高

从居住环境的演变看，首先是农村居民生活空间的拓宽，人均居住面积的扩大。1978年广州农村居民人均住房面积仅6.8平方米；1980年为10.4平方米，首次超过10平方米；1985年为20.3平方米，首次超过20平方

米；1999年为30.2平方米，首次超过30平方米；2009年为40.6平方米，首次超过40平方米；到2017年，广州农村居民人均住房面积已提高到49.9平方米。2017年，广州农村居民居住单栋楼房的家庭占比达88.2%；单栋平房的占4.6%；三居室单元房的占3.9%；二居室单元房的占2.3%；其他的仅占1.0%。

其次是农村居民住房结构的变迁。改革开放以前，农村地区除极少数华侨房屋是楼房以外，其余绝大多数普通农村居民住房均为平房，以大量的泥土结构和砖木结构住房为主，居住条件相当简陋。随着收入水平的提高，农村居民逐步具备了自建新房的能力。在外来人口大量涌入农村催生农村租住需求，萌发和孕育大量农村租住市场的80年代，农民自建房如雨后春笋般在农村地区普遍起来；到2017年，自建住房的广州农村居民家庭比例已上升到96.0%；购买商品房的比例为1.3%。农村居民自建住房从平房转向楼房，住房结构从原来的泥土结构、砖木结构转向砖木混凝土、钢筋混凝土结构，住房质量大幅提高。2017年，广州农村居民钢筋混凝土结构住房占70.1%；砖木混凝土结构住房占28.9%；砖瓦砖木结构住房仅占1.0%。

再次，从居住主要炊用能源的变化看，广州农村居民家庭主要炊用能源已由改革开放前的以柴草、煤炭为主，转为以液化石油气和电为主。2017年，广州农村居民家庭以柴草为主要炊用能源的占6.1%；用电的占9.1%；用罐装液化石油气的占83.6%；用管道液化石油气或天然气的占0.1%，无炊用行为的占1.1%。

从居住的外部环境看，随着改革开放的深入推进，广州各镇、村、社经济实力不断增强，农村基础设施建设投入不断加大，各项基础设施逐步改善和加强。2006年，广州已基本实现村村通电、通水、通水泥路、通有线电视和通电话，农村居民的居住环境得到明显改善。

此外，从居住条件主要硬件配置变化看，卫生条件大为改观。改革开放前农村居民家庭普遍无厕、使用公共旱厕的状况现已难寻踪迹，2017年有99.9%的广州农村居民家庭拥有水冲式卫生厕所。从饮用水来源情况看，2017年，广州农村居民有82.7%的家庭饮用经过净化处理的自来水；有6.3%的家庭饮用受保护的井水和泉水；有5.5%的家庭饮用桶装水；其他的占5.5%。

（三）家庭配置从机械化到电气化，再向网络化升级

改革开放40年，随着物质条件的不断丰富，广州农村居民家庭配置不断升级。农村居民家庭耐用消费品的标配经历了从追求机械化，到追求电气化，再到追求网络化的时代变迁。

改革开放初期广州农村居民结婚“三大件”分别是自行车（凤凰、永久牌）、手表（上海牌）、缝纫机（蝴蝶、飞人、蜜蜂、西湖牌），机械化是该时期家庭配置的时代标签。随着收入水平的提高，20世纪80年代初期，全村男女老少傍晚拿上大小板凳，准点到村内少有的几户有电视的家庭看电视的景象渐成历史。村里黑白电视机多了，彩色电视机也逐步出现在农村居民家庭中，结婚“三大件”逐步演变为电冰箱、电视机、洗衣机。到80年代末期，电气化已成为广州农村居民家庭配置的新标签。90年代，洗衣机从双缸逐步发展为半自动、全自动；黑白电视机逐步退出历史舞台，取而代之的是彩色电视机的普及；单门冰箱逐步升级为双门冰箱。此外，电话、电脑、空调逐步成为农村居民家庭标配，成为该时期新的“三大件”。到21世纪，移动电话、网络、汽车又成为农村居民家庭的新标配。2017年，每百户农村居民家庭拥有家用汽车42辆、摩托车123辆、助力车55辆、空调198台、彩色电视机144台、热水器114台、电冰箱108台、洗衣机103台、排油烟机68台、微波炉32台、

洗碗机4台、移动电话316台、固定电话47台、计算机86台、照相机23个、健身器材7台、中高档乐器5件。

（四）潮流消费走进寻常百姓家，精神文化生活丰富多彩

随着收入的增长和消费能力的提高，广州农村居民家庭有能力且愿意把更多钱用于娱乐、休闲、旅游等生活享受，潮流消费走进寻常百姓家。唱卡拉OK，去棋牌室、桌球室、网吧等文化娱乐活动在农村逐步盛行。大众娱乐方式，从听收音机到看电视，从跳迪斯科到跳广场舞，从去网吧、游戏机室到玩手机游戏，从听家庭音响到使用VR（即虚拟现实）穿戴设备……广州农村居民精神文化生活丰富多彩。2017年，广州农村居民人均文化娱乐支出[①]794元，占消费支出的4.2%，比2006年提高1个百分点。

生活水平的提高，农村居民更注重形象，穿衣打扮从“保暖”功能向“时尚”功能转变，成为居民迎合潮流、追赶时髦的重要表现。广州农村居民人均衣着消费从1978年的21元，大幅上升到2017年的763元。农村居民穿衣质料喜好也从20世纪70年代末、80年代初流行的“的确良”，到牛仔布，再逐渐回归到纯棉、速干、冰爽等材料；着装打扮从文化衫到喇叭裤、蝙蝠衫、蛤蟆镜、飞机头、大耳环，逐步回归到自然、修身的风格。

（五）教育观念发生根本性逆转，培育后代成长成才已成农村居民家庭对可持续发展的关切

随着时代发展，20世纪70年代末、80年代初农村普遍存在的“读不了书就回家耕田”“多读书不如早打工早赚钱”“女孩子读书多浪费

①包含文化娱乐用品和服务，不含教育。

钱”“女孩子多读书不如早嫁人”等教育观念发生了根本性变化。一方面，城市空间向农村扩展，农村地带转变为城镇地带，农村居民教育观念逐步被城市居民同化，各类课余兴趣班、课外补习班逐渐从城市蔓延到农村；另一方面，乡镇企业经济发展，市场对技工需求的上升，激发了农村居民对通过教育获得技能、提高收入的新认识。子女教育的重要性慢慢被农村居民接受，农村居民对子女教育的投资逐步加大。广州农村居民人均教育支出从1980年的3.4元，上升到2017年的1031.7元。从投入比例的变化看，农村居民人均教育支出占消费支出比重从1980年的1.3%，大幅上升到2017年的14.1%。

教育投入的加大，直接推动广州农村居民整体文化教育水平的提高。2017年，6周岁及以上广州农村居民具有小学学历的占17.8%，初中的占36.6%，高中的占27.4%，大专及以上的占16.8%，其他[①]的占1.4%。

农村居民文化教育水平的提高，有效增强了农村居民在劳动力市场的竞争力。从职业技能看，2017年，广州农村居民中获得高级技术职称的占0.6%，中级技术职称的占0.9%，初级技术职称的占3.6%。随着职业技能提升，就业类型更广。2017年，广州农村居民中技能人才占7.0%，新型职业农民占4.3%，基层干部占3.3%，企业经营管理人员占2.1%，小微企业创业者占1.2%。同时，谋业地理范围更大，2017年广州农村居民在本村（居）委会范围内就业的占40.2%，在村外乡镇街道内就业的占38.7%，在乡外区内就业的占10.8%，在区外市内就业的占8.9%，在市外省内就业的占1.4%。

①主要处于学前教育阶段。

三、乡村振兴战略新蓝图，开启农村居民生活新篇章

为落实乡村振兴战略，广州制订《广州市全域推进农村人居环境整治建设生态宜居美丽乡村三年行动计划（2018—2020年）》和《广州市实施乡村振兴战略三年行动计划（2018—2020年）》，高质量落实乡村振兴各项任务。建立市领导对口联系村制度和各区主要领导担负属地第一责任人机制。围绕产业兴旺、生态宜居、乡风文明、治理有效、生活富裕的总要求，坚持分类施策、各具特色、一村一品、一村一策，以人居环境整治为突破口，突出岭南特色，着力打造一批干净整洁村、美丽宜居村、特色精品村。

系列政策举措已初显成效。调研①显示，有96.7%的受访村民知晓乡村振兴战略；有90.8%的受访村民认为“村里路变宽了”；有68.0%的受访村民表示“医疗方便了”；有53.6%的受访村民认为“工作机会多了”。

随着惠民政策效果逐步显现，广州农村居民对新时代新生活有了更高期待。主要体现在以下几个方面：首先是期盼提供资金扶持的人数最多，占比为56.9%；期盼提高医疗保障的人数次之，占比为51.6%；期盼提高养老保障水平的人数排第三位，占比为49.7%；期盼提高收入水平的人数排第四位，占比为35.9%。

回顾改革开放40年，广州农村不断夯实发展基础，居民收入保持了持续较快增长，居民消费不断优化升级，民生保障持续加强，惠民措施成效显著。广州农村居民生活迈进了新时代，开启了新篇章。

（国家统计局广州调查队住户调查处供稿）

①2018年5月国家统计局广州调查队对白云、番禺、增城3个区的钟落潭镇寮采村、钟落潭镇米岗村、东环街蔡边一村、大龙街新水坑村、新塘镇塘美村、中新镇五联村、小楼镇约场村等7个村开展乡村振兴调研。

改革开放40年广州城市居民生活状况变化

居民可支配收入是衡量一个国家或地区人民生活水平的重要指标。改革开放40年来，随着广州经济的持续、快速、稳定发展，社会不断进步，综合实力不断增强，广州城市居民收入大幅增长，生活质量显著提高，广州经历了从解决温饱到小康阶段，现正向全面建成小康社会目标迈进。

一、收入实现跨越式增长，从温饱走向全面小康

改革开放40年来，随着国民经济的持续快速发展和市场经济体制的逐步完善，广州城市居民收入也随之呈跨越式增长。据抽样调查资料显示：2017年广州城市居民人均可支配收入达55 400元，比1978年增长124.3倍，年均增长13.9%，扣除物价上涨因素，年均实际增长7.4%。

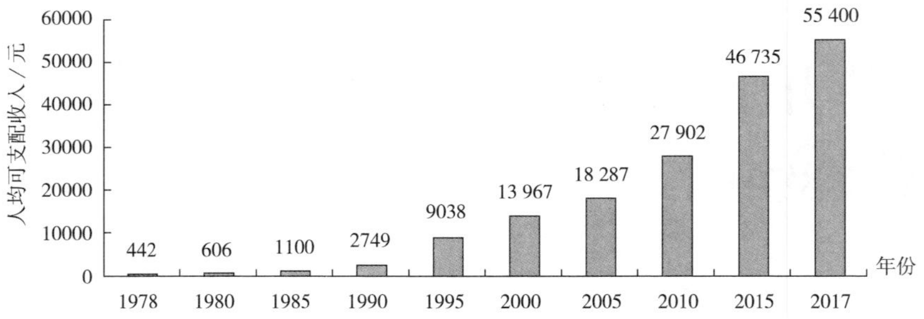

图1　1978—2017年广州城市居民人均可支配收入

从40年间广州城市居民收入增长的轨迹来看，主要分为四个阶段。

（一）第一阶段：1978—1989年，乘着改革开放春风，走向温饱

改革开放前，广州经济发展缓慢，居民生活水平较低，只能解决日常生活的基本保障。1978年以后，广州作为改革开放的前沿阵地，率先推进改革开放政策，积极进行体制改革，整顿和加强企业管理，广开就业门路，实施工资调整和物价改革，经济得到快速恢复和发展，人民生活水平有较大改善。1989年广州城市居民人均可支配收入达2493元，比1978年增长4.6倍，年均增长17.0%，扣除物价上涨因素，年均实际增长6.4%，恩格尔系数从1978年的62.0%下降到1989年60.4%，广州城市居民生活基本接近温饱水平。

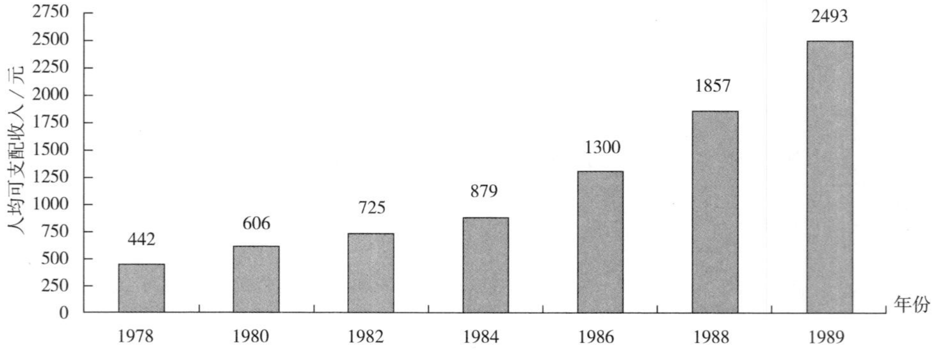

图2　1978—1989年广州城市居民人均可支配收入

（二）第二阶段：1990—1999年，收入首次突破万元，进入快速增长通道

进入20世纪90年代，在邓小平1992年南方谈话和党的十四大后，广州进一步解放思想，深化改革，扩大开放，以国有企业为重点，金融、住房、价格等各项改革稳步推进，通过大幅度改革，企业活力明显增强，企业经济效益提高，基础设施显著改善，保持经济全面、快速、协调健康发展。与此同时对国有企业、事业单位进行多次全面工资改革，数次提高职工工资水平，广州城市居民收入进入历史的最佳时期。1997年广州城市居民人均可支配收入达10 445元，首次突破万元大关。到1999年，再上一个台阶，达12 019元，比1989年增长3.8倍，年均增长17.8%，扣除物价上涨因素，年均实际增长9.0%，恩格尔系数从1990年的60.6%下降到1999年的44.0%，广州城市居民生活跨入小康阶段。

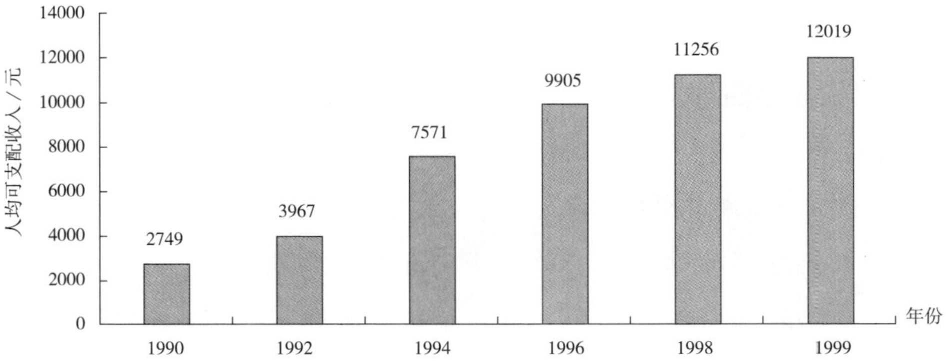

图3 1990—1999年广州城市居民人均可支配收入

（三）第三阶段：2000—2009年，收入持续增长，居民生活再上台阶

进入二十一世纪，我国加入WTO后，广州经济进入了新一轮快速发展时期，经济结构加快调整，增长方式转变。市委、市政府高度关注低

收入人群，提高最低生活保障标准、最低工资标准和离退休金标准，出台一系列惠民增收政策，人民生活水平不断提高。2009年广州城市居民人均可支配收入达27 610元，比1999年增长1.3倍，年均增长9.6%，扣除物价上涨因素，年均实际增长9.0%，收入持续增长。恩格尔系数从2000年的42.6%下降到2009年33.2%，广州城市居民生活再上新台阶。

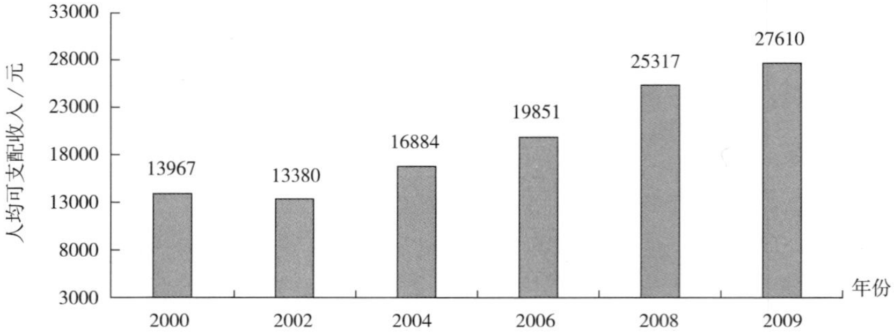

图4　2000—2009年广州城市居民人均可支配收入

（四）第四阶段：2010—2018年，收入增速放缓，向全面小康迈进

2010年以来，面对复杂的国内外经济形势和各种重大挑战，广州市委、市政府主动适应和引领经济发展新常态，全力推进稳增长、调结构、促改革、惠民生，经济实力显著增强，国家中心城市功能和民生福祉持续提升。2017年广州城市居民人均可支配收入达55 400元，比2009年增长1.0倍，年均增长10.3%，扣除物价上涨因素，年均实际增长7.3%，2018年上半年，城市居民人均可支配收入比2017年同期增长8.1%，实际年均增速比上一阶段（2000—2009年）有所回落，收入增长放缓，恩格尔系数从2010年的33.3%下降到2017年32.1%，广州城市居民生活向全面小康迈进。

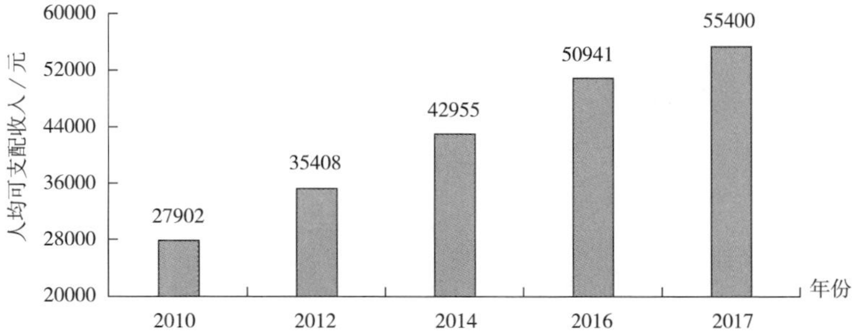

图5 2010—2017年广州城市居民人均可支配收入

二、消费水平不断提高，生活质量显著改善

改革开放40年来，随着经济快速发展和居民收入水平提高，广州城市居民消费能力增强，消费结构优化，百姓生活由改革开放之初的温饱型跨入发展型、享受型的新阶段，从追求物质消费向追求精神消费和提高生活服务质量转变，生活质量发生了翻天覆地的变化。1985年、2000年、2008年和2012年广州城市居民人均消费支出分阶段突破千元、一万元、两万元和三万元，2017年突破四万元大关，达40 637元，比1978年增长91.4倍，年均增长12.7%，扣除物价上涨因素，年均实际增长6.3%，与城市居民人均可支配收入实际年均增长7.4%保持基本同步。

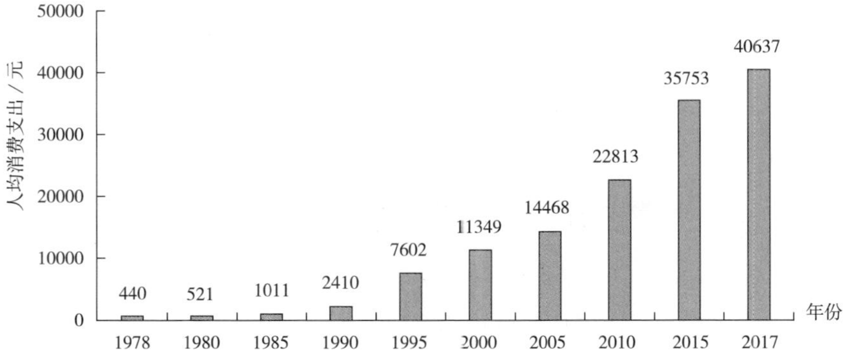

图6 1978—2017年广州城市居民人均消费支出

（一）“衣、食、住”生存型消费快速增长，保障居民基本生活

1. 食品消费支出增加，恩格尔系数下降

“民以食为天”，从食品消费可以反映一个地区居民的生活质量。改革开放之初，食品匮乏，居民只求温饱，时至今日，食品种类生产和供应丰富多样，居民享受着经济发展所带来的成果。广州城市居民爱好美食，“食在广州”的饮食文化一直影响着居民饮食习惯，也影响着居民的消费支出结构。1988年广州城市居民人均食品消费首次突破千元达1087元，2012年达10 361元，突破万元大关，至2017年达13 063元，比1978年增长了46.9倍。膳食结构由过去以谷物为主的单一性主食型向荤素搭配、科学营养的副食型现代饮食方向转变。2017年广州城市居民恩格尔系数32.1%，比1978年的62.0%下降了29.9个百分点，从解决温饱阶段跃进全面小康阶段。随着居民对外交往增加，亲朋聚会在外宴请成常态，2017年广州城市居民在外饮食人均消费4346元，比1980年增长了151.5倍，占消费支出的比重达10.7%，比1980年提高了4.2个百分点。

2. 衣着由满足保暖需要转为追求成衣化、个性化

改革开放前，由于轻纺工业欠发达，衣着商品限量供应，居民衣着消费以购买衣料制作服装为主，面料粗糙、色彩单调、式样陈旧单一，一衣多季是当时居民衣着消费的真实写照。近年来随着居民收入水平提高，居民更注重服装的质地、款式和颜色搭配，品牌化、时装化和个性化服装受到追捧，居民更加追求穿出自我和彰显个人魅力。2017年广州城市居民人均衣着消费2218元，比1980年增长了44.2倍。

3. 居住条件极大改善，配套设施日趋齐全

住房问题是关系国计民生的大事，也是广大居民普遍关心的问题。20世纪80年代前，住房紧张的问题突出，大部分居民居住空间狭窄、配套条件差，在一条街巷或一个大院里多户居民共用厨房、厕所，共用自

来水的现象普遍。改革开放后，居民住宅建设步伐加快，广州率先打破住宅建设的旧模式，兴建和推出大量商品住宅，同步建设市政公用配套设施，改善居民居住条件。据抽样调查资料显示，2017年广州城市居民人均居住支出（剔除自有住房折算租金）达2548元，比1980年增长了106.3倍。2017年广州城市居民自有住房占87.1%，比1978年提高了70.6个百分点，人均居住面积达33.1平方米，比1978年增长7.7倍，住房条件明显改善。

（二）消费结构不断优化，享受、发展型消费成亮点

改革开放40年来，广州城市居民在基本生活得到满足后，日益重视发展型、享受型消费。在构成居民消费的八大类消费中，“衣、食、住”生存型消费所占比重逐步下降，而体现发展及享受需求的教育文化娱乐、交通通信、医疗保健支出等比重则持续上升。2017年广州城市居民发展型、享受型消费占消费支出比重为39.8%，所占比重比1980年提高了24.1个百分点，消费结构不断优化。

1. 家庭耐用消费品稳步增长，更新换代浪潮频现

改革开放以来，城市居民生活变化最显著的体现就是耐用消费品的不断换代升级。20世纪80年代“老三件”（自行车、缝纫机、手表）迅速普及；在基本需求得到满足后，90年代逐步兴起“新三件”（彩电、冰箱、洗衣机）、电话、空调和摩托车等；进入21世纪，人们越来越注重生活质量，传统电器等必需品的拥有量已经趋向饱和，科技含量更高的家庭耐用品如汽车、电脑、摄像机、中高档乐器、健身器材、智能家居等享受型高档消费品走入居民生活，逐步取代传统电器的位置成为新的消费热点。2017年末广州城市居民每百户拥有洗衣机100台、电冰箱103台、彩色电视机132台、空调237台、中高档乐器14台、家用汽车

44辆，分别比1990年增加了12.7台、15.7台、43.3台、235.7台、14台和44台。广州城市居民人均生活用品及服务支出2599元，比1980年增长了107.4倍，居民耐用消费品更新换代频率加快，品质和档次不断提高。

主要年份每百户居民家庭主要耐用品拥有量情况

项目	单位	1980年末	1990年末	2000年末	2010年末	2017年末
家用汽车	辆	—	—	0.4	21.0	44.0
摩托车	辆	—	4.0	23.6	—	—
自行车	辆	140.0	191.7	145.4	—	—
洗衣机	台	1.5	87.3	99.4	101.0	100.0
电冰箱	台	—	87.3	100.6	103.0	103.0
微波炉	台	—	—	60	89.0	69.0
彩色电视机	台	1.5	88.7	154.8	148.0	132.0
空调	台	—	1.3	154.8	261.0	237.0
热水器	台	—	—	90	106.0	105.0
移动电话	台	—	—	72.2	253.0	260.0
计算机	台	—	—	54.2	125.0	123.0
照相机	架	2.0	33.7	82	102.0	67.0
中高档乐器	台	—	—	10.4	6.0	14.0

注：自2002年起取消自行车拥有量统计指标；自2007年起取消摩托车拥有量统计指标。

2. 交通通信消费领域拓宽，出行方式日新月异

20世纪80年代以前，居民出行的交通工具主要是火车、公共汽车、自行车，亲朋好友联络主要依靠邮递信件和共用电话，1980年广州城市居民人均交通通信支出仅5元。进入90年代交通通信事业迅速发展，出租车、飞机、旅游车等多元化交通工具出现，住宅电话、BP机（寻呼机）、移

动电话、传真机以及电脑互联网等高科技产品逐渐走入居民生活，居民旅行、探亲、社交等消费需求殷切，消费支出也倍增。1999年人均交通通信支出为764元，比1980年增长152.8倍，占消费支出的比重为7.8%，比1980年提高了6.8个百分点。进入21世纪后，广州基础交通设施日趋完善，多种新式打车软件、共享单车、地铁、自驾车流行，居民出行条件明显改善。同时随着“互联网+”高速发展，居民家庭进入信息化时代，手机和电脑拥有量的快速增长和更新速度的加快，现代化的通信服务已形成巨大的消费市场。2017年末城市居民每百户拥有计算机123台、移动电话260台，比2000年分别增加了68.8台、187.8台。居民旺盛的需求带动了交通通信消费支出大幅攀升，2017年城市居民人均交通通信支出5072元，比2000年增长了3.9倍，占消费支出比重从2000年的9.1%上升到2017年的12.5%。

3. 精神文化生活更加充实，教育文化娱乐支出成消费热点

居民的收入水平和闲暇时间是保障其精神文化生活的基础。改革开放初期，居民收入有限，实行每周6日工作制，闲暇时间缺乏，文化生活较为单调，文化娱乐消费支出较少，1980年人均文化娱乐支出仅为24元。进入20世纪90年代，1995年实行每周双休制度，2007年又将清明、端午、中秋三大传统节日列为法定假日，再实行“黄金周”休假方式，职工带薪休假制度进一步完善，保障了居民闲暇时间。随着广州文化教育事业的发展，市委、市政府重点投资文化娱乐设施，修葺历史古迹、举办大型艺术节、大力发展高雅文化，影视歌舞、运动健身、琴棋书画、休闲旅游等已成为居民业余生活的经常性内容。居民除了享受休闲娱乐外，日益重视教育和个人素质培养，选择多种形式获得学历及各类证书，子女参加多元化的课外兴趣班和特长班，提高个人素质。2017年城市居民人均教育文化娱乐支出5418元，比1980年增长了227.9倍，占消费支出比重从1980年的4.5%上升至2017年13.3%。

4. 保健意识增强，医疗保健消费水平大幅提高

改革开放以来，随着医疗制度改革，广州广泛实行人民医疗保健制度，建成了三级医疗卫生网，医疗水平和医疗实力大大提升，城市居民享受到了更加便利、实惠的医疗服务。与此同时，居民日益重视养生保健，对健康认识逐渐深化，治病防病意识不断增强，“大病才去医院”的医疗消费观念有所转变，各类保健用品及服务愈来愈普及，2017年城市居民人均医疗保健支出1765元，比1980年增长了276.5倍，占消费性支出比重为4.3%，比1980年提高了3.1个百分点。

（三）消费观念转变，消费方式不断升级

改革开放以来，随着生活水平的不断提高，居民从只求温饱，到满足于衣食无忧，再到追求舒适与享受，传统消费观念正在被新的消费观念取代。随着“互联网+”快速发展，消费的支付方式从原有的粮票、现金、储蓄卡和信用卡转变为移动支付、贷款、花呗和京东白条等新式支付方式。消费模式由传统商场实体店线下购物转变为淘宝、京东等线上电商购物，更创新发展拼车、共享单车、共享汽车、闲置物品交换等共享型消费模式。消费内容也由传统实物消费向“滴滴打车”“视频点播”“网络教育”等新式服务性消费转变，消费方式日益丰富，居民生活质量不断提高。

综上所述，经过改革开放40年，广州城市居民生活的各方面发生巨变，不仅体现在收入持续增长和消费水平提高，更是消费结构优化和生活质量显著改善，居民获得感持续提升，广州城市居民从解决温饱走向全面小康，实现历史性的跨越。

（国家统计局广州调查队住户调查处供稿）

改革开放40年广州农村经济发展综述

1978年，党的十一届三中全会召开，改革开放的伟大创举把中国带入一个崭新的时代。40年来，广州市各级党委政府高度重视农业和农村经济的发展，始终坚持把农业放在经济工作的重要位置，认真贯彻落实党的农业农村工作各项方针政策，深化农村经济体制改革，农业生产持续发展，产业结构不断调整优化，农村基础设施明显改善，农民生活水平显著提高。

一、改革开放40年农村经济的发展历程

改革开放以来，农业农村经济发生了翻天覆地的变化。从历程看，大体经历了五个阶段。

第一阶段：探索突破阶段（1978—1984年）。1978年底，党的十一届三中全会召开，揭开了农村改革和发展的序幕。从农村基本经营制度入手，推行家庭联产承包责任制，发展乡镇企业，农村改革取得突破性进展，农民生产积极性空前提高，生产力得到巨大释放。

第二阶段：城乡互动阶段（1985—1991年）。1985年，国家推行和

引导以计划为主的经济体制逐渐向市场经济过渡。在城市经济迅猛发展的同时，广州市积极发展农业生产，搞活农村商品流通，促进农村劳动力转移，促进城乡要素流动，农村改革继续稳步推进，农业生产进入快速提升期。

第三阶段：全面推进阶段（1992—2001年）。1992年初，邓小平同志视察南方发表重要讲话，农村改革进入了一个全面向社会主义市场经济体制转轨的时期。深化农产品流通体制改革，调整农村产业结构，加快促进农村劳动力转移，农村改革得到进一步深化，广州农村涌现出大量致富能手，农业生产进入高速发展期。

第四阶段：城乡统筹阶段（2002—2011年）。改革的重点主要针对新阶段的农村综合改革和社会主义新农村建设等重大问题。健全农村土地管理制度，改革农村税费制度，建立城乡发展一体化制度，农村改革进入了城乡统筹发展的新阶段，农业基础设施不断完善，农业生产进入稳定期。

第五阶段：全面深化阶段（2012年以来）。党的十八大以来，以全面建成小康社会为目标，围绕抓关键补短板，全面推进农村综合改革和其他领域各项改革，注重改革的全局性、系统性、协同性，着力深化农村体制机制创新，农业生产（产品）结构不断优化，农业进入供给侧结构性改革期，农业、农村经济向高质量发展。

二、改革开放40年农村经济的发展变化

（一）农业产值持续扩大，产业结构不断优化

1. 农业经济实力不断壮大。全市农林牧渔业（含农林牧渔服务业）总产值从1978年的7.99亿元增加到2017年的432.92亿元，增长53.18倍，年

均增长4.9%。全市农林牧渔业增加值从1978年的5.03亿元增加到2017年的258.42亿元，增长50.38倍，年均增长4.7%。

2. 农村产业结构持续优化。从农村产业结构上看，第一产业比重不断下降，第二产业、第三产业比重不断上升。2017年，在全市地区生产总值中，第一产业比重为1%，比1978年下降了10.7个百分点，广州市地区生产总值第一产业、第二产业、第三产业的占比由1978年的11.7∶58.6∶29.7转变为2017年的1∶28∶71。从农林牧渔及其服务业内部结构看，单一以粮食、蔬菜、水果生产为主的格局被打破，呈现多种经营高质量发展的良好态势。2017年全市种植业、林业、牧业、渔业产值比为55.5∶0.8∶13.1∶18.4，与1978年的77.8∶1.7∶13.8∶4.4相比，明显改变了40年前以种植为主的单一型农业产业结构，种植业产值所占比重从77.8%降至55.5%，下降22.3个百分点，而渔业、畜牧业、农业服务业产值占比则明显提高。

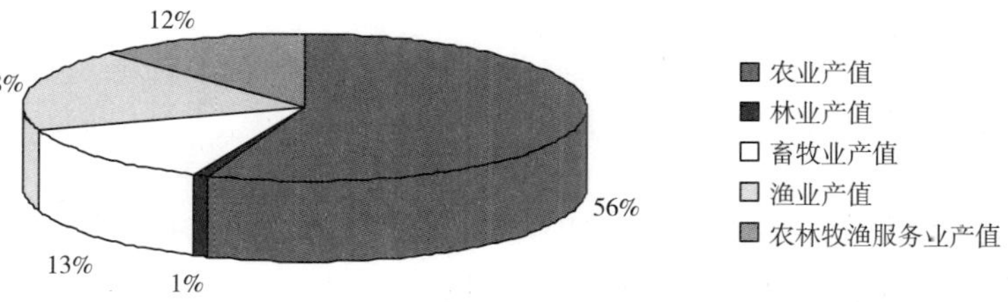

图1 2017年广州市农林牧渔业总产值构成

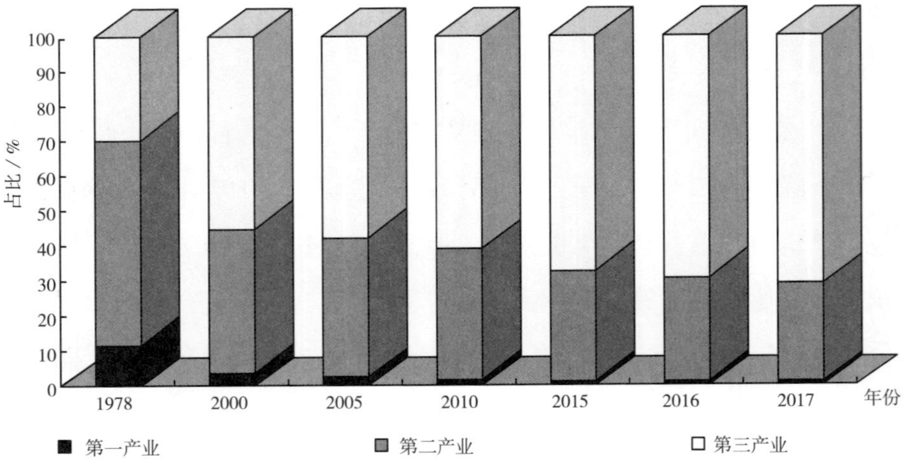

图2 1978—2017年广州市主要年份地区生产总值第一产业、第二产业、第三产业占比

（二）农副产品大幅增产，品种丰富

（1）粮食总产量逐年下降。40年来，虽然广州市大力推动农业集约化、现代化，积极发展都市农业，并且在2009年开始增加种粮补贴，提高农户的积极性，但是由于城市化进程的不断推进，耕地面积逐年减少，为适应都市生活需求，农民不断追求经济效益，广州市农业生产和供给结构持续调整优化，粮食产量日趋下降。从总体趋势上看，粮食总产量从1978年的111.06万吨减少到2017年的27.34万吨，下降75.4%，粮食产量大幅下降。

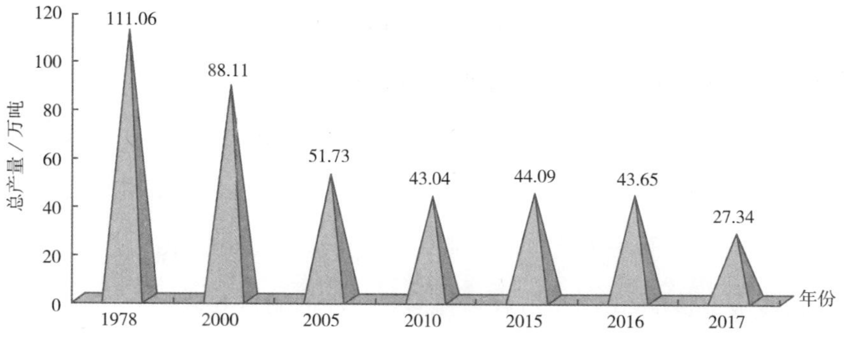

图3 1978—2017年广州市主要年份粮食总产量

（2）特色经济作物品种丰富，生产蓬勃发展。1985年以来，广州市不断加大农业结构调整力度，充分发挥区域资源优势，不断推进重点特色农产品品种结构的优化调整，大力发展效益比较高的名优特新产品。蔬菜、水果、花卉等特色种植业生产规模持续扩大。

2017年全市蔬菜种植面积226.56万亩，产量383.77万吨，蔬菜产量较1978年增长5.89倍，年均增长5.1%；水果种植面积95.86万亩，产量52.81万吨，水果产量较1978年增长9.21倍，年均增长6.1%。

表1 1978—2017年广州市蔬菜、水果生产情况

指标	1978年	2017年	2017年较1978年增长百分比/%	1978—2017年年均增长/%
蔬菜产量	55.68万吨	383.77万吨	589.2	5.1
水果产量	5.17万吨	52.81万吨	921.5	6.1

表2 1978—2017年广州市特色水果生产情况

指标	1978年	2017年	2017年较1978年增长百分比/%	1978—2017年年均增长/%
香（大）蕉	1.06万吨	19.34万吨	1727.6	7.7
荔枝	0.34万吨	4.91万吨	1347.8	7.1
龙眼	0.01万吨	3.78万吨	37742	16.4

广州人爱花，远近闻名的除夕花市，家家摆年橘、户户插花瓶的传统习俗，极大地促进了花卉种植业的发展，很早就形成了市郊芳村花地、花都花卉世界这样规模大、品种多、品位高的花卉产业，使花卉成为广州的主导产业。特别是2002年以来，广州市大力增加种植面积，平均每年新增种植面积近2万亩，到2017年已达到32.84万亩，产值50.17亿元，占农业产值的20.9%，占农林牧渔业总产值的11.6%。

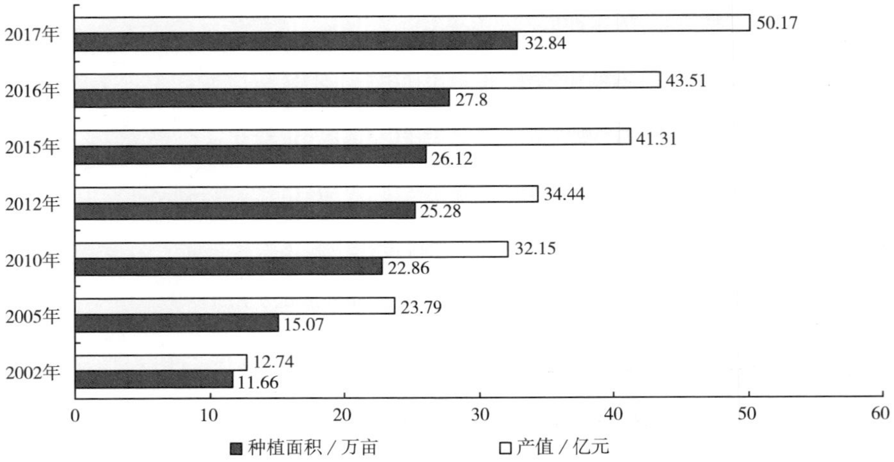

图4　2002—2017年广州市主要年份花卉种植面积和产值

（3）主要畜禽养殖转型升级，传统散养向规模化转变。在40年的改革进程中，广州市畜牧业得到稳步发展。从趋势上看，1978年开始以大集体或个体散养为主，进入90年代中后期，广州市各级政府积极探索农民增加收入的渠道，在充分调研广州市的地理优势、饲养条件、市场流通等因素的基础上，提出了发展畜牧业的新思路，大力推进规模饲养，并在政策上和经济上给予支持，产业化程度进一步提高。特别是生猪和家禽产业，实现了从传统产业向现代化产业推进的转型发展。生猪出栏量从1978年的86.52万头逐步上升，到2013年突破232.01万头，达到历史峰值，随后因环保整治下降到2017年的86.15万头。家禽出栏量从1981的

662.82万只发展到2000年的15 027.21万只，达到历史峰值，随后也因环保整治的需要逐年下降到2017年的9998.89万只。

近年来，广州市加强对畜禽散养户的整治力度，加快推进全市畜禽养殖污染防治工作，关闭小规模养殖场，发展大中型畜禽标准化规模养殖。在畜禽污染整治的同时，加快对畜牧业产业结构调整，促进畜牧业健康发展。

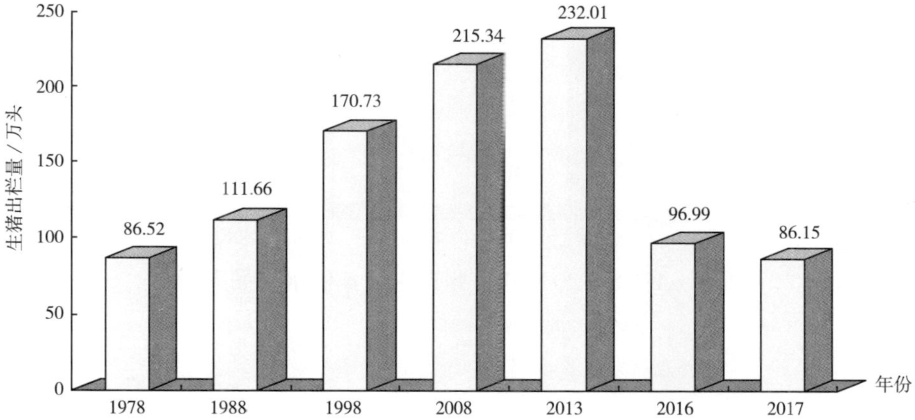

图5 1978—2017年广州市主要年份生猪出栏量

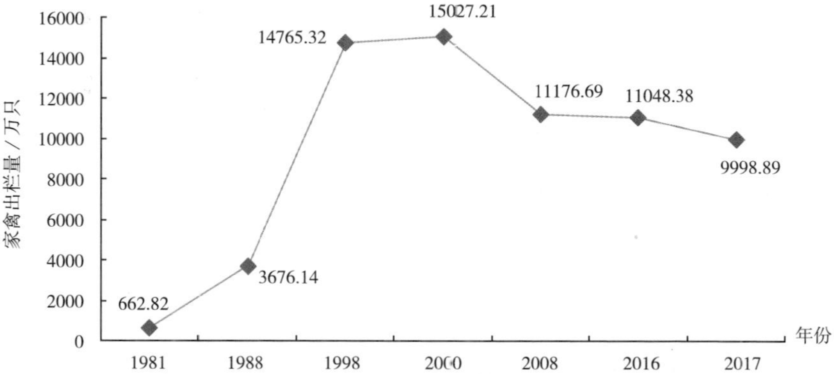

图6 1978—2017年广州市主要年份家禽出栏量

（4）渔业生产迅猛发展，优势资源得到充分利用。改革开放40年来，广州市渔业发展迅猛。渔业养殖面积逐年扩大，品种不断优化改良，水产品产量较快增长，渔业产值大幅提升。2017年广州市水产品产量达47.16万吨，比1978年增长13.92倍，年均增长7.2%。2017年，广州市渔业产值累计实现79.49亿元，比1978年增长219.81倍，年均增长14.8%。

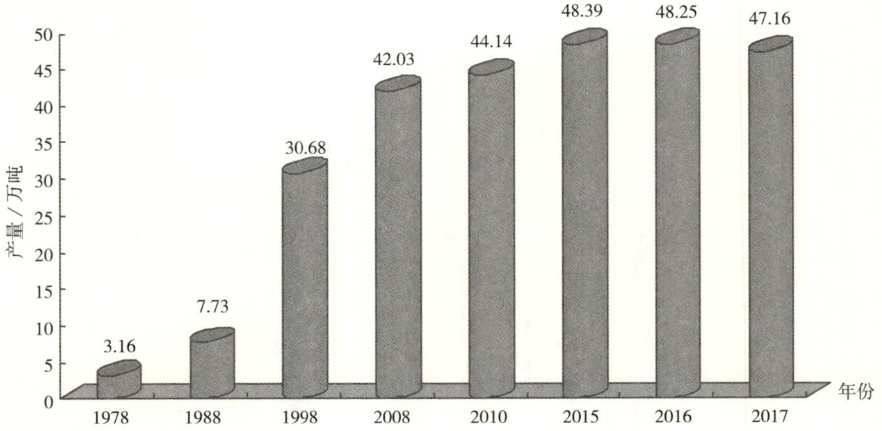

图7　1978—2017年广州市主要年份水产品产量

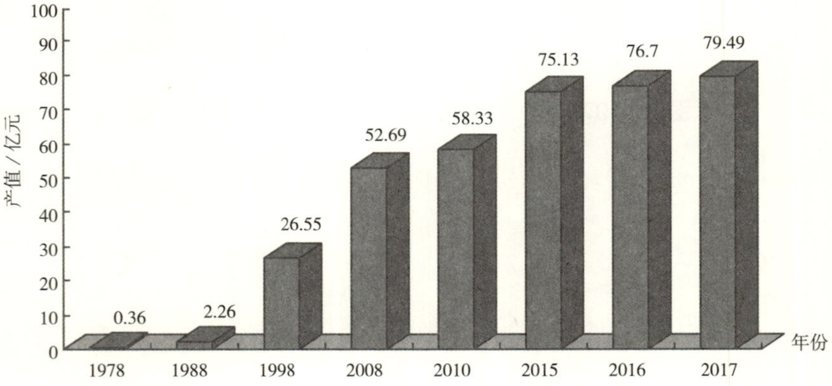

图8　1978—2017年广州市主要年份水产品产值

（三）农业基础设施不断完善，节能环保成效明显

（1）农业机械化水平先增后减。改革开放初期，广州市农业机械总动力实现了从无到有的发展，但随着城镇化、工业化的不断推进，大量农用地被征用，农业机械也随之慢慢减少，农业机械化水平先增后减。

农业机械总动力从1999年的峰值251.56万千瓦减少到2017年的137.10万千瓦，下降了45.5%。

图9 1999—2017年广州市主要年份农业机械总动力

（2）农田水利建设进一步完善。广州市基本农田有效灌溉面积由1978年的17.15万亩发展到2017年的113.67万亩，增长5.63倍，年均增长5.0%。旱涝保收面积由1978年的13.91万亩发展到2017年的98.27万亩，增长6.06倍，年均增长5.1%。

三、改革开放40年农民生活水平实现质的飞跃

40年的砥砺奋进，广州市农村经济发生了深刻变化，农村面貌得到改善，道路、交通、通讯、水电等公共事业快速发展，农民生活更加便捷，农民收入实现跨越式增长，生活条件不断改善，生活质量显著提高，生活水平实现质的飞跃。

（一）农村设施硬件大幅改善，面貌焕然一新

（1）农村基础设施得到改善。截至2017年，广州市实现了村村通公路；通村主要道路为水泥路面和柏油路面的村比重为99.7%，村内主

要道路为水泥路面的村比重为98.0%，村内主要道路有路灯的村比重为99.6%；100%的村通自来水，100%的村通了电，99.8%的村通宽带，99.8%的村通有线电视，50.1%的村有电子商务配送点。

（2）农村环境卫生治理成果显著。随着新农村建设的深入推进，美丽乡村随处可见，成为都市人休闲憩息向往之地。截至2017年，广州市100%的镇实现生活垃圾集中处理；99.9%的村生活垃圾集中处理或部分集中处理；97.8%的村完成或部分完成改厕；74.5%的村实现生活污水集中处理或部分集中处理。

表3　2017年广州市镇、村卫生处理设施情况

指标	全市	荔湾	海珠	天河	白云	黄埔	番禺	花都	南沙	从化	增城
集中或部分集中供水的镇占比／%	100.0	—	—	—	100.0	100.0	100.0	100.0	100.0	100.0	100.0
生活垃圾集中处理或部分集中处理的镇占比／%	100.0	—	—	—	100.0	100.0	100.0	100.0	100.0	100.0	100.0
生活垃圾集中处理或部分集中处理的村占比／%	99.9	92.9	100.0	100.0	100.0	100.0	98.1	99.0	100.0	100.0	100.0
生活污水集中处理或部分集中处理的村占比／%	74.5	78.6	100.0	87.5	51.0	49.2	69.7	65.6	100.0	71.5	86.7
完成或部分完成改厕的村占比／%	97.8	100.0	100.0	100.0	100.0	94.9	99.4	93.8	100.0	100.0	95.7

（3）市场建设配套完善。据第三次全国农业普查结果显示，2016年末，广州市91.4%的镇有商品交易市场，40.0%的镇有以粮油、蔬菜、水果为主的专业市场，14.3%的镇有以畜禽为主的专业市场，8.6%的镇有以水产为主的专业市场；57.8%的村有50平方米以上的综合商店或超市，6.4%的村开展旅游接待服务，62.0%的村有有营业执照的餐馆。

表4 2016年广州市镇、村市场情况

指标	全市	荔湾	海珠	天河	白云	黄埔	番禺	花都	南沙	从化	增城
有商品交易市场的镇占比 / %	91.4	—	—	—	75.0	100.0	100.0	100.0	66.7	100.0	100.0
有以粮油、蔬菜、水果为主的专业市场的镇占比 / %	40.0	—	—	—	50.0	0	33.3	66.7	0	40.0	57.1
有以畜禽为主的专业市场的镇占比 / %	14.3	—	—	—	25.0	0	0	0	0	20.0	42.9
有以水产为主的专业市场的镇占比 / %	8.6	—	—	—	0	0	0	16.7	16.7	0	14.3
有50平方米以上的综合商店或超市的村占比 / %	57.8	85.7	80.8	100.0	83.9	67.8	89.7	57.3	47.6	37.6	39.8
开展旅游接待服务的村占比 / %	6.4	0	3.8	0	2.0	6.8	3.9	5.7	2.7	5.4	14.0
有有营业执照餐馆的村占比 / %	62.0	85.7	88.5	100.0	66.4	74.6	92.3	53.1	69.4	44.8	50.2

（二）农村居民收入快速增长，生活质量不断提升

（1）农民收入快速增长。农村居民人均可支配收入由1978年的250元增加到2017年的23 484元，不考虑价格因素，增长达130.4倍，1979年至2017年年均增长13.3%。随着农村居民人均可支配收入的不断增加，农村居民人均消费支出也呈快速上升态势。

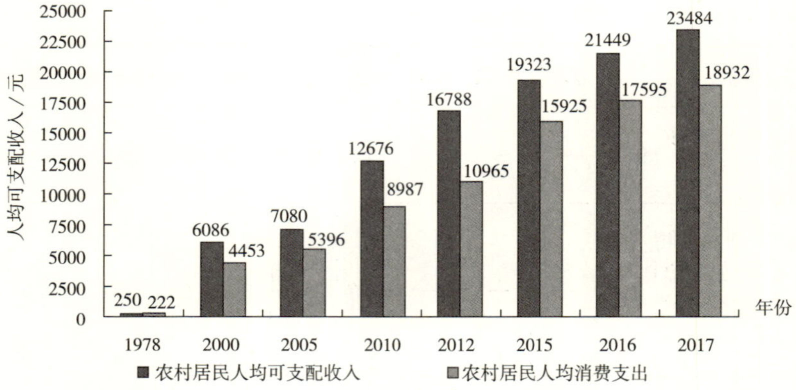

图10　1978—2017年广州市主要年份农村居民人均可支配收入和人均消费支出

（2）农户住房条件得到较大改善。据第三次全国农业普查结果显示，2016年末广州市99.4%的农户拥有自己的住房，其中，拥有1处住房的农户占比为81.6%，拥有2处和3处住房的农户所占比重分别为15.5%和2.3%。拥有商品房的农户达到5.26万户，占全部农户的比重为8.2%。农户住房为砖混结构的占19.7%，钢筋混凝土结构的占76.9%，砖（石）木结构和竹草土坯结构的分别占1.7%和0.4%。

表5　2016年广州市农村住房数量与结构构成情况

指标		全市	荔湾	海珠	天河	白云	黄埔	番禺	花都	南沙	从化	增城
按拥有住房数量划分构成/%	拥有1处住房	81.6	72.6	71.6	85.6	72.7	79.6	81.2	76.6	91.4	87.4	80.2
	拥有2处住房	15.5	22.4	21.4	12	23.1	15.6	14.5	20.2	7.1	11.6	16.8
	拥有3处及以上住房	2.4	3.8	4.9	2.3	3.8	4.3	2.7	2.9	0.7	0.8	2.8
	没有住房	0.5	1.2	2.1	0.1	0.4	0.5	1.6	0.3	0.8	0.2	0.2
按住房结构划分构成/%	钢筋混凝土	76.9	72.6	92.3	42.7	78.5	84.2	88.8	66.7	85.9	74.2	68.1
	砖混	19.7	2.8	0.6	0.9	14.6	14.5	9.4	28.9	11.8	24.1	28.4
	砖（石）木	1.7	4.9	0.7	21.5	1.5	0.9	0.9	2.7	1	1.5	2.4
	竹草土坯	0.4	0.1	4.7	8.8	0.8	0.2	0.2	0.5	0.6	0	0.4
	其他	1.3	19.6	1.7	26.1	4.6	0.2	0.7	1.2	0.7	0.2	0.7
拥有商品房户数/户		52569	139	260	29	4861	1738	6390	12484	3795	10388	12485
拥有商品房农户所占比重/%		8.2	4.1	10.7	3.8	5.9	5.9	6.2	14.7	4.2	9.8	9

（3）耐用消费品拥有数量增加。据第三次全国农业普查结果显示，2016年广州市平均每百户农户拥有小汽车39.1辆，比2006年增加31.1辆；彩色电视机115台，增加14.7台；电脑62.5台，增加49.0台；手机263.2部，增加121.3部。

表6　2016年广州市农户主要耐用消费品拥有量

指标	单位	全市	荔湾	海珠	天河	白云	黄埔	番禺	花都	南沙	从化	增城
小汽车	辆/百户	39	61	29	21	41	39	44	44	30	31	43
摩托车、电瓶车	辆/百户	140	125	37	91	151	107	125	136	162	144	140
淋浴热水器	台/百户	104	118	113	60	110	100	112	101	108	96	101
空调	台/百户	139	193	193	68	146	125	172	134	152	108	129
电冰箱	台/百户	100	109	99	63	104	97	101	99	99	96	100
彩色电视机	台/百户	115	116	108	94	122	108	118	112	120	112	111
电脑	台/百户	62	86	88	40	76	63	77	59	65	49	54
手机	部/百户	263	293	286	241	280	252	233	264	226	298	274

（三）农村第一产业人员（劳动力）向第二产业、第三产业转移，新产业新业态蓬勃发展

广州国民经济的快速发展，迫切需要大量的劳动力，加上传统农业效益偏低，大量农村劳动力进城务工，农业人口逐步下降，农业从业人员也逐渐减少，从1978年的116.64万人减少到2017年的65.05万人，减少44.2%，年均下降1.5%。

从农村产业发展的角度上看，农村经济成就非凡，第一产业、第二产业、第三产业逐步融合。根据“十三五”规划纲要的总体要求，广州市美丽乡村和特色小镇建设如火如荼。第三次全国农业普查结果显示，2016年，广州市开展旅游接待的村占全部村的比重为6.4%。农村电商从无到有，2016年全市50.1%的村有电子商务配送站点，有110户规模农业经营户和165家农业经营单位通过电子商务销售农产品。规模农业经营户和农业经营单位从事设施农业的分别有1706户和66家，从事循环农业生产的分别有129户和120家，从事工厂化生产的分别有12户和60家。

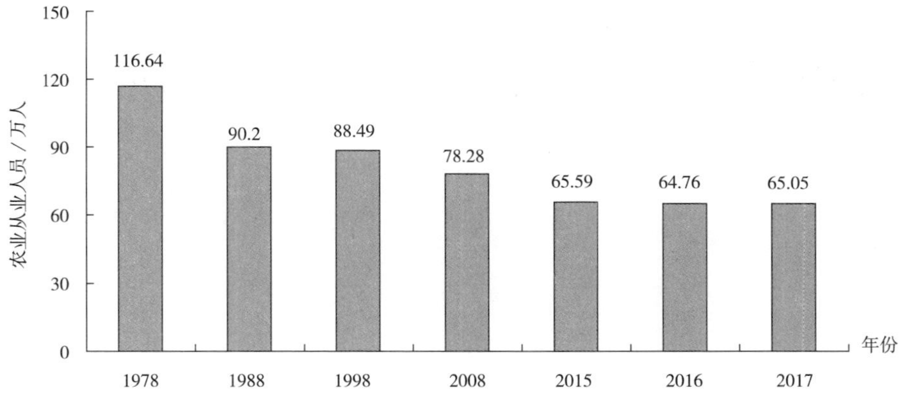

图11 1978—2017年广州市主要年份农业从业人员

从党的十一届三中全会到党的十九大，经历了40年的光辉历程，广州市农村经济发展取得了辉煌的成就，谱写了农村经济发展新篇章。但也要清醒地认识到农业现代化仍是“四化同步”的短板，“三农”仍是全面建成小康社会的短板，发展不平衡不充分的问题尤为突出。在习近平新时代中国特色社会主义思想的指引下，党的十九大提出实施乡村振兴战略，为广州市“三农”工作指明了方向。我们深信，在中共广州市委、市政府的正确领导下，贯彻创新、协调、绿色、开放、共享的发展理念，大力实施乡村振兴战略，坚持农民主体地位，坚持以工促农、以城带乡，坚持新型城镇化和新农村建设双轮驱动，深化农村改革，着力实施农业供给侧结构性改革攻坚，着力发展都市型农业，着力提升社会主义新农村建设水平，着力增加农民收入，着力提高农村社会文明程度，广州市“三农”工作将跃上一个新的台阶。

（广州市统计局农村处供稿）

改革开放40年广州工业发展概况

改革开放40年以来，广州工业经济发展取得了巨大成就，工业经济规模不断壮大，工业经济的结构持续调整优化，经济效益稳固提升，有力地支撑了全市国民经济的发展。特别是党的十八大以来，中共广州市委、市政府深入贯彻落实党中央、国务院和省委省政府的决策部署，牢固树立五大发展理念，坚持稳中求进工作总基调，适应把握引领经济发展新常态，深化供给侧结构性改革，全市工业经济由速度规模型向质量效益型稳步迈进，加快孕育新动能，转型升级步伐加快，发展质量明显提升。

一、工业经济实力逐步增强

2017年，全市共有规模以上工业企业4664户，比1978年增长71.7%；实现工业总产值20 929.65亿元，比1978年增长190.6倍，年均增长速度为14.4%。全市规模以上工业企业期末固定资产原价8342.08亿元，比1978年增长226.1倍；年平均从业人员127.60万人，比1978年增长97.4%。

从1978年来各时期增长情况来看，广州规模以上工业经历过高速发展、快速增长及结构调整期。1991年到2013年的23年间，广州市规模以上工业总产值增速均保持两位数，其中1991—1993年每年增速均超过20.0%，年均增速达24.9%。1991年到2007年的17年间，有6年增速超过20%，年均增速达18.6%；2008年—2013年，广州工业进入快速增长期，增速有所放缓，但年均增速仍保持两位数，为13.0%；2014年以来，在国内外经济形势复杂的大环境下，广州市工业积极面对新旧动能转换、产业结构调整的压力，主动降速换挡，提质增效，各年均呈个位数增长，2014—2017年年均增速为6.3%；同时，随着供给侧结构性改革和创新驱动发展战略的深入推进，广州工业领域去产能、去杠杆、降税减费效果显现，发展新动力持续增强、企业效益明显提升。工业新常态下增速放缓、质量提升的运行特征趋于明显。

二、行业门类逐渐齐全

经过40年的发展，广州市工业已形成涵盖35个大类、169个中类和475个小类行业的门类较为齐全的现代工业体系。各行业生产能力大幅度提高，部分行业从无到有，发展迅速。2017年工业总产值规模超1000亿元的有汽车制造业，计算机通信和其他电子设备制造业，化学原料及化学制品制造业，电力热力生产和供应业等4个行业，占全市规模以上工业总产值的比重为62.31%；年产值500亿元至1000亿元的有通用设备制造业，电器机械及器材制造业，以及石油加工、炼焦和核燃料加工业等3个行业；年产值500亿元以下的行业有28个。广州市规模以上工业行业相对较为齐全，形成了百花齐放的局面。

三、支柱产业支撑明显

经过多年改革发展，广州市工业经济的重点支柱产业不断增多、增强，实现了由低端产业拉动向中高端产业共同发展的转变，产业结构更加优化。

（一）重工业占比加大

2000年以前，广州市规模以上工业增长的主要力量是轻工业，尤其是轻工业中的传统行业优势明显。进入21世纪后，广州市重工业发展提速，轻工业增长速度不断放缓，2004年重工业在全市工业总产值中的占比达到54.95%，占比首次超过轻工业。近年来，广州市重工业生产形势相对稳定，2017年全市规模以上重工业企业完成工业总产值15 597.98亿元，占全市工业总产值比重为68.74%，同比增长7.1%，比轻工业增速高8.0个百分点，是拉动广州市工业经济增长的支撑力量。

（二）重点行业增多，支柱产业支撑明显

改革开放初期，广州市仅有机械、食品、纺织等少数行业支撑经济增长。如今，汽车制造业，电力、热力生产和供应业，计算机、通信和其他电子设备制造业，化学原料及化学制品制造业，电气机械及器材制造业，通用设备制造业，食品制造业，石油加工、炼焦及核燃料加工业，食品制造业，橡胶和塑料制品业，烟草制品业等产业规模不断扩大，多极支撑更加明显。尤其是汽车产业不断发展壮大，经过多年的发展，汽车制造业成为广州工业的第一支柱产业。2006年，广州汽车制造业产值达到1168.2亿元，率先突破千亿大关。2017年，规模以上汽车制造业总产值达到5117.04亿元，比2000年增加4992.71亿元，比2012年增

加2395.75亿元，占全市规模以上工业比重为24.45%，占比稳居各行业首位。此外，电子产品制造业和石油化工制造业等产业也发展迅速，与汽车制造业共同组成了广州市工业经济的三大支柱产业，成为支撑广州工业经济发展的主要力量，持续推动广州市规模以上工业增长。2017年，全市共有规模以上“三大支柱产业”企业1162户，占全市规模以上工业企业户数的24.9%；从业人员42.92万人，占33.6%；实现工业总产值9328.85万元，占44.6%，较2000年占比提升16.6个百分点，较2012年提升1.33个百分点；实现利润总额773.30亿元，占57.3%；实现税金总额525.51亿元，占56.9%。

（三）传统优势行业生产下降

改革开放后，广州采取了一系列措施，加快轻纺工业的发展，纺织、服装、制鞋等行业成为广州市传统的优势产业，长期以来一直保持着较快的增长速度。2012年3个行业的增速分别为12.9%、30.6%和12.5%。但近年来随着经济结构调整的不断深化，几大传统行业增速逐渐放缓，呈现出生产下降的趋势，在工业经济中的占比也逐步下降。2017年，服装业产值同比下降19.5%，纺织业产值同比下降13.9%，制鞋业同比下降3.9%。广州市的传统行业尚未能与市场需求升级或消费方向转变相适应，行业整体运行处于低位调整阶段，亟须引领进行产业转型升级。

四、所有制结构日趋多元化

经过40年的发展，广州市形成了国有、民营与“三资”经济三足鼎立的格局，不同所有制企业间取长补短、相互融合，呈现出多种所有制经济蓬勃发展的局面。

改革开放初期，国有经济在整个国民经济中占据绝对主导地位。1978年，国有工业企业产值在工业企业总产值中占比74.2%。随着国有企业的改革和国有经济布局的战略性调整，国有及国有控股企业在工业经济的比重明显下降。2017年，广州市规模以上工业共有国有及国有控股工业企业264家，实现工业总产值9443.78亿元，占全部规模以上工业总产值的比重为45.12%；实现利润总额490.53亿元，占36.37%。但从国有控股企业的具体行业分布看，国有经济在关键行业和重要领域仍占绝对的支配地位。在烟草制品业、石油加工、电力、燃气及水的生产和供应业等行业，国有及国有控股企业的资产总额和主营业务收入占全行业的比重均在九成以上。

民营经济蓬勃发展成为广州所有制结构调整中的一大亮点。改革开放以来，广州本土的企业家大胆创业，民营经济规模不断扩大。2017年，广州市规模以上工业企业中民营企业达到3038家，占规模以上工业企业总数的64.9%，比2012年增加569家。随着企业数量的增长，企业主营业务收入也持续增加。2017年规模以上民营工业企业实现主营业务收入5442.56亿元，比2012年增长87.3%；占全部规模以上工业企业主营业务收入的比重达26.1%，比2012年提高7.6个百分点。当前，民营工业企业已成为全市工业经济的重要组成部分。近年来，视源电子、金发科技等一批高新制造领域的民营企业脱颖而出，立白、欧派家居等一批传统民营企业通过开拓市场、产品创新跃升到国内行业领先位置。

港澳台商和“三资”企业在广州经济发展中占据一席之地。改革开放以来，广州凭借对外开放的区位优势，在外向型经济的带动下，工业经济快速发展。2007年，港澳台和外商投资工业企业占全市规模以上工业企业数量的43.2%，实现工业总产值占全部规模以上工业的比重达到66.2%。此后，随着内资、港澳台资、外资企业所得税税率的统一以及金融危机后发达国家制造业回流等因素影响，港澳台和外商投资企业①的占比出现下降趋势。2017年，广州市规模以上外资和港澳台资企业数量占全市规模以上企业数量的29.8%，但工业总产值规模仍占全市的48.9%，实现主营业务收入8476.14亿元，比2007年增长44.4%，是广州市规模以上工业经济的主力军。从行业分布来看，外资和港澳台资企业主要集中在汽车、电子、石化等行业中，对广州市工业经济的支撑作用明显。

五、工业经济效益快速增长

改革开放以来，广州市政府坚持“内外兼修”，一方面着力营造适宜企业经营的外部环境，把“简证”落于实处，减少企业审批环节、减税、降费，同时逐步降低能源价格、物流成本和社保费率等，从根本上降低企业生产成本；另一方面，支持企业加强内部管理和技术上的创新，推动企业参与降杠杆，降本增效。企业主要经济指标快速增长。2017年，全市规模以上工业企业实现主营业务收入20 840.04亿元，比1979年②增长310.3倍，年均增长16.3%；实现利润总额1348.89亿元，比1978年增长191.6倍，年均增长14.4%；实现应交增值税522.90亿元，比1998年③增长6.5倍。

企业经营效率明显提升。2017年，全市规模以上工业经济效益综合指数为359.10%，比1998年④大幅增长256.39%；其中劳动生产率为40.54万元/

---

①包括港澳台商投资企业和外商投资企业。

②工业统计制度自1979年起增加“产品销售收入”指标（即主营业务收入）。

③工业统计制度自1995年起增加“应交增值税”指标，1995年全市独立核算工业企业实现应交增值税45.32亿元。

④工业经济效益考核指标体系于1998年起在全国正式实行。

人，比1978年[①]增长21.5倍。人均工业总产值163.32万元，比1978年和1998年分别增长99.8倍和9.3倍，年均增速分别为12.6%和13.1%；每个职工提供利税17.81万元，比1978年和1998年分别增长97.9倍和9.0倍，年均增速分别为12.5%和12.9%；工业成本费用利润率为7.01%，总资产贡献率为13.71%，资产负债率为50.75%。

六、新兴产业和新产品迅猛发展

多年来，广州着力培育新兴产业，特别是党的十八大以来，广州工业领域深入推进供给侧结构性改革，加快新旧动能转换，大力发展先进制造业和高技术产业，工业经济不断向中高端迈进。2017年，全市规模以上先进制造业和高技术制造业增加值占全市规模以上工业增加值比重分别为59.5%和13.7%。高新技术产品产值占全市规模以上工业总产值的比重为47.0%。产业内部的新动能也加快蓄积。2017年，全市装备制造业工业总产值同比增长10.9%，占全市规模以上工业总产值的47.7%，增速和比重同比分别加快2.2个百分点和提高3.8个百分点，带动作用进一步增强。其中，铁路运输、城市轨道交通设备制造业分别增长9.1%和32.2%，医疗仪器设备、环保专用设备制造业分别增长13.8%和33.7%。在创新驱动发展战略下，全市工业发展新动力加快成长。

经过多年的发展，广州市工业产品结构持续优化、种类不断丰富，生产技术取得长足进步，由钢铁、石化等传统产品逐步转变为无人机、工业机器人高科技制造业产品。分产品领域看：汽车作为广州市工业经济的主要支撑，继续保持良好发展势头，2017年生产汽车310.81万辆，

①1991年及以前劳动生产率计算公式为劳动生产率=工业总产值/平均人数，1992年起调整为劳动生产率=工业增加值/平均人数。

比2012年增长1.24倍，比2000年增长80.6倍。其中，运动型多用途乘用车（SUV）全年产量147.33万辆，占汽车产量的47.4%，同比增长31.2%。健康食品中的营养保健食品、果汁和蔬菜汁饮料产量分别增长24.8%和63.7%。与此同时，随着智能、绿色、高端产业的加快发展，新能源汽车、光电子器件、液晶显示屏、工业自动调节仪表与控制系统、工业机器人等新兴产品产量均保持较快增长，全年产量同比分别增长55.0%、58.3%、13.7%、37.6%和21.0%。民用无人机、环保、医疗设备等一批成长中的高新技术产品逐步加快规模产出，积极孕育发展新动能。

党的十八大以来，在以习近平同志为核心的党中央坚强领导下，我们党在新的历史起点上吹响了全面深化改革的号角，广州改革开放进入了新时代，踏上了新征程。我们必须牢牢把握好结构调整这条主线，以习近平新时代中国特色社会主义思想为指引，进一步解放思想，立足当前，谋划长远，在转型中升级，在创新中突破，着力推动广州经济实现高质量发展，奋力谱写新时代广州工业经济发展辉煌新篇章。

（广州市统计局工交处供稿）

改革开放40年广州建筑业回顾

改革开放40年来，广州市建筑业从小到大，由弱变强，得到了快速发展，企业规模、施工能力、经济效益、机械化水平和施工技术显著提升。特别是党的十八大以来，随着“一带一路”倡议不断推进，广州市建筑企业“走出去”形势喜人，建筑业从高速增长阶段步入高质量发展新阶段。

一、40年改革发展历程

（一）1978—2011年，快速发展阶段

党的十一届三中全会的春风给广州市建筑业发展营造了良好的政治环境和经济环境，尤其是1984年国务院颁发了《关于改革建筑业和基本建设管理体制若干问题的暂行规定》（国发〔1984〕123号）文后，拉开了建筑业全面大发展的序幕。广州市建筑业作为城市改革中的先行行业，顺应时代发展需求，从企业用工制度、分配制度、工程施工竞争机制、管理体制、法制建设和资质就位等方面大胆地进行了一系列的改革创新，有效推动了建筑业的发展壮大。

1. 改良企业用工制度和分配制度

1984年，广州市建筑业开始改革内部用工制度，实行合理使用临时工和农民建筑队，缩小固定工比重，国有企业除必需的技术骨干外，原则上不再招收固定职工，这一政策加快了用工制度改革，缓解了企业过重的经济负担，调节了工种比例失调的矛盾。在分配制度上，取消“平均主义”，改变了以往干多干少、干好干坏一个样的状况，实行按劳分配，国有建筑业企业还普遍推行百元产值工资含量包干制度，把施工工作量与职工收入直接挂钩。自此，彻底打破了长期以来形成的“三铁一锅”（铁工资、铁饭碗、铁交椅、大锅饭）制度，制度的创新使长期被束缚的生产力潜能释放出来，工人生产积极性被迅速调动起来。1988年，广州市实行工效挂钩工资制，不仅极大地调动了干部职工的积极性，还有效地防止了国有资产流失。

2. 建立健全工程施工竞争机制

工程招投标机制的推行，改变了建筑企业长期靠上级部门下达指令性施工任务的局面，开始了企业由计划经济走向市场经济的历程。1983年，原城乡建设环境保护部颁发《建筑安装工程招标投标试行办法》，建筑安装工程项目实行公开招标投标，从此建筑行业招标投标制正式实行。1993年下半年，广州建筑行业开展工程任务招标投标，改变了过去靠行政手段自上而下分配任务的做法；1995年，广州市人民政府制定了《广州市建设工程招标投标实施办法》；1997年5月8日，广州市建设工程招标中心和交易中心相继成立，成为全省第一个有形的建筑市场。至1998年底，进入该交易中心的工程有543项，建筑面积746万平方米，中标造价144亿元，公开和邀请招标率达84%，招标投标工作已逐步形成制度。为了大力推行建筑项目公开招标，1998年4月开始，广州市建设工程招标中心率先通过计算机网络公开发布招标信息和中标公告，通过现代化手段让承包企业更方便快捷地获取招标信息，为建筑业的公开、公平竞争和健康发展创造了良好的环境。2005年3月1日，广州市建委制定下发了《广州市房屋建筑与市政基础设施工程施工公开招标评标委员会和评标办法规定》和《广州市房屋建筑与市政基础设施工程施工公开招标正式投标人确定方式的规定》两个规范性文件，全力打造建筑市场的阳光交易平台，真正从源头上预防腐败，有效遏制了招投标过程中的围标、串标、挂靠、转包等违法违规行为。

3. 加快企业管理体制改革

1984年，国家把建筑业的改革作为推行经济体制改革的突破口，由原来计划经济体制下的任务分配进入市场调节下的招标投标的轨道，在调整企业组织结构、进行项目法施工和实施资质管理等方面狠下功夫，加快了管理体制的改革步伐。在扩大企业自主权方面，政府逐步退出市场，改变过去政府包办企业的做法，强化企业责任机制，企业对政府承包上缴利润总额，超出部分利润分成，从而减少了政府行为，促使企业加强内部管理，提高经济效益。利用经济杠杆手段，合理调整国家与企业之间的经济关系。1987年，建筑业推行了“包死基数、确保上交、超收多留、欠收自补”为主要内容的承包经营责任制。1990年全市按承包责任制施工的房屋面积达726.84万平方米，占全市房屋施工面积的82.6%。在推行建筑业企业资质管理方面，广州市结合建筑行业的不同特点，先后进行了一系列的改革。1989年，根据建设部颁布的第2号令《施工企业资质管理规定》，第一次提出施工企业按资质条件分为等级企业（等级具体分为一、二、三、四级）和非等级企业。1995年又根据第48号令《建筑业企业资质管理规定》，重新对建筑企业进行了分类，将建筑业企业分为工程施工总承包企业、施工承包企业和专项分包企业三类。工程施工总承包企业资质等级分为一、二级；施工承包企业资质等级分为一、二、三、四级。建设部2001年3月14日颁布的第87号令和2006年12月30日颁布的第159号令的《建筑业企业资质管理规定》，对建筑业企业的划分又进行了细化和完善。建筑业企业资质分为施工总承包、专业承包和劳务分包三个序列；施工总承包资质、专业承包资质、劳务分包资质序列按照工程性质和技术特点分别划分为若干资质类别；各资质类别按照规定的条件划分为若干等级。

4. 加强推进法制建设

1997年11月1日通过的《中华人民共和国建筑法》加强了广州市对建筑活动的监督管理，为维护建筑市场秩序，保证建筑工程的质量和安全提供了法律保障。针对一些建筑市场管理混乱，建筑队伍问题较为严重的状况，1999年3月3日建设部又颁布了《建设部、监察部关于工程建设若干违法违纪经济行为处罚办法》（〔1999〕68号）；国务院于2000年1月10日发布了《建设工程质量管理条例》，加强了建设工程质量的管理，保证建设工程质量，保护人民生命和财产安全。自此，广州市建筑业生产和市场秩序步入法制化的正轨。

（二）2012—2017年，提质增效阶段

党的十八大以来，随着“一带一路”倡议有序推进，广州市建筑业有效地抓住了国内国外两个市场，取得了骄人的成绩。特别是深化“供给侧改革”和建筑业“放管服”改革，极大地推动了广州市建筑工业化进程、传统建筑行业转型升级，同时为新型城镇化提供强力支撑。

1. “一带一路”倡议拓宽了建筑业的发展和投资领域

2013年9月和10月，国家主席习近平分别提出建设“新丝绸之路经济带”和“21世纪海上丝绸之路”的合作倡议。2015年3月28日，国家发展改革委、外交部、商务部联合发布《推动共建丝绸之路经济带和21世纪

海上丝绸之路的愿景与行动》，“一带一路”倡议同时规划出国内国外两个市场。在海外，“一带一路”明确定位了“起于中国、路经非洲、终于欧洲”的海上、陆上经济合作走廊；在国内，“一带一路”涉及众多省份，规划项目众多，市场容量巨大。“一带一路”倡议拓宽了建筑业的发展和投资领域，引导建筑业将业务范围扩展到我国广大中西部地区和更加广阔的国际市场，并通过亚洲基础设施投资银行为建筑业提供了资金保障。截至2017年末，广州市已有186家企业出省承接工程，在外省完成的产值为594.36亿元；有18家企业出国承接工程，在境外完成的营业收入为146.94亿元。

2. 供给侧结构性改革推动了建筑工业化进程

2015年12月中央经济工作会议明确提出去产能、去库存、去杠杆、降成本、补短板等五大任务，“供给侧结构性改革”进入市场的视野，成为国家战略。“供给侧结构性改革”在生产方式、要素投入、产业结构和配套措施方面为建筑业的发展清除了障碍，明确了建筑业作为产品供给方的地位，指出了其不同层面的改革方式。在供给侧结构性改革对建筑业的四个方面的影响中，建筑生产方式的影响应是最根本和最广泛的。其中，建筑工业化又应该是最为重要的部分。建筑工业化是一种新型建筑方式，它改变了传统建筑行业中原有的手工作业、粗放型的建筑方式，利用高科技和信息工业化的手段，在流水线上建好房子的“零部件”，再在现场进行装配，对推动广州市传统建筑行业转型升级意义重大。

广州市建筑集团有限公司秉承加快推进建筑产业现代化的使命，服务于国家战略，把大力发展装配式建筑作为转型发展的重点，引进并吸收国际先进的建筑工业化技术，构建四大装配式建筑技术体系及广建大数据云平台，并成功应用于广州第一个高预制、高装配率的装配式建筑示范项目——恒盛大厦工程建设中。

3. 深化建筑业“放管服”改革加快了产业升级

2017年国务院办公厅发布《国务院办公厅关于促进建筑业持续健康发展的意见》，深化建筑业“放管服”改革，加快产业升级。此文件的出台有利于扩大就业，带动关联产业发展，也能为新型城镇化提供支撑。一是建立统一开放的建筑市场，打破区域壁垒，取消各地区、各行业在法律法规和国务院规定外对建筑业企业设置的不合理准入限制。缩小必须招标的工程建设项目范围，把应招标的项目纳入统一公共资源交易平台，为建筑业企业提供公平的市场环境。二是对标国际先进标准，提高建筑设计和建设水平，推广智能和装配式建筑，改进工程建设组织方式，加快推行工程总承包，完善政府投资工程建设管理模式，培育咨询、施工等专业企业。三是加强承包履约、劳动用工等管理，严防拖欠工程款；实行工程质量安全终身责任制；打造“中国建造”品牌。

二、建筑业生产经营全方位跃升

（一）建筑企业逐渐形成多元化多层次发展格局

40年来，广州市建筑业乘着改革开放的东风，展现出蓬勃发展、欣欣向荣的景象，企业数量迅速增多。从企业个数看，2017年，全市具有建筑业企业资质的总承包和专业承包建筑业企业（以下简称建筑企业）达到883家，比1978年的90家增长了8.8倍，年均增加约20家；比2012年增长19.0%，年均增长3.5%。

按资质等级分，至2017年底，有特级企业12个、一级企业246个、二级企业252个、三级企业360个。

按行业类型分，房屋和土木工程建筑业390个、建筑安装业197个、建筑装饰业115个和其他建筑业34个。形成了以房屋建筑工程为主，建筑安装工程和装修装饰为辅，铁路道路隧道和桥梁工程、水利和港口工程建筑、工矿工程建筑、架线和管道工程建筑、其他土木工程建筑、工程准备等门类齐全、专业特色鲜明、结构合理的建筑施工力量。

按企业登记注册类型分，由改革开放前全民所有制和集体所有制两分天下转为多种经济形式并存。1978年后，广州市在坚持社会主义公有制为主体的前提下，采取各种扶持、鼓励政策和措施，积极发展个体经济、私营经济、中外合资合作经济和不同经济成分互相渗透的经济。1978年，有全民所有制企业55个、集体所有制企业35个，到2017年，全市共有国有建筑企业40个、集体建筑企业25个、其他经济形式818个，分别占建筑企业总数的4.5%、2.8%和92.7%。其中私营企业492个、有限责任公司285个，此中，私营企业从无到有，发展最为突出。逐步形成了多种所有制并存、互相渗透、互相促进、共同发展的格局。

（二）建筑业从业人员素质大幅提升

2017年，建筑业年末从业人数为54.83万人，比1978年增加45.68万人，增长5.0倍，年均增加1.17万人；比2012年增加18.35万人，年均增长8.5%。建筑业从业人员占全社会从业人员比重也从1978年的3.4%上升到2017年的6.4%（见下表）。广州市建筑业从业人员年均收入从1980年的717元，增加到2017年的63 225元，增长87.2倍。

近年来，建筑业从业人员素质稳步提升。2017年，建筑企业工程技术人员为9.25万人，比2012年增加3.36万人，增长57.0%，年均增长9.4%，比建筑业年末从业人数年均增长高0.9个百分点。

1978—2017年广州市建筑业从业人员情况

年份	建筑业从业人员/万人	全社会从业人员/万人	建筑业从业人员占全社会从业人员的比重/%
1978	9.15	266.90	3.4
2000	26.08	496.26	5.3
2005	30.30	574.46	5.3
2010	35.12	711.07	4.9
2011	33.50	743.18	4.5
2012	36.48	751.30	4.9
2013	37.56	759.93	4.9
2014	37.64	784.84	4.8
2015	40.21	810.99	5.0
2016	40.49	835.26	4.8
2017	54.83	862.33	6.4

（三）建筑企业生产规模突飞猛进

经过改革开放40年的发展建设，建筑业生产规模迅速扩大。1978—1984年，建筑业总产值一直在十亿元以下徘徊；跨入1985年建筑业总产值有效突破十亿元，达到15.3亿元；又经过长达8年的蓄势，于1993年成功超越百亿；接着整整用了16年的时间发展，才于2009年晋级千亿；2013年突破两千亿，实现新增千亿只用了短短4年时间；2017年跃上三千亿，同样是4年创造了辉煌。2017年建筑业企业完成建筑业总产值3187.46亿元，比1978年增加3184.39亿元，增长1037.3倍（见图1）。

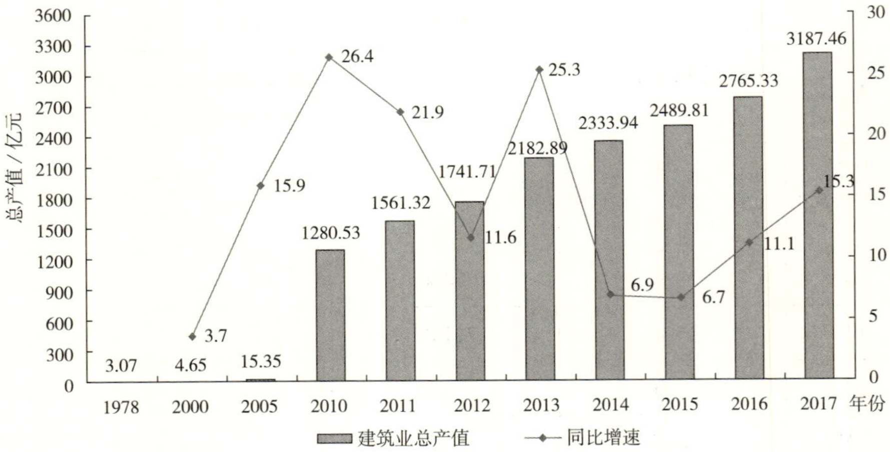

图1　1978—2017年建筑业总产值及增速

1978—2005年，建筑业企业完成房屋建筑施工面积在5000万平方米以下徘徊，至2013年迈上新台阶实现1.5亿平方米，2017年更是接近2.0亿平方米。2017年建筑业企业完成房屋建筑施工面积19 323.31万平方米，比1978年增加19 075.89万平方米，增长77.1倍，年均增长11.8%。房屋建筑竣工面积3167.27万平方米，比1978年增加3028.75万平方米，增长21.9倍，年均增长8.4%；其中住宅2241.69万平方米，比1978年增加2175.55万平方米，增长32.9倍。

（四）建筑企业经济效益显著增强

40年来，企业经济实力显著增强。建筑业资本规模迅速扩大，盈利能力显著提高，创税能力不断增强，劳动生产率再创新高。

1. 资本规模不断扩大

40年来，企业资本规模不断扩大。2017年，全市建筑业企业实收资本663.72亿元，比1998年增长13倍，年均增长14.9%。2017年，资产总计4687.44亿元，比2012年增长83.1%，年均增长12.9%；企业资产负债率74.9%，比2012年的76.3%下降了1.4个百分点。

2. 盈利能力明显提高

2017年，全市建筑业企业实现营业收入3896.25亿元，比1998年增长14.1倍，年均增长15.3%；比2012年增长65.5%，年均增长10.6%（见图2）。

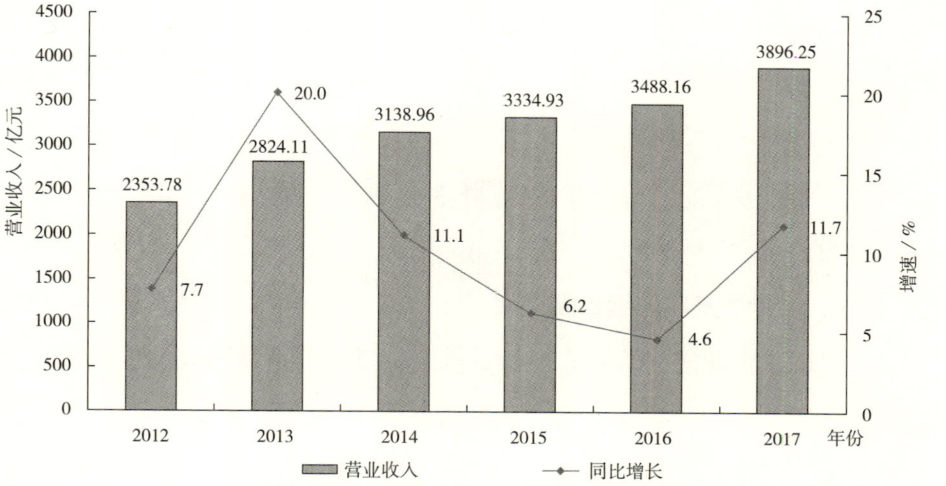

图2 2012—2017年营业收入及增速

2017年，全市建筑业企业实现利润总额105.71亿元，比2012年增长50.2%，年均增长8.5%。2017年，建筑业企业产值利润率为3.3%；2012—2017年产值利润率一直在3%～4%区间波动（见图3）。

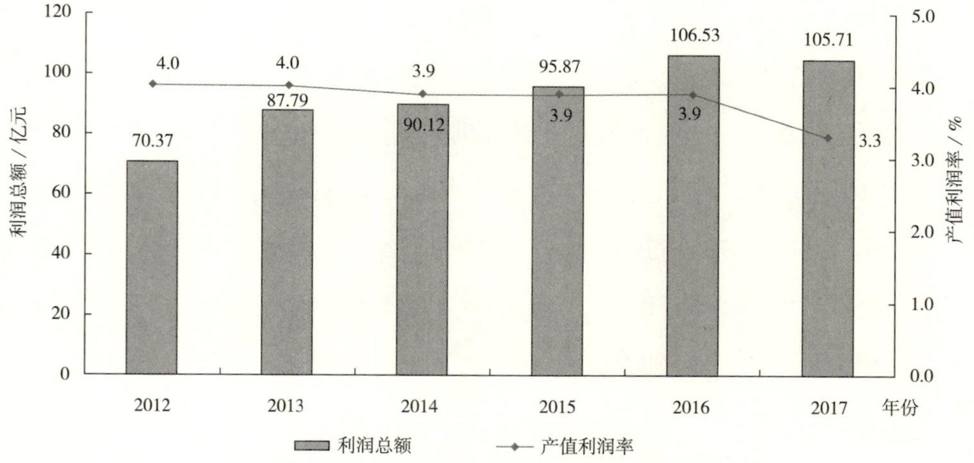

图3 2012—2017年利润总额及产值利润率

3. 创税能力大幅提升

40年来，建筑业企业创税能力不断增强，对国家财政收入和地方政府收入的贡献也不断加大。尤其是1994年“分税制”改革之后，建筑业企业上缴税金呈快速增长态势，税金总额大幅提高。1998—2017年，全市建筑业企业共缴纳税金从7.90亿元增加到108.25亿元，增长12.7倍，年均增长14.8%；比2012年增加32.26亿元，年均增长7.3%。2017年，全市建筑业企业共缴纳税金占一般公共预算收入的比重达7.1%，比1998年提高1.1个百分点。

4. 劳动生产率持续攀高

建筑业企业按建筑业总产值计算的劳动生产率从1978年的3400元/人，增加到2017年的594 817元/人，增长173.9倍；国有建筑企业按建筑业总产值计算的劳动生产率从1978年的3510元/人，增加到2017年的344 417元/人，增长97.1倍。与此同时，其他经济类型的建筑业企业，劳动生产率也都有不同程度的提高。

（五）机械化水平和施工技术显著提升

40年来，为了满足日益增长的各种建筑产品的需要，建筑业企业不断加强建筑技术改造，加大现代化建筑机械装备投入，企业装备水平显著提升。2017年末，广州建筑业拥有机械设备净值132.55亿元，各类机械设备10.00万台，机械总功率390.60万千瓦。全员技术装备率和全员动力装备率分别从1978年的1100元/人和2.39千瓦/人，增加到2017年的24 735元/人和7.29千瓦/人，比1978年分别增长21.5倍和2.1倍。现代化的机械，成为先进施工技术的物质保障。

改革开放40年来，广州市建筑业施工技术、工艺有了长足进步，从过去只能建造多层民用建筑、单层厂房发展到现在可以建造高难度充满艺术风格的建筑作品。标志性建筑不断刷新见证了施工技术的发展进程，广州各个时期具有代表性的高层建筑主要有：1983年建成的白天鹅宾馆，楼高34层，是我国第一家中外合作的五星级宾馆。1992年由广东省第四建筑工程有限公司施工建成的广东国际大厦，楼高63层，高达200.6米，建筑速度为当时国内之最，被国家建设部列为综合应用新技术、新工艺成果的试点工程。1992年竣工的由广州市第四建筑工程有限公司承建的广州世界贸易中心大厦，使用引进的意大利混凝土泵送系统、北京SP-70钢木组合模板、附外上落电梯、集体电路对讲监控装置等先进的施工机械设备，采用流水网络施工方法和高层混凝土原送工艺施工，该工程经检验达到国家优良级标准。1997年由广州市第二建筑工程有限公司承建的广州中信广场，是当时国内已建成的最高、最大的商业建筑群，被列为世界已建成的超高层钢筋混凝土结构建筑的第二位，1998年被建设部评为全国建筑业新技术应用银牌示范工程。2002年由广州市建筑集团有限公司和广东省工业设备安装公司承建的广州国际会展中心，亚洲最大，全球第二，以极富现代感的设计和恢宏的气势成为21世纪广州的标志性建筑之一，创下单体展馆面积最大、钢横架跨度世界最长两项“世界第一”。2008年由中国建筑第四工程局有限公司承建的广州周大福金融中心，规划名称为广州东塔，楼高107层，建筑总高度530米，广州第一，中国第五，世界第九。2009年由广州市建筑集团有限公司负责施工的广州塔，建筑总高度600米，获第十一届中国土木工程詹天佑奖、2010—2011年度中国建筑工程鲁班奖，并获得国家级建筑设计金奖。这些规模宏大、技术复杂的大型建筑工程的建成，就是施工技术和建造水平不断进步最生动的诠释，展示了广州不同时代建筑设计施工技术水平。

三、建筑业对促进国民经济发展成绩斐然

（一）建筑业生产规模迅速发展壮大

1978年，全市建筑业完成增加值0.89亿元，占地区生产总值的比重为2.1%。2017年，建筑业增加值达到588.98亿元，比1978年增加588.09亿元，年均增速18.1%；比2012年增加132.49亿元，2012—2017年年均增长5.2%（见图4）。

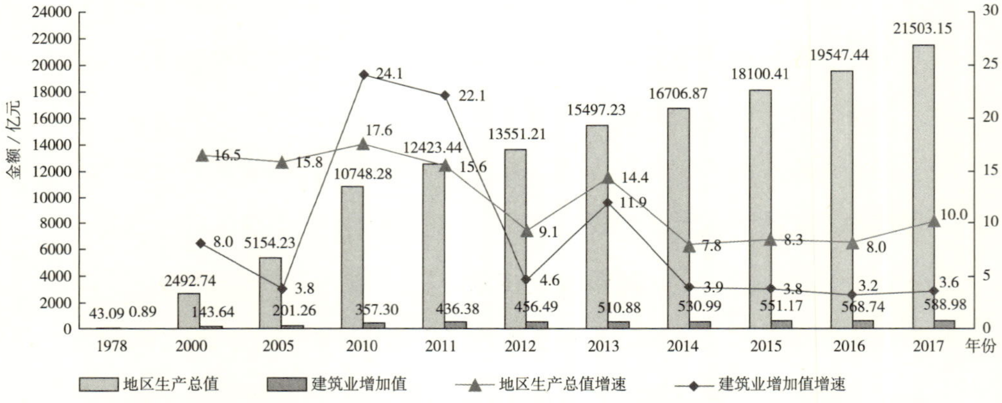

图4　1978—2017年地区生产总值、建筑业增加值及增速

2017年，建筑业增加值占地区生产总值的比重达到2.7%，比1978年提高0.6个百分点。1997年建筑业增加值占地区生产总值的比重达到峰值6.0%，2000年迎来次高5.8%，其余多年一直围绕3.0%上下波动（见图5）。

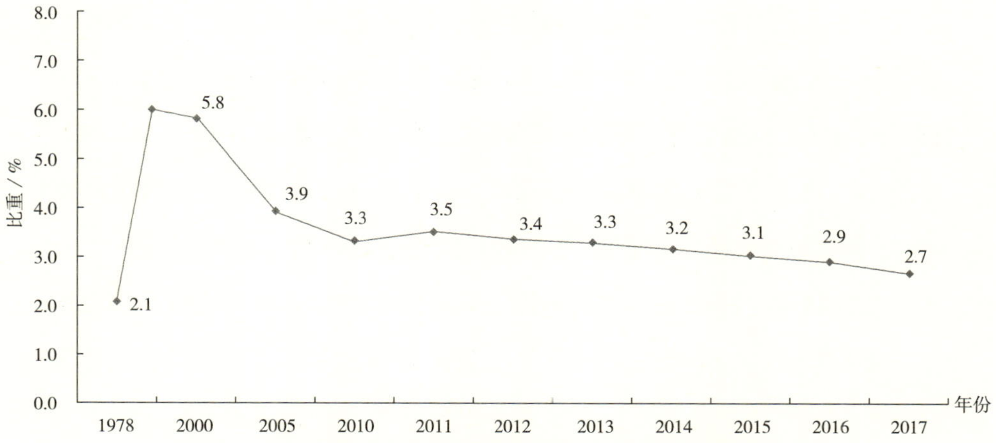

图5　1978—2017建筑业增加值占地区生产总值比重

（二）城市面貌焕然一新

改革开放40年来，建筑业为广州市城市建设做出了突出贡献，城市面貌发生翻天覆地变化，居民的居住和生存环境大为改观。

基础设施建设加快。2017年，广州市区道路总长度达7819.31公里，比1978年增长19.0倍；其中快速路252.79公里，主干路1054.14公里。道路面积达13 012.82万平方米，比1978年增长37.0倍；人均城市道路面积10.98平方米。全市有桥梁1491座，比1978年增加了1351座，增长9.7倍。全市有立交桥183座，比1978年增加178座，增长35.6倍。

城市园林绿化日新月异。2017年，全市绿地面积145 159公顷，其中建成区绿地面积47 262公顷，分别比1978年增长22.6倍和11.7倍。绿化覆盖面积154 742公顷，其中建成区绿化覆盖面积53 686公顷，建成区绿化覆盖率达42.5%，比1998年提高了14.5个百分点。公园个数由1978年的18个增建至2017年的247个；公园面积5198公顷，比1978年增长7.3倍；人均公园绿地面积达17.06平方米。

住宅建设及城市综合开发成效明显。2015年，年末实有房屋建筑面积48 185.22万平方米、年末实有住宅建筑面积达24 922.60万平方米和年末实有住宅居住面积13 849.18万平方米，分别比1978年增长15.7倍、18.0倍和16.6倍。同时，平均每人房屋建筑面积创历史新高，1996年以前，广州市人均房屋建筑面积一直停留在一位数的水平，1996年才突破两位数，达到10.08平方米，发展了10年有余，到2007年终于提高到20.00平方米，至2015年达24.00平方米，创历史新高，比1978年增长5.3倍。高层建筑发展更快，1978年市区10层以上的建筑只有24幢，现如今新建的楼房基本上都超过了这个高度。建成了一批标志性工程，突出了广州市城市面貌的宏伟形象，城乡居民居住条件得到大大改善。

（三）建筑业有效带动上下产业链相关产业快速发展

建筑业是产业关联度极高的行业，其在发展中消化吸收国民经济其他部门大量物资产品的同时，也直接或间接推动了相关产业的发展。伴随着建筑业快速发展，勘察设计、造价咨询、招标代理等服务行业也有了新的发展空间。目前广州市有工程勘察单位112家，工程设计单位1289家，工程监理单位149家，工程造价咨询单位120家，招标代理单位173家，建筑工程检测机构98家。

建材行业也呈现出良好的发展势头。传统的建材如钢筋、水泥、木材等市场需求空间很大。2017年建筑企业消耗钢材843.63万吨、木材262.48万立方米、水泥1889.12万吨，分别比1998年增长8.8倍、9.8倍和5.3倍，同时2017年还消耗平板玻璃262.39万平方米、铝材25.14万吨。这些均带动建材工业的发展。

（四）扩大就业促进社会稳定

建筑业是劳动密集型产业，就业容量巨大。近年来，建筑业产业规模的扩大，带动了建筑业从业人数的增加，吸纳的建筑劳务人员已占农村进城务工人员总数的三分之一，为缓解我国就业压力，特别是为转移农村剩余劳动力和解决“三农”问题做出了突出贡献。2017年，建筑业年末从业人数为54.83万人，比1978年增加45.68万人，增长5.0倍。其中施工现场操作人员基本是农民工，总人数已达17.60万人，比1998年增加5.73万人，增长48.3%，占全市建筑业年末从业人员32.1%。

四、建筑业“走出去”步伐坚定，形势喜人

广州市的建筑业人力资源丰富，职工吃苦耐劳，且占有毗邻港澳的便利条件，建筑艺术上又独具风格，在推行“立足广东、面向全国、走向世界”的发展方针，积极开拓省外建筑市场方面取得可喜成绩。

（一）积极开拓外市外省市场

80年代初，广州市建筑企业还只是在省内承接工程，如今广州市建筑企业已成功走出了广东，足迹遍布了省外30个省市。截至2017年末，全市已有186个企业出省承接工程，在外省完成的产值为594.36亿元，其中有11家企业在外省完成的产值超10亿；外省工程主要集中在贵州、福建、广西、海南、江苏、云南、江西、湖南、湖北、四川、浙江11个省，共完成建筑业总产值467.69亿元，占全市在外省市完成建筑业总产值的比重高达78.7%；占比最大的贵州产值高达143.69亿元，占外省完成产值的比重达24.2%。

（二）跨出国门参与国际竞争

广州市建筑企业大胆地跨出国门，参与国际竞争，承包国外工程，

为企业带来了良好的经济效益，特别是党的十八大以来，随着“一带一路”倡议的不断推进，“走出去”的步伐越来越快、越来越大，取得了骄人业绩。截至2017年末，全市已有18家企业出国承接工程，在境外完成的营业收入为146.94亿元。取得对外经营权的企业所承包工程主要是港口及航运设施工程、工矿工程、房屋建筑、管道工程、铁路工程、隧道和桥梁工程等建设，对外承包与合作领域的拓宽，增强了企业的国际竞争力。

40年改革开放，40年辉煌成就。面对新时代，建筑业有坚实的发展基础，更有艰巨的困难挑战。建筑业企业应紧紧把握建筑工业化的发展大趋势，更新建造理念，掌握装配式建筑技术和经营管理模式，拓展装配式建筑市场份额，构建“一体化”发展格局。积极投身“一带一路”建设，抓住美丽中国、交通强国建设，新型城镇化建设，地下综合管廊建设，粤港澳大湾区建设等机遇，在国家发展的同时实现企业发展，再创新的辉煌。

（广州市统计局投资处供稿）

改革开放40年广州邮政电信业发展成就

改革开放40年来，邮政电信业保持了快速发展。邮政从传统步入现代，业务量持续增长；电信从无到有、从少到多，构建起了全方位、多层次、多方式的网络体系，网络渗透到了广州市各个行业和各个领域，加快了信息化和工业化进程，有效地促进了全市经济的快速发展。

一、邮政科技全面提升，快递业务高速发展

（一）科技创新，促进传统业务服务质量提升

改革的不断深入和对外开放程度的不断扩大使邮政业的社会需求和邮政业务迅猛增长。改革开放以前，广州市邮政业务设备陈旧、技术落后，大都依靠人工完成，工作效率普遍较低。改革开放以后，广州市邮政部门坚持“科技兴邮政”的发展战略，明确“以信息化改造传统邮政，用现代化构筑现代物流产业”，制订了从电子邮政到邮政电子化两步走的发展思路。通过技术引进、自主创新和技术改造工程等措施，实现邮件从收寄、内部处理到投递处理，普遍采用了计算机技术，改变传

统的手工操作方式。为实现邮政信息处理网络化、营业窗口电子化，1996年建立了广州邮政综合业务信息网，报刊通订、集邮营业、票库管理以及邮票业务管理等，均采用计算机联网处理。利用计算机技术、通信技术、网络技术建成综合性语音服务平台，语音服务范围从邮政编码查询、业务咨询、速递业务揽投和查询功能增加到订机票、演出票，送水，礼仪鲜花，短信服务等8个大项70多个小项。广州邮政商业信函中心引进商业信函自动处理系统，高科技先进设备投入使用后，比原有商函自动处理系统处理能力提高10倍以上。1999年，建成全国首家自助邮局系统实现用户24小时自助平函、挂函、印品收寄，报刊收订，邮票、信封购买以及邮政编码、邮政业务查询，并实现在线支付。2000年，广州市邮政局开通“邮政在线”，同时以“邮政在线”等电子化手段为依托组建广州邮政电子邮局，以强大的邮政物流队伍为支撑，开通邮政绿卡支付，大力拓展网上报刊订阅、网上汇款、网上邮购等新业务。2013年，开通“广州邮政”微信公众号，建设24小时“智慧邮局”，为客户提供便利的邮政及民生服务。改革开放40年来，广州邮政业务发展和服务水平等方面都取得了长足的进步，极大地丰富了人民群众的业余文化生活内容。20世纪90年代以来，现代通信技术的迅速提高和普及，促使函件业务不断调整以适应市场的变化，一些原有的业务因邮政业务种类的调整或市场需求不大而相继取消或减少。

（二）适应市场需求，快递行业发展快速

广州邮政业在发展传统业务的同时，不断开拓新业务。快递业务作为一项适应市场经济的高速度、快节奏的新业务，市场规模迅速扩大，快速发展。在20世纪80年代后期，邮政业放开了快递业市场，民营和外资的快递企业也逐渐发展、壮大起来。广州市形成国有、外资和民营快

递企业竞争的市场格局。90年代中期，伴随着电子商务的发展，快递业务呈现井喷式发展。广州是快递业务发展较快的城市，在全国快递行业中率先实现计算机网络一体化管理，成为邮政快递业务全国三大信息交换中心之一，之后采用卫星定位技术开发出快递揽收投递业务动态实时快速处理系统，进一步提高了快递企业的服务水平。2017年，全市快递业务量完成39.33亿件，比1990年增长1235倍，年均增长30.2%，其中，国际及港澳台快递业务量累计完成6269万件，比1990年增长521倍，年均增长26.1%。全市完成邮政业务总量820.42亿元，比1978年增长2270倍，年均增长21.9%。

二、通信能力快速提升，通信业务量跨越式发展

（一）引进吸收国内外先进设备和技术，通信能力快速提升

改革开放之初，广州市电信网络规模小、技术层次低、通信质量差，与经济高速发展的客观需求相比，电信通信能力存在着巨大差距。党的十一届三中全会后，以满足市场需要为动力，广州市通信基础设施建设不断加强，基础设施水平处全国的前列，通信能力快速提升。1985年，广州市被国家列为发展市内电话的重点城市之一，市话改建、扩建规模开始扩大，同时利用外资贷款扩建市话工程，引进国外新技术、新设备提高市话装备水平，将原来的数模兼容网改造成全数字网，实现了市内电话交换程控化和传输数字化，成为我国第一个实现市话数字化的省会城市。广州市在全国最早建立无线电移动电话系统，1987年，引进使用无线移动电话机设备，到年底，无线移动电话用户达289户。1988年，广州卫星通信地球站投入使用，提高了长途电话接通的速度和通话质量，长途通信电路紧张的局面得以缓和。同年，开始应用光纤通信技

术，铺设了光纤电缆，以提高通信容量。通信技术水平的提高，进一步促进广州经济社会管理水平的提高，1989年，广州公安、医疗部门，出租车公司等使用内部调度无线电通信系统，如广州市医疗急救中心开通了“120”急救电话和配套的移动通信调度系统；公安系统大量使用无线电对讲机指挥交通，为现代化城市交通管理提供了保障。1990年，广州大规模地改建、扩建电话网工程项目，安装具有国际先进水平的市内数字程控电话交换设备，广州市成为我国第一个实现全网数字程控化的省会城市。长途程控直拨电话交换系统投产，实现了与国内各大城市及美国、日本等国的长途电话直拨业务，长途通信枢纽工程主体结构已完成。广州国际电信业务出入口局开通，增强了国际通信能力。当年，市话交换机总容量达30.68万门，长途线路1万多条，分别比改革开放前增长13倍和40倍，广州市通信能力明显增强。2011年，市话交换机总容量达1024万门，为40年间的最高值，比改革开放前增长466倍，电话机数量在2008年达到最高峰，为651.54万户，比1978年增长175倍。随着移动电话的普及，市话用户数每年逐渐减少。由于技术更新换代，2017年传统交换机TDM（时分复用器）退网，改为光纤接入和AG（接入网关），市话交换机总容量较以前大幅减少。

（二）不断加强通信基础设施建设，为信息化发展提供强有力网络支撑

1991—1995年，广州市以建设骨干传输网络为重点，全面推进信息基础设施建设，技术水平已进入世界先进行列，长途传输网大量采用世界上先进的2.5G（从2G迈向3G的衔接性技术）数字传输网络设备，辅以数字微波及卫星通信，形成不中断的立体传输网络。市内传输骨干网建设以大容量的数字传输网络为主，辅以大型的交叉连接设备，技术水平

已进入世界先进行列。至1995年底，全市通信实现程控化，建成本地综合数字网、分组交换数据网、数字数据网、移动电话网、卫星网等通信网络，电信网络已全部数字化、光纤化。分组交换数据网和数字数据网是广州市信息网络发展的基础设施。1986年，分组交换数据检索设备在广州市电信局开通，1989年开通公用数据分组交换网，用户通过数据终端设备可检索世界各地的各种情报资料。1993年，广州市电信局开通数字数据网，提供数字数据网业务。用户通过数字数据网可分别连通各个信息采集点和国家信息中心，接通包含新闻、股票、医疗、技术信息、统计等的各种数据库，也可接入国际互联网。1994年，广州市引进数字传输网络系统和大容量同步交叉连接设备，1995年建立我国第一个异步传输模式骨干网。1998年，全国第一套大容量波分复用光纤通信系统在广州开通，使广州通信基础设施达到国内领先、与国际同步的水平。1998年，广州市具备了为大型活动和抢险救灾等应急通信提供卫星电话和卫星电视转播服务的能力。

1995年，广州市建成互联网节点，可提供互联网接入服务，实现局域网间互联，并可组建虚拟网，为用户商业活动提供各种互联网业务平台。1996年，广东邮电交互网络在广州市开通及广东视聆通宽带网商用化后，进一步增大了互联网络覆盖范围。1997年，全市互联网用户总数2746户，可与全省本地网，北京、上海等八省市联网。同年，广州市成为中国互联网在全国的三个核心节点和国际出口之一，商业网工程进入建设阶段，同时，智能网业务以及电子购物、远程教学、远程医疗等宽带网络开始建设。1998年，广州市加快了计算机网络的建设与开发应用，建成公众多媒体通信网、公众高速多媒体通信网、综合业务数字网和商业电信网。1999年，通过异步传输模式骨干网，向用户提供交互式视频业务平台和宽带数据业务平台两个电信业务平台。进一步建设和完善宽带互联网、宽带视聆通，实现高速局域网互联，发展了远程医疗、远程教育、远程办公等互联网新技术应用。2000年，宽带城域网投入运营，使广州市成为当年全国第三个高速IP（互联网协议地址）城域网。全国第一个移动互联网在广州市开通，用户可通过手机进行股票交易，收发传真、电子邮件，获取网站发布的信息。政府投资的广州宽带主干网首期工程开通试运行，广州宽带主干网是国内第一次运用有线光纤与无线宽频接入互补方式组建的城域接入网和驻地网。1995—2000年间，广州已构建了覆盖全市的基础信息网络体系。20世纪初，广州市大规模、高水平建设用户网，非对称数字用户线路接入发展较快，并向光纤接入方向发展。2016年，广州市运用全国电信网三大通信枢纽、互联网三大交换中心之一、互联网三大国际出入口城市之一的有利条件，加快推进网络信息基础设施建设。实施全光网城市和村村通光纤工程，推进城乡4G（第四代移动通信技术）信号全覆盖，全市光纤接入用户350万户，光纤入户率80%，全市1144个行政村开通光纤业务，行政村实现100%光缆覆盖，广州国际信息枢纽功能不断加强。

20世纪90年代以来，随着移动通信能力的不断提高，电信业务进一步发展。广州市电信运营商不断增强业务提供能力和网络服务支撑能力，坚持产业差异化发展策略，发展公司核心产品、大力开拓增值业务，积极参与政府、行业的信息化建设，开发行业信息化应用产品、移动便民服务和移动商务服务产品等，进一步促进互联网业务的发展。2000—2005年，广州市经历了移动通信发展的高峰期，其间，移动电话交换机容量，每年以24%以上的速度增长，平均每年增速达29.3%。2017年，移动电话交换机容量达4775万户，比2000年增长10.6倍，17年间平均每年增速为14.9%。移动电话基站9.07亿个，按建城区面积计算，每平方公里有73个基站，极大地提高了无线信号质量。互联网宽带接入端口1098.45万个（本数仅包含广州三大电信运营商数据）。1998年，广州市移动电话用户数迈上100万户的台阶，达100.84万户。用5年时间跨越1000万户，2003年达1063.46万户。用6年时间上2000万户台阶，2009年达2099.44万户。用3年时间登上3000万户的台阶，2014年达最高值，为3223.92万户。2017年为3082.94万户，比1990年增长5708倍，27年间平均每年增长37.8%。其中，4G移动用户2135.67万户、3G（第三代移动通信技术）用户115.65万户、2G（第二代移动通信技术）用户831.62万户，分别占总用户的69.3%、3.8%、26.9%。2017年，广州市国际互联网用户拥有604.91万户（不含手机用户，本数仅包含广州三大电信运营商数据），其中：宽带用户521.52万户，占总用户的86.2%。2017年，国际互联网用户比1999年增长56.3倍，年均增长25.2%。据统计，2017年底，全市规模以上企业互联网应用覆盖率达到99.3%，其中，使用互联网收发电子邮件的占93.9%。企业拥有网站15 054个，信息化投入186.43亿元。2017年，广州三大电信运营商完成电信业务总量724.48亿元，比1990年增长135倍，年均增长27.8%。

改革开放以来，广州市通信工程建设突飞猛进，以应用计算机和通信技术为主体的新兴电子信息服务业发展迅速。以电子政务、电子商务、企业信息化等为代表的信息化应用蓬勃发展，信息技术、信息网络在各行各业得到了广泛应用。互联网已经极大程度地融入民众的衣食住行、工作休闲之中。

（广州市统计局服务业处供稿）

改革开放40年广州交通运输业发展成就

改革开放40年来，广州交通运输业坚持改革开放，实现了跨越式发展和历史性巨变，以公路、铁路、航空、水运等为主的综合运输枢纽型网络城市初步形成，国际综合交通枢纽地位更加稳固。交通运输量和港口、机场吞吐量大幅增长，公共交通现代管理和信息化应用水平明显提升。交通运输业步入了纵横交错、多种运输方式共同发展的新阶段。交通运输业作为生产服务业的主要行业，有力支撑着广州市40年的经济发展。

一、公路质量不断提高，公路枢纽网络建成

党的十一届三中全会以后，广东实行特殊政策、灵活措施，国民经济有了很大发展。广州地区的公路状况已很不适应交通流量的发展；经济形势促使公路建设从普及进入提高阶段。1981—1990年，市公路系统发挥多方面的积极性，大胆探索多形式、多层次、多渠道发展公路的路子，至1990年，全市100%的镇和95%的村已通公路；公路通车里程从

1949年的240多公里上升到3554公里，1990年全市等级公路里程达到1919公里，全市公路已基本上形成了以市区为中心，连接各条国道，贯通县、乡公路的四通八达的公路网络。1991—2000年，广州公路建设积极引进外资、允许国内外经济组织对公路建设进行投资，公路投资力度进一步加大。到2000年底，广州公路通车里程为5021公里，比1990年增长41.3%；等级公路里程达到3864.4公里，比1990年增长1.01倍。2017年，全市公路通车里程为9322公里，等级公路8635公里，分别比2000年增长85.7%和1.2倍，比1990年分别增长1.4倍和3.4倍。等级公路占公路通车里程比重由1990年的54%上升到2017年的92.6%，建成高速公路972公里，比2001年增长了10.6倍，广州市公路质量不断提高。

改革开放后，为适应广州公路客货运输市场日益形成和发展，公路营运客货车辆逐年增加的需要，市政府积极布局广州公路枢纽工程建设。2017年末，广州市共有公路客运站18座，总旅客发送能力约25万人次／日。公路货运站36家，其中主枢纽货运站6家。

二、码头泊位建设力度大，生产能力大幅提高

党的十一届三中全会以后，港口在改革开放中迅速发展。20世纪90年代初，广州港口码头泊位90个，码头泊位长度8875米，其中万吨级以上深水泊位22个，初步实现了国际集装箱、煤炭、散粮、散化（肥）等货类码头专业化，港口货物吞吐量达5099.08万吨。占地3万多平方米的洲头咀大型水上客运站的正式启用，方便了穗、港、澳之间的交通往来。新沙码头一期工程建设，达到国际一流水平，它的使用，缓解了广州港深水泊位的紧张状况，使广州港新增吞吐能力1000多万吨，同时也提高了广州港码头的专业化、现代化水平。至2000年，广州港口有码头

泊位643个，比1990年增长了6.1倍。其中万吨级以上泊位46个，增长了1.3倍，港口货物吞吐量1.26亿吨，比1990年增长了1.4倍。2001年，广州港务局与新加坡港务集团合资经营的集装箱码头项目正式投入运作，进一步提高了生产能力。随着广州城市“南拓”发展战略的推进，2002—2017年，广州港口进一步加大投资力度，南沙港一、二、三期工程陆续建成，确立了广州港集装箱干线主枢纽港的地位。2017年，广州港南沙作业区完成集装箱吞吐量1394万标准箱，占全港集装箱吞吐量的68.4%。广州港深水行道拓宽工程完工，实现10万吨级集装箱船双通航，港口功能不断优化，建成珠江三角洲高等级航道网，进一步强化广州作为华南水运枢纽的地位。截至2017年，广州港口泊位达807个，其中万吨级泊位76个，码头长度70 229米，分别比1978年增长了6.5倍、5.3倍和9.5倍。广州港口全年完成货物吞吐量5.90亿吨，比1978年增长了45.2倍；集装箱吞吐量2037.20万标准箱，比1988年增长了163.3倍。是年，完成货物吞吐量位居国内沿海港口第三、全球港口第五；集装箱吞吐量居国内沿海港口第四位，全球港口第七位。目前，广州港与60多个国家（地区）350多个港口有货物运输业务往来。

三、机场服务能力不断增强，航空运输飞跃发展

改革开放后，体制改革后的广州白云国际机场（以下简称“白云机场”），对机场做了全面规划，多次进行改建和扩建。至2000年底，白云机场候机楼总面积达7.95万平方米，国际、国内航班候机楼值机柜台分别增至20个和45个；飞机起降13.74万架次，旅客吞吐量达到1382.93万人，分别比1978年增长21倍、19倍。货邮行吞吐量达53.16万吨，比1980年增长19倍。白云机场虽经多次改扩建，但由于机场本身的扩建条件受

到限制，运量已趋饱和。同时，白云机场也制约了广州市城区的发展，噪音和安全问题影响了居民的生活。为适应民航事业发展的需要，结合珠江三角洲的经济发展和城镇布局，广州市对白云机场进行了迁建工程。2004年，新的白云机场正式投入使用，成为国内规模最大、功能最完善的民航中枢机场和世界最繁忙的机场之一。2017年，白云机场飞机起降46.53万架次，比1978年增长76倍，比2000年增长2.2倍，平均每天进出港的飞机达1293架次；旅客吞吐量约6584万人次，比1978年增长98倍，比2000年增长3.8倍，平均每天进出港人数达18.29万人次；货邮行吞吐量达233.85万吨，比1980年增长91倍，比2000年增长3.4倍。改革开放以来，广州吸引了众多的国内外客商，也吸引了众多的航空公司涌进广州航空市场，广州的航空枢纽机场地位日益壮大、巩固，2017年白云机场开通航线278条，其中，国际航线96条，国外通航国家和地区43个；通航城市208个，其中，国外城市76个。机场旅客吞吐量排全球第13位。2016年，广州白云国际机场紧跟国家"一带一路"倡议，强化广州国际枢纽机场功能定位要求，加强与"一带一路"国家互联互通，开通"一带一路"沿线27个国家的53个航点。

改革开放初期，随着经济的不断发展，人们的生活水平不断提高，乘坐飞机出游的人越来越多，广州客源、货源充足，但航空运力不足，为解决乘坐飞机困难的紧张状况，广州民航利用外资继续发展，利用国际租赁方式引进波音飞机，极大地提高了运输生产能力，航空市场也由过去的卖方市场转到买方市场。进入20世纪90年代，广州的民航运输呈历年增长的趋势。中国南方航空集团有限公司是广州航空运输的主要力量，是国家骨干航空运输企业之一，在中国民航的旅客运输量中占有24%的份额。2008年，中国南方航空集团有限公司获中国民航"飞行安全五星奖"，成为中国保持安全星级最高的航空公司。2001年，京广航路顺利实施雷达管制，这是全国第一次在整个航路实施雷达管制，对提高飞行安全性和航班正常率起到了积极的促进作用，对提高中国民航空管系统技术水平、运行管理水平和综合保障能力具有重要意义。2002年，重组后的南方航空（集团）公司成为拥有最大的运输机群、最多的运输基地、最广泛的国内航线网络和最密集的航班频率的国内航空公司。南方航空（集团）公司利用现代信息技术，创新服务手段，在全国率先正式使用国际客票自动出票系统、开国内航空业界之先河的“商务2000”服务品牌，旅客只需拨打热线电话，便可享受航班查询、订座、免费送票等“一条龙”服务。2007年，顺利升级“95539服务热线”，启用支持6种语言、6种货币支付方式的海外网站，推广电子客票、网上值机、城市值机、手机值机、机场自助值机，贯彻落实“互联+”的战略，打造“南航e行”等，不断扩展先进服务渠道，为旅客提供全方位、一站式出行信息及运输服务。近年，航空运输市场放宽准入，2017年底，广州市有航空运输企业5家；民航飞机516架，比1978年增长了46倍；定期航班航线715条，比1978年增长了14倍；定期航班航线里程228.72万公里，形成了以广州为中心，覆盖全国，辐射亚洲，连接欧洲、美洲、大洋洲、非洲的强大航线网络。

四、高铁建设成效显著，旅客出行极大便利

改革开放前，京广、广深、广三铁路在广州市北郊交会，形成广州铁路枢纽。中共十一届三中全会以后至90年代，为适应铁路运量的剧增，建设了衡广双线，建成广茂铁路、广梅汕铁路；同时也对广州枢纽进行了较大规模的扩建，形成新的布局，提高了技术设备现代化水平，广州铁路线路输送能力有所增强。但站场设备能力、线路输送能力与改

革开放以后广州地区的客货运输剧增的需求仍有不适应之处。2004年，铁道部规划的全国四大铁路客运中心之一——广州南站开工建设。2005年，武广铁路客运专线、广深铁路四线、广深港铁路客运专线、广珠城际轨道交通、广珠铁路项目正式开工，标志着广州铁路建设全面加速。2011年，广珠城际铁路开通，结束了珠三角西岸地区没有铁路的历史。至此，广州、佛山、江门、中山、珠海5市将形成“珠三角一小时经济圈”。2012年，广珠铁路正式开通运营。该线路是国铁I级电气化铁路，以货运为主，兼顾客运，广珠铁路是直接建到港区的货运铁路，目的是“下火车装轮船，下轮船装火车”，改变珠江口西岸无货运铁路的状况，加强与澳门特别行政区的全方位合作。2012年，世界上最长的高速铁路——京广高速铁路全线开通，将中国大部分高铁连接起来，缩短了沿线城市间时空距离，缓解了京广铁路通道运输能力紧张局面。至2014年，广州境内有京广高速铁路、广珠城际铁路、广深港高速铁路、贵广高速铁路、南广高速铁路等高铁线路投入运营，构建起一个四通八达的高铁网络，从广州南站出发，可直达全国15个省、直辖市、自治区。2017年，广州铁路枢纽旅客发送量11 711.80万人次，平均每天发送旅客32.53万人次；货物发送量1822.18万吨，货物到达量1057.39万吨。

五、交通客货运量、周转量大幅增长

党的十一届三中全会以后，广州市通过调整体制、理顺关系、转换企业经营机制、优化组织结构、培育建立运输市场、转换政府职能等措施，推动和促进了广州交通运输业的不断发展。随着改革开放的不断深入和经济的发展，交通运输基础设施不断完善，旅客和货物运输量和周转量迅速增长。2007年广州主要运输方式完成客运量4.94亿人次、旅客周转量2348.82亿人公里，分别是1985年的9.5倍和29.4倍，年均分别增长7.6%和11.3%；完成货物运输量12.07亿吨、货物周转量21 422.18亿吨公里，是1985年的5.9倍和12.8倍，年均分别增长6.2%和8.5%。其中，公路完成客运量2.54亿人次、旅客周转量257.56亿人公里，是1985年的6.8倍和27.3倍，年均分别增长7.8%和11.0%；完成货运量7.71亿吨、货物周转量886.50亿吨公里，是1985年的6.7倍和49.8倍，年均分别增长6.6%和13.1%。水路完成货运量3.75亿吨、货物周转量20 289.46亿吨公里，是1985年的5.1倍和12.9倍，年均分别增长5.8%和8.6%。铁路完成客运量1.56亿人次、旅客周转量469.83亿人公里，是1985年的7.2倍和12.0倍，年均分别增长6.8%和8.4%；完成货运量0.51亿吨、货物周转量182.55亿吨公里，是1985年的2.8倍和1.1倍，年均分别增长4.2%和2.3%。民航完成客运量8085万人次、旅客周转量1619.87亿人公里，是1985年的33.7倍和77.4倍，年均分别增长11.7%和14.6%；完成货运量132万吨、货物周转量63.20亿吨公里，是1985年的32.0倍和167.6倍，年均分别增长11.6%和17.4%。

六、城市公共交通体系及网络日臻完善

（一）多种方式发展齐头并进

1978年，广州市有公共汽车、电车908辆，市区出租车325辆。汽车、电车交通客运量6.77亿人次，市区出租车客运量278万人次。改革开放初期，城市公共交通事业发展缓慢，主要原因是全部依赖国家投资，造成资金来源短缺。1984年，广州市交通部门采用引进外资、银行贷款、租赁经营、代理经营等形式解决新增运力的投资问题。由于多渠道集资，提高了公共交通的营运能力，开始改变公共交通车型单一化的局面，组成了旅游车、长途班车、公共汽车、专线车、公共小巴、出租

小汽车等多种类型的客运结构。当年，有公共汽车、电车1680辆，出租车4080辆，分别比1978年增长85.0%和11.6倍。汽车、电车交通客运量9.02亿人次，市区出租车客运量4530万人次，分别比1978年增长33.2%和15.3倍。改革开放后，为满足市民的日益增长的出行需求，广州市引入公交市场的竞争机制，形成了多层次的公交发展格局。1994年，外资企业“新福利”巴士有限公司进入广州公交市场，打破了公交企业的单一格局，之后合资合作公交企业相继成立，广州公交企业发展到10家，公交行业客运量迅速提升，行业进入蓬勃发展时期。2007年，广州交通部门立足缓解城中村和城乡接合部地区公交“出行难”问题，建立“城区常规公交大巴、住宅小区公交中巴、城乡接合部公交小巴”三层结构的新型公交服务体系。为落实公交优先发展战略，改善交通秩序，缓解交通拥堵，2010年中山大道快速公交系统（BRT）工程竣工运营。广州BRT是全世界第一个采取“直达服务”的大容量快速公交系统，也是全世界第一个实现与地铁和公共自行车系统高度整合的快速公交系统。广州BRT日均客流量超过75万人次，为广州交通提速、节省出行成本作出了积极的贡献。广州交通部门致力打造“层次分明、功能明确、衔接顺畅”的公交专用道环形网络，专用道内公交行驶速度比开通前提高10%。随着公交车辆的不断增加、线路不断开通，公交线网不断优化调整，广州公交线网布局更加合理，公交覆盖更加均衡，市民出行更加便利。2017年，全市公共汽车、电车1.49万辆，比1978年增长15.4倍，客运量23.85亿人次，比1978年增长2.5倍；营运线路条数1223条，营运线路长度1.74万公里。出租汽车2.23万辆，客运量6.07亿人次，分别比1978年增长67.6倍和217.3倍。为解决大城市交通拥堵问题，广州市轨道交通得到快速发展。至2017年，广州共有14条地铁线路，运营里程超过390公里，客运量28.06亿人次，比1998年第一条地铁开通初期的运营线路长度、客运量，分别增长72倍和6265倍，目前，广州地铁线网规模居世界前十。广州已形成公共汽车、出租车、地铁城市综合交通体系和网络，城市公共交通系统日臻完善。

（二）公交信息化应用水平不断提升，服务质量显著改善

广州市大力推进智能型公交、出租车服务体系建设。2001年城市交通一卡通系统——“羊城通”系统投入运行，通过单一支付平台实现多层面、多领域的应用。2006年，广州出租车移动数字多媒体服务项目正式启用，为广大乘客提供广州城市公共资讯多媒体传播服务。2007年，公交车视频监控系统及GPS（全球定位系统）智能调度系统工程建成使用，将车辆指挥调度、实时视频监控、公交信息发布功能融为一体，实现了公交车辆动态管理和科学调度。2010年，启用亚运交通综合信息服务平台，公交车上安装LED（发光二极管）电子屏和车载电视多媒体发布系统。国内首个城市综合交通信息服务软件“广州行讯通”，免费向广大市民提供出行综合信息服务。借助96900客服中心、交通信息网站和“行讯通”系统，基本实现市民利用动态导航仪、手机、交通信息网站、车载终端等信息终端获取各种交通信息服务。2015年，广州市推出“如约巴士”，全市公交系统首次通过微信推出“定制公交”服务，以“交通+互联网”的方式出现的“如约巴士”平台，不仅为市民提供了高品质差异化服务，还能合理调配资源，为交通企业互联网化经营提供帮助。2017年，广州BRT推出二维码扫码乘车服务，成为全国首条支持二维码扫码乘车的快速公交系统。之后，二维码扫码乘车逐步推广应用到公交车和地铁。广州市不断整合公共交通、公安交警、地铁、气象以及民航、铁路等各有关部门的信息资源，极力提升信息化综合服务能力，更好地优化城市交通管理。

经过40年的改革开放，广州市交通运输业发生了巨大的变化，综合交通运输体系已初步形成，各种运输方式将有效衔接、运力布局进一步优化，广州对外交通枢纽骨架网络初步建立，基本形成具有较强辐射能力的门户型现代综合交通发展格局。

（广州市统计局服务业处供稿）

改革开放40年广州国内消费品市场发展成就

广州在历史上是我国对外贸易重要口岸和华南地区商业中心。改革开放40年以来，广州作为全国第一批改革开放城市，以“敢为天下先”的改革精神勇闯新路，凭借毗邻香港、澳门之利，紧抓历史机遇，在中国特色社会主义伟大旗帜的指引下，以市场化改革激活发展动力，以商贸兴盛带动经济繁荣。广州批发零售业（简称“批零业”）、住宿餐饮业（简称“住餐业”）发生了翻天覆地的巨大变化。国内消费品市场实现繁荣稳定发展，市场主体日趋多元化，市场规模逐步扩大，使广州这个“千年商都”换了新颜。特别是党的十八大以后，广州以习近平新时代中国特色社会主义思想为指导，积极推动市场高质量发展“走在前列”，全市消费结构不断升级，新产业、新业态、新模式等新动能快速成长，消费对经济发展的基础性作用日益增强，改革开放结出喜人硕果。

一、改革开放40年历程辉煌，国内消费市场跨越发展

1978年，党的十一届三中全会作出了改革开放的重大决策，确立以

经济建设为中心的基本国策，开启了中国发展的新征程，为国内消费市场发展开辟了前所未有的广阔空间。改革开放40年来，广州认真贯彻落实党中央、国务院关于改革开放的一系列方针政策，国内消费品市场机制日趋完善，商品经济日益繁荣，市场规模不断扩大，各类商品品种丰富、数量充足。商品短缺和凭票供应的时代一去不复返，全市社会消费品零售总额持续增长。

改革开放40年，广州国内消费品市场实现跨越发展，反映消费品市场发展水平与规模的统计指标——社会消费品零售总额（以下简称“社零总额”），由1978年的17.63亿元增加到2017年的9402.59亿元，增长548.8倍[①]，1979—2017年年均增长17.6%，比全国（年均增长15.0%）高2.6个百分点；广州社零总额自1988年起连续30年稳居全国主要城市第三位，仅次于上海和北京。2017年，广州批发零售业和住宿餐饮业增加值达3588.87亿元（占全市地区生产总值的16.7%），批发零售业和住宿餐饮业成为国民经济主要行业之一，取得了令人瞩目的成就。

改革开放40年间，广州国内消费品市场实现大跨越发展，大致经历了如下四个阶段：

（一）改革开放探索发展阶段（1978—1991年）

1978—1991年处于改革开放初期，是广州商业改革开放的探索发展阶段，消费品市场迅速恢复和蓬勃发展。

改革开放初期，我国还处于计划经济体制下，为改变物资匮乏的局面，国家缩小计划商品范围，允许国营、集体之外的社会其他经济成分兴办批发零售企业，扩大企业自主权，对大型餐饮服务企业全面推行经

①本文中，全市社零总额及相关指标的某一时期增长速度或年均增速（如表1中相关数据），使用环比发展速度之连乘积计算法来计算某一时期发展速度，即按该时期可比口径的各年增长速度为基础数据计算而得。

营责任制。该时期自行车、手表和缝纫机“三大件”成为广州市居民家庭配置的时代标签，形成第一次消费转型升级。广州作为全国第一批改革开放城市，改革开放初期，广州市商业利用中央赋予广东的特殊政策和灵活措施，解放思想，大胆改革，勇于开拓，凭借毗邻港澳等优势，从疏通商品流通渠道入手，改革用工制度，试行工资总额和经济效益挂钩的制度，发展城乡集市贸易，鼓励各种经济成分办商业。广州商业改革发展经过敞开城门搞活流通（1979—1982年）、改革商品批发体制（1983—1984年）、理顺价格扩大市场调节（1985—1986年）、简政放权推行承包制（1987—1988年）、治理整顿搞活流通（1989—1991年）等阶段。商业经济体制由产品计划经济模式逐步向社会主义市场经济模式过渡，各类市场从恢复到蓬勃兴起，商品供应从匮乏到逐渐丰富，消费规模逐步扩大，全市社零总额实现从十亿水平向百亿台阶的飞跃。1988年广州社零总额达到130.37亿元；1991年达到170.12亿元，比1978年（17.63亿元）增长8.6倍，1979—1991年平均每年增长19.0%。

（二）改革开放发展新阶段（1992—2000年）

1992—2000年，是广州商业改革开放发展新阶段，广州消费品市场持续繁荣、高速发展，社零总额突破1000亿元大关。

1992年邓小平同志发表南方谈话后，党的十四大提出建立社会主义市场经济体制。在“放开搞活”政策指导下，民营经济快速发展，多种经济成分并存格局为商品市场迅速发展奠定了基础。伴随改革开放进程不断深入，居民消费欲望极大地释放，彩电、冰箱、洗衣机、录音机、电风扇和照相机等商品供不应求，形成第二次消费转型升级。广州商业市场不断迅速发展，社零总额从1992年200亿元，1999年突破1000亿元。2000年，全市社零总额达1121.13亿元，比1991年增长5.2倍，1992—2000

年年均增长22.6%。

（三）市场快速扩大发展阶段（2001—2011年）

2001—2011年，是广州自“入世”起的市场快速扩大发展阶段，消费品市场规模快速持续扩大，社零总额突破5000亿元大关。

2001年12月11日，中国正式加入世界贸易组织，中国的产业对外开放进入了一个全新的阶段。广州抢抓机遇，加大招商引资力度、不断开拓城市和农村市场、规范市场秩序、加强市场信息化建设，消费品市场呈现快速稳步攀升发展态势。商品种类开始更加多样化，丰富多样的消费品进入千家万户，极大地满足了人们不同层次的生活需求，人们的消费观念发生转变，消费升级步伐加快，消费热点逐渐过渡到以汽车、通信产品等享受型商品为主，迎来第三次消费转型升级。广州社零总额在11年间，从1000亿元发展到2006年突破2000亿元，到2011年突破5000亿元大关。2011年，全市社零总额达5243.02亿元，比2000年增长3.7倍，2001—2011年年均增长15.1%。

（四）市场巩固提升发展阶段（2012年至目前）

党的十八大以来，是党和国家发展进程中极不平凡的时期，以习近平同志为核心的党中央提出坚持改革开放路线不动摇，坚持稳中求进的总基调，经济发展进入可持续发展的新常态。党的十九大的胜利召开，国家更是站到了新的历史起点。广州认真贯彻以习近平同志为核心的党中央各项决策部署，实施一系列推进经济转型升级的新措施，贯彻落实中央稳增长、促消费的政策措施，积极推进供给侧结构性改革，有序推进质量变革、效率变革、动力变革。伴随着人民对美好生活的需要日益增长，网络消费迅速发展，个性化和多样化消费渐成主流，商业消费新模式、新业态不断涌现。广州消费品市场规模继续扩大，并保持稳中有进、稳中向好的良好发展态势。2017年，广州社零总额由2011年的5000多亿元发展到突破9000亿元大关，达9402.59亿元，比2011年增长1.0倍，2012—2017年年均增长11.8%（见表1）。广州城乡消费实力进一步增强，党的十八大以来，全市城镇消费品零售额由2012年的5903.15亿元增加到2017年的9147.44亿元，2017年是2012年的1.6倍；乡村消费品零售额由2012年的74.11亿元增加到2017年的255.15亿元，2017年是2012年的3.4倍。农村居民消费潜力持续释放，乡村市场增长速度比城镇市场快，表明党的十八大以来广州市乡村消费品市场正在加快培育与发展，城乡发展差距在逐步缩小。

表1　改革开放40年广州社零总额各发展阶段变化情况

项目	社零总额	批发零售业零售总额	住宿餐饮业零售总额
1978年社零总额／亿元	17.63	14.84	1.62
1991年社零总额／亿元	170.12	106.28	28.69
1991年比1978年增长／倍	8.6	6.2	16.7
1979—1991年均增长／%	19.0	16.4	24.7
2000年社零总额／亿元	1121.13	783.95	208.15
2000年比1991年增长／倍	5.2	5.9	5.9
1992—2000年均增长／%	22.6	24.0	23.9
2011年社零总额／亿元	5243.02	4544.46	698.56
2011年比2000年增长／倍	3.7	4.7	2.7
2001—2011年均增长／%	15.1	17.1	12.6
2017年社零总额／亿元	9402.59	8259.35	1143.24
2017年比2011年增长／倍	1.0	1.0	0.8
2012—2017年均增长／%	11.8	12.1	9.8
2017年比1978年增长／倍	548.8	556.6	783.6
1979—2017年均增长／%	17.6	17.6	18.6

表1数据表明：广州社零总额1979—1991年、1992—2000年、2001—2011年、2012—2017年四个发展阶段均实现了较快的发展，年均增速分别达19.0%、22.6%、15.1%和11.8%。其中：批发零售业、住宿餐饮业零售总额2017年比1978年分别增长556.6倍和783.6倍，1979—2017年年均增长分别为17.6%和18.6%，社零总额实现持续较快增长。

二、批零业持续较快发展，新动能快速增长

广州作为“千年商都”、中国第一批改革开放沿海城市，多次被评为“福布斯中国大陆最佳商业城市”。改革开放40年来，批发零售业消费市场规模持续扩大，消费结构不断转型升级，对满足人民日益增长的美好生活需要起到重要作用。特别是党的十八大以来，随着改革开放政策进一步深化和供给侧结构性改革持续推进，网上销售、城市商业综合体等新业态、新模式的新动能快速发展，专业市场、百货店、超市等旧动能加快转型升级，广州国内市场发展的活力和后劲持续释放，消费成为广州市经济迈向高质量发展的重要支撑。

（一）批零市场规模持续扩大，综合服务实力不断增强

1. 批零业单位总数、企业资产持续增长

改革开放后，随着消费环境的不断完善和消费品市场日趋活跃，广州批发零售业网点迅速扩张。至2007年末，全市批发零售业机构有3.37万个，网点总数35.76万个，从业人员84.84万人，分别为1978年的7.5倍、66.9倍和7.9倍。

2017年末，广州批发零售业法人单位数达11.24万个，比2004年增长约2.8倍，年均增长10.8%。其中：批发业、零售业法人单位数比2004年

分别增长约3.5倍和1.4倍，年均增长分别为12.2%和6.9%（见表2）。全市批发零售业产业活动单位数约12.48万个，比2004年增长约2.4倍，年均增长9.9%。其中：批发业、零售业产业活动单位数比2004年分别增长约3.3倍和1.1倍，年均增长分别为11.8%和6.0%。2017年，广州批发零售业产业活动单位数，与1978年全市批发零售业网点数（5344个）比较，增长约22.4倍。其中：批发业产业活动单位数与1978年全市批发业网点数（1193个）比较，增长约77.9倍；零售业产业活动单位数与1978年全市零售业网点数（4151个）比较，增长约6.4倍。

表2　近年来广州批零业和住餐业法人单位、产业活动单位发展变化情况

项目	2017年		2004年		2017年比2004年增长／%		2005—2017年年均增长／%	
	法人单位数／个	产业活动单位数／个	法人单位数／个	产业活动单位数／个	法人单位数	产业活动单位数	法人单位数	产业活动单位数
合计	119885	134045	31904	39372	275.8	240.5	10.7	9.9
批发零售业	112414	124814	29471	36378	281.4	243.1	10.8	9.9
批发业	89863	94172	20038	21988	348.5	328.3	12.2	11.8
零售业	22551	30642	9433	14390	139.1	112.9	6.9	6.0
住宿餐饮业	7471	9231	2433	2994	207.1	208.3	9.0	9.0
住宿业	2387	2675	689	832	246.4	221.5	10.0	9.4
餐饮业	5084	6556	1744	2162	191.5	203.2	8.6	8.9

2017年末，广州市限额以上批发零售业法人企业资产总计由2011年的5967.93亿元增加到10 083.64亿元，2017年是2011年的1.7倍。其中：批发业为8225.14亿元，是2011年4995.50亿元的1.7倍；零售业为1858.50亿元，是2011年972.43亿元的1.9倍。

2. 批零业销售总额、零售额不断攀升

改革开放以来，广州批发零售业商品销售总额不断攀升，于1985年、1993年、2007年、2017年分别跨越100亿元、1000亿元、1万亿元和6万亿元大关。2017年，广州批发零售业实现商品销售总额6.22万亿元，比1978年增长891.9倍，1979—2017年实现年均增长19.0%。其中：2017年限额以上批发零售业外商投资企业商品销售总额1967.62亿元，比1999年增长89.4倍，实现年均28.4%的高速增长，占全市批发零售业商品销售总额比重由1999年的0.9%增至2017年的3.2%，提高2.3个百分点。

改革开放40年，广州批发零售业零售总额也实现节节攀升，于1991年、2003年、2009年、2012年和2017年分别跨越100亿元、1000亿元、3000亿元、5000亿元和8000亿元大关。2017年，广州批发零售业实现零售额8259.35亿元，比1978年增长556.6倍，年均增长17.6%，占全市社零总额比重由1978年的84.2%上升到2017年的87.8%，提高3.6个百分点，成为全市消费品市场发展的最主要行业动力。其中：2017年全市批发业零售额由2012年的559.66亿元增加到1106.01亿元，是2012年的2.0倍；零售业零售额由2012年的4608.91亿元增加到7153.34亿元，是2012年的1.6倍，批发零售业零售额不断增长。

（二）传统商业历史辉煌，现正转型升级发展

1. 百货店超市等传统动能，不断加快转型升级

改革开放后，广州实体零售业态创新一直走在全国前列。百货店、大中型超级市场、购物中心、专卖店、专业店等实体零售企业曾经不断涌现，并快速发展、创造出骄人业绩，不仅给消费者提供了良好的销售服务，更成为市民休闲消费娱乐的重要场所。近年来，由于电子商务网上零售迅猛发展，各类有店铺零售业态均受到了不同程度的冲击，百

货店、超市等传统动能正努力加快转型升级，经营情况有所好转。2017年，从零售业态看，广州限额以上零售业中，专业店零售额1026.95亿元，比2016年增长1.5%，占社零总额的10.9%；专卖店零售额849.55亿元，比2016年增长7.7%，占社零总额的9.0%；百货店零售额248.33亿元，比2016年下降2.6%，占社零总额的2.6%；大型超市零售额204.93亿元，比2016年增长3.2%，占社零总额的2.2%；便利店零售额88.41亿元，比2016年增长8.9%，占社零总额的0.9%。

2. 商品交易市场快速发展，辐射能力不断增强

改革开放40年，作为中国重要商品集散地的广州商品交易市场快速发展，并不断转型升级。1979年，全市商品交易市场是以自发形成、简易、低端的集贸市场为主，商品交易市场有141个，年成交额1.27亿元。2007年，全市商品交易市场数有1201个，成交额1649.09亿元，比1979年分别增长7.5倍和1297.5倍。据市工商局统计，2016年，广州商品交易市场1715个，比1979年增长11.2倍，比2007年增长42.8%[①]。

2017年，广州亿元以上商品交易市场127个，摊位出租率达80.8%；出租摊位数8.24万个，比2007年增长34.3%；总成交额1991.29亿元，比2007年增长36.4%，与1979年全市商品交易市场成交额（1.27亿元）相比增长1564.4倍。2017年，广州成交额超10亿元的商品交易市场有34家。其中成交额超100亿元的商品交易市场有海珠区中大布匹市场、江南果菜批发市场、圣地狮岭（国际）皮革皮具城3家。广州商品交易市场的商品集散辐射作用不断扩大。

目前，广州已经形成批发与零售相依托、多种经济成分共存、以展贸为主的商品交易市场体系，具有专业化水平较高、门类齐全、吞吐量大、辐射范围广以及内外贸结合、综合性与专业性齐发展等优势和特

①广州市工商行政管理局没有进行2017年商品交易市场统计。

点。面对网上销售冲击和市场日益激烈的竞争，广州市不少专业市场已经逐步转型升级，其业态和模式取得颇有成效的创新，逐步转向产业综合服务，不断在产品结构、产业链完善、服务内容方式、交易模式上提升品质档次。圣地狮岭（国际）皮革皮具城是商务部批准的“市场采购贸易方式试点”单位，搭建了为外贸出口提供一揽子解决方案的圣贸通金融服务平台，开拓了市场服务“新窗口”。一些专业市场正努力向电商化、研发化、国际化、体验化、园区化等方向转型升级发展。

3. 批零连锁企业较快发展，现代化水平不断提高

被称为“现代流通革命”的连锁经营，是体现社会化大生产的现代流通方式，是现代流通业的发展主流和商业领域最具活力的业态。广州，于1993年起开始兴办各种连锁店、引入国外连锁营销方式，是我国发展连锁经营起步较早、发展较快的城市。广州连锁商业总体发展水平一直在全国处于靠前位置。进入21世纪，广州市连锁经营发展成为商业服务行业主要的经营方式和企业组织形式。连锁经营市场规模不断扩大，结构不断优化，市场份额较高，并以灵活多样的形式，渗透到城乡各处。连锁品牌林林总总举目皆见，连锁商业产业素质不断提高，连锁经营在批发零售市场的主导地位显著，有力地推动了流通产业现代化。目前，广州市一些大型批发零售连锁企业面对网上零售的冲击，纷纷涉足电子商务，努力拓展企业发展空间，部分企业已经取得了初步成效。2017年，广州限额以上批发零售业连锁总店有108家，门店总数6500个；销售总额1516.18亿元，零售额1183.81亿元，比2007年分别增长59.0%和79.9%。其中：零售业连锁总店有95家，门店总数5897个；销售总额1454.41亿元，零售额1172.75亿元，比2007年分别增长53.2%和78.6%。批发业连锁总店13家，门店总数603个，销售总额61.76亿元，零售额11.06亿元，比2003年分别增长1.6倍、96.4%、14.4倍和7.9倍。

（三）新业态新模式不断涌现，新动能快速增长

1. 网上销售迅猛发展

近年来，随着“互联网+”电子商务的迅猛发展、消费群体结构的变化、消费观念的转变、生活节奏的加快和信息化水平的提高等，互联网已对居民生活的各个方面产生着巨大影响，大大地改变了居民的消费习惯和行为方式。网上销售这一新零售业态蓬勃发展，成为拉动商业经济增长的新动力。京东商城华南总部、天猫超市等大型电商总部企业相继落户广州，在龙头电商企业的强力支撑下，全市网上商品销售保持快速发展。2017年，广州市限额以上网上商店实现零售额786.68亿元，比2016年增长19.3%，占社零总额的8.4%；2013—2017年年均增长39.7%。2017年，广州市限额以上批发零售业企业通过公共网络实现的零售额993.09亿元，占限上批发零售业企业零售额比重由2014年的16.1%升至26.3%，提高10.2个百分点；全市限额以上批发零售业企业通过公共网络实现的商品销售额3082.16亿元，占限上批发零售业企业商品销售额比重由2014年的6.5%升至10.5%，提高4.0个百分点。

2. 城市商业综合体不断涌现

近年来，广州城市商业综合体作为一种蓬勃发展的适应现代社会的新型商业模式，集购物、餐饮、休闲、娱乐、游艺、教育等多种功能于一体，形成方便、快捷、经济的综合消费空间，改变了消费者传统的购物方式、生活方式，提升了城市的整体品位。2017年末，广州市纳入统计监测的城市商业综合体有19个，商户数共计3119家。2017年，实现租金收入26.24亿元，商户实现销售额（营业额）217.48亿元，比2016年分别增长6.1%和7.5%，运营效率不断提高；接待总客流量3.57亿人次，比2016年成倍增长。城市商业综合体的快速发展成为拉动商贸发展的“新名片”。

三、“食在广州”闻名中外，住餐业持续繁荣

“食在广州”闻名遐迩，广州作为“美食之都”、全国重点旅游城市，改革开放40年以来发展迅速，成为宾馆酒店业发达地、粤菜发展集聚地和世界各地美食、中国名菜小吃汇集地，被国家旅游局、中国烹饪协会、世界中国烹饪联合会分别授予“中国优秀旅游城市”、“食在广州——中国美食之都”和“国际美食之都”荣誉称号。广州住宿餐饮业零售额一直稳居全国城市前列（2017年以1143.24亿元零售额列居全国城市第一位），住宿餐饮市场持续兴旺，市场规模不断扩大，综合服务实力显著增强，丰富多彩的住宿餐饮服务质量不断提高。

（一）住餐市场规模持续扩大，综合服务实力显著增强

1. 住餐业单位总数和企业资本积累持续扩大

改革开放以来，广州住宿餐饮企业数量不断较快增长。至2007年末，全市餐饮业机构2106个，网点总数2.92万个，从业人员17.77万人，分别为1978年的2.8倍、27.0倍和4.6倍。

2017年末，广州住宿餐饮业法人单位数达7471个，比2004年增长2.1倍，年均增长9.0%。其中：住宿业2387个，餐饮业5084个，分别比2004年增长2.5倍和1.9倍，年均增长分别为10.0%和8.6%。全市住宿餐饮业产业活动单位数9231个，比2004年增长2.1倍，年均增长9.0%。其中：住宿业2675个，餐饮业6556个，比2004年分别增长2.2倍和2.0倍，年均增长分别为9.4%和8.9%（见表2）。2017年末，广州餐饮业产业活动单位数若与1978年全市餐饮业网点数（1083个）比较，增长5.1倍；住宿业产业法人单位数若与1988年全市旅馆业机构数（1796个）比较，增长32.9%。

2017年末，广州市限额以上住宿餐饮业法人企业资产总计由2011年

的397.72亿元增加到562.83亿元，增加165.11亿元，2017年是2011年的1.4倍。其中：住宿业为384.06亿元，是2011年293.47亿元的1.3倍；餐饮业为178.77亿元，是2011年104.24亿元的1.7倍。

2. 住餐业营业额和零售额持续快速增长

2017年，广州住宿餐饮业营业额1426.39亿元，比2011年增长82.5%，2012—2017年年均增长10.5%。其中，住宿业251.92亿元，餐饮业1174.47亿元，分别比2011年增长58.7%和88.2%，2012—2017年年均增长分别为8.0%和11.1%。

改革开放以来，广州住宿餐饮业零售额不断攀升，于1996年、2010年、2015年分别跨越100亿元、500亿元和1000亿元大关。2017年，全市住宿餐饮业零售额1143.24亿元，比1978年增长783.6倍，年均增长18.6%，占全市社零总额的12.2%，比1978年的9.2%提高了3个百分点。其中：住宿业零售额为82.64亿元，2017年是2011年的1.54倍，占全市社零总额的0.9%；餐饮业零售额由1978年的1.62亿元增加到1060.60亿元，2017年是1978年的654.7倍，占全市社零总额的11.3%。

3. 住餐业连锁经营不断壮大

连锁经营是现代商贸经济中最具活力的经营组织方式和商业领域主导业态。广州住宿餐饮业连锁经营，自20世纪90年代开始发展，由少到多、从小到大，逐步发展壮大起来。近十年来，广州住宿餐饮业连锁经营规模进一步扩大，呈现连锁门店总数、销售总额、零售额不断增长之势。2017年，全市限额以上住宿餐饮业连锁总店有27家；门店总数2269个，销售总额162.05亿元，零售额147.58亿元，比2007年分别增长2.8倍、2.3倍和2.0倍。其中：餐饮业连锁总店有20家；门店总数2130个，销售总额147.59亿元，零售额147.49亿元，比2007年分别增长2.6倍、2.0倍和2.0倍。住宿业连锁总店有7家，门店总数139个，销售总额14.46亿元，比

2007年分别增长2.5倍、22.2倍和90.3倍。

4. 住餐网上订单服务快速增长

近年来，随着“互联网+”应用深入各行各业，广州市住宿餐饮业使用网上订单渐成趋势，市场份额不断提高。2017年，全市限额以上住宿餐饮业通过公共网络实现的餐费收入由2014年的5.13亿元增加到12.50亿元，占限额以上住宿餐饮业餐费收入比重由2014年的1.8%升至2017年4.1%，提高了2.3个百分点。全市限额以上住宿餐饮业通过公共网络实现的客房收入9.79亿元，占限额以上住宿餐饮业客房收入比重由2014年的11.6%升至2017年12.2%，提高了0.6个百分点。

5. 快捷便利的餐饮市场份额超过正餐

近年来，都市人生活节奏加快，餐饮消费追求快捷便利、个性化服务。据限额以上餐饮业法人企业统计，2017年，全市正餐服务法人企业营业额138.98亿元，占比重为47.4%，比2016年下降0.7个百分点。快餐服务、饮料及冷饮服务、其他餐饮服务三类营业额合计占全市限额以上餐饮业法人企业营业额的比重为52.6%，比2016年上升0.7个百分点，超过正餐份额（占47.4%）；这三类餐饮服务快速发展，得益于人们生活水平的不断提高和休闲消费意识的增强，由此带动了快餐店、茶馆、咖啡馆、酒吧等的餐饮服务增长。

（二）住餐服务丰富多彩，服务质量不断提高

1. “食在广州”

改革开放促进“食在广州”在更高层次上的发展，不仅有量的增加，还有质的提高。从1980年至1990年，广州不仅恢复了文昌鸡、太爷鸡、佛跳墙、满汉全席等传统“招牌菜”，还创新了一大批有特色的新“粤菜”。近年来广州餐饮更趋多元化，除了各地餐馆在广州落户，粤

菜本身也不断变化、创新，既有继承传统并“发扬光大”的，也有集百家之长不断“推陈出新”的。广州人的包容，为外地菜提供了生存和发展的空间。改革开放以来，国内的各大菜系如湘菜、鲁菜、川菜、京菜、淮扬菜、潮菜、客家菜等纷纷进入广州餐饮市场，西餐酒廊、日本料理、法国菜、韩国菜、东南亚风味、中西快餐等在羊城争好斗美，丰富了广州饮食文化的内涵，给“食在广州”增添了新的活力。今天的广州，形成了中外各种菜系并存共生的多层次、多元化经营格局，成为粤菜发展集聚地和世界各地美食、中国名菜小吃汇集地，广州饮食文化丰富多样，满足了广大市民和中外游客的不同需求，“食在广州”闻名遐迩。

2. “住在广州”

改革开放以来，尤其是近年来，广州宾馆（酒店）接待能力稳定提高，为全市社会经济发展和商务服务繁荣发展提供有力保障。2017年末，广州经国家旅游部门评定的星级酒店有180家，比1989年的37家增加143家，增长3.9倍。其中：五星级酒店由1989年的0家增至22家；四星级酒店由1989年的1家增至34家；三星级酒店由1989年的9家增至105家。广州宾馆酒店业发展和服务水平继续居我国领先地位。

四、居民消费结构不断升级，市场消费热点纷呈

改革开放40年来，广州消费领域发生巨大变化，人民充分享受到改革红利，生活水平显著提高，获得感和幸福感明显增强，多层次保障体系基本建成，消费支出已由生存型消费向全面小康型消费转化，消费热点由满足人民群众物质生活需求的实物消费向体现人民美好生活需要的服务消费转变，居民消费结构不断优化和升级。

（一）居民收入稳步提高，生活走向全面小康

1. 居民收入稳步提高

2017年，广州城市居民人均可支配收入达55 400元，比1978年的442元增长124.3倍，年均增长13.9%，扣除物价上涨因素，年均实际增长7.4%。2017年，广州农村居民人均可支配收入23 484元，1979—2017年年均增长13.3%，扣除物价上涨因素，1979—2017年年均实际增长8.3%，比城市居民年均实际增速高出0.9个百分点。

2. 恩格尔系数明显减小

广州城市居民恩格尔系数由1980年的70.4%降至2017年的32.1%，下降38.3个百分点；农村居民恩格尔系数由1978年的67.1%下降至2017年的38.8%，下降28.3个百分点。根据联合国粮农组织提出的标准，恩格尔系数在59%以上为贫困，50%～59%为温饱，40%～50%为小康，30%～40%为富裕，低于30%为最富裕。综合分析判断：改革开放40年，广州居民生活消费水平已从改革开放初的温饱边缘迈进富裕阶段。

（二）消费结构稳步升级，市场消费热点纷呈

改革开放40年，广州随着居民收入水平的持续提高以及消费观念的转变，城乡居民生活水平总体上实现从温饱到小康的跨越，居民消费结构发生着积极变化，市场消费不断升级。从消费商品内部构成看，满足基本生活需求的消费品零售额占全部零售额的比重明显下降，反映消费升级的耐用品类零售额占比提升，居民消费从注重量的满足转向追求质的提升、从实用型向享受型转变。

1. 基本生活类商品比重明显降低

2017年，在限额以上单位商品零售类值中，粮油食品饮料烟酒类占比为9.5%，比1999年19.1%降低9.6个百分点；服装鞋帽针纺织用品类占比

为9.0%，比1999年17.4%降低8.4个百分点。

2. 耐用品消费增长较快

2017年，广州市城市居民平均每百户年末拥有量彩色电视机由1980年的1.5台增到132台，洗衣机由1980年的1.5台增到100台，电冰箱由1981年的1.5台增到103台；广州市农村居民平均每百户年末拥有量彩色电视机由1983年的1台增到144台，洗衣机由1984年的1台增到103台，电冰箱由1984年的1台增到108台。2017年，广州市城市和农村居民平均每百户分别拥有空调237台和198台、热水器105台和114台，洗碗机、健身器材等也陆续进入普通家庭。

3. 汽车走进千万家

2017年，广州城市居民每百户家庭拥有家用汽车由2002年不足1辆、2011年26辆，增加到2017年44辆，2017年比2011年增加18辆、增长69.2%；农村居民每百户家庭拥有家用汽车由2008年7辆、2011年15.7辆，增加到2017年42辆，2017年比2011年增加26.3辆、增长1.7倍。2017年，限额以上单位汽车类商品零售额由2011年的717.50亿元增加到978.27亿元，2017年是2011年的1.4倍。

4. 信息消费跨越式发展

随着互联网特别是移动互联网的普及率逐年提高，以手机、计算机为代表的信息产品消费实现了从无到有、从零星到普遍的跨越式发展。2017年，限额以上单位通信器材类商品零售额由2011年的36.18亿元增加到263.76亿元，2017年是2011年的7.3倍。2017年城市居民平均每百户年末拥有移动电话和计算机数量分别达到260台和123台，比2000年分别增加187.8台和68.8台，分别增长2.6倍和1.3倍。

5. 旅游和文化教育娱乐消费成为新消费增长点

2017年，广州城市居民教育文化娱乐支出消费的占比为13.3%；城市居民人均全年教育文化娱乐支出消费从2011年4991.17元增加到5417.46元，增长8.5%。2017年，广州城市接待过夜国内旅游者人数5375.14万人次，比2016年增长5.8%；广州旅行社组团国内旅游者人数中，国内游763.27万人次，出境游287.02万人次；广州旅游业国内旅游收入3187.89亿元，占全市旅游业总收入比重88.2%。

6. 饮食消费持续增长

随着社会活动范围的扩大，人民生活日益富足，居民“吃”得更营养、更健康，“享受型”消费观念日趋明显，2017年广州市城市居民人均全年饮食服务消费4346元，比2011年（3429.09元）增长26.7%，占城市居民人均全年消费支出的10.7%。

五、商业经济效益不断提高

1983年，广州市区国营商业和供销社经济效益主要指标统计资料显示[①]：商品销售总额64.31亿元，商品经营利润1.36亿元，经营利润率为2.69%，全部企业利润总额为2.00亿元，商业企业每职工销货额6.37万元。

随着改革开放的不断深入，广州商业不断进行经济管理体制改革、加强企业经营管理，国内商业经济效益和社会效益不断提高。2011年，广州限额以上批发和零售业企业主营业务收入从2000年（商品销售收入净额）1347.98亿元增加到16 219.95亿元，是2000年的12.0倍；营业利润从2000年6.38亿元增加到344.02亿元，是2000年的53.9倍；利润总额从2000年17.01亿元增加到345.45亿元，是2000年的20.3倍，经济效益指标实现持续较快增长。

①1983年，广州市统计局建立、开展国营商业和供销社经济效益主要指标统计。

党的十八大以来，广州批发零售业和住宿餐饮业在错综复杂的国内外经济形势和经济下行压力下，积极推进供给侧结构性改革，有序推进质量变革、效率变革、动力变革，在扩大内需、繁荣市场、增加就业、改善民生、增强城市竞争力等方面不断发挥积极作用，全市商业经济效益和社会效益实现双提升，批发零售业和住宿餐饮业销售额（营业额）、零售额不断提高，商业企业资本积累、所有者权益不断增加，营业收入、利润总额、职工薪酬、税收、增加值等不断增长。

2017年，全市限额以上批发零售和住宿餐饮业法人企业营业收入26 115.16亿元，主营业务税金及附加68.10亿元，营业利润531.05亿元，利润总额570.10亿元，分别是2011年的1.6倍、1.4倍、1.5倍和1.6倍；利润率由2011年的2.17%升至2.18%，提高0.01个百分点（见表3）；营业利润比2016年增长23.6%，营业利润率（2.2%）比2016年提高0.2个百分点，商业经济效益不断提高。

表3　广州市限额以上批零业和住餐业法人企业主要经济效益指标2017年与2011年比较

项目	批发零售业和住宿餐饮业			批发零售业			住宿餐饮业		
	2017年	2011年	增加量	2017年	2011年	增加量	2017年	2011年	增加量
资产总计／亿元	10646.47	6365.65	4280.82	10083.64	5967.93	4115.71	562.83	397.72	165.11
#固定资产原价／亿元	1157.82	733.23	424.60	853.27	474.33	378.94	304.55	258.89	45.66
所有者权益／亿元	2808.97	1450.64	1358.33	2639.25	1310.28	1328.97	169.71	140.36	29.35
营业收入／亿元	26115.16	16669.50	9445.66	25716.72	16329.32	9387.40	398.44	340.18	58.26
主营业务税金及附加／亿元	68.10	48.15	19.94	64.68	29.28	35.40	3.42	18.87	−15.46

（续上表）

项目	批发零售业和住宿餐饮业			批发零售业			住宿餐饮业		
	2017年	2011年	增加量	2017年	2011年	增加量	2017年	2011年	增加量
营业利润／亿元	531.05	366.01	165.05	510.76	344.02	166.74	20.29	21.99	-1.70
利润总额／亿元	570.10	361.89	208.21	547.49	345.45	202.04	22.61	16.44	6.17
利润率／%	2.18	2.17	0.01	2.13	2.12	0.01	5.67	4.83	0.84
本年应付职工薪酬／亿元	488.58	210.54	278.05	391.56	155.15	236.41	97.02	55.38	41.64
本年应交增值税／亿元	288.61	175.84	112.77	281.37	175.28	106.09	7.24	0.56	6.68

2017年，全市限额以上批发零售业法人企业营业收入25 716.72亿元，主营业务税金及附加64.68亿元，营业利润510.76亿元，利润总额547.49亿元，分别是2011年的1.6倍、2.2倍、1.5倍和1.6倍；利润率由2011年的2.12%升至2.13%，提高0.01个百分点；批发零售业销售库存率为2.1%，比2016年下降0.1个百分点，商品流通效率有所提高。2017年，广州限额以上批发业法人企业营业利润421.60亿元、利润总额456.31亿元，限额以上零售业法人企业营业利润89.17亿元、利润总额91.18亿元，批发、零售行业的盈利情况较为良好。

2017年，全市限额以上住宿餐饮业法人企业营业收入398.44亿元，营业利润20.29亿元，利润总额22.61亿元，分别是2011年的1.2倍、0.9倍和1.4倍；主营业务税金及附加（因为近年实施“营改增”改革而进一步降低企业税负）由2011年的18.87亿元降到3.42亿元，减少15.46亿元；利润率由2011年的4.83%升至5.67%，提高0.84个百分点。其中，2017年广州限额以上住宿业法人企业营业利润5.27亿元、利润总额3.63亿元，限额以上餐饮业法人企业营业利润17.02亿元、利润总额18.97亿元，住宿、餐饮行业的盈利情况不断向好。2017年，广州主要宾馆酒店客户开房率达66.9%，比2016年提高2.4个百分点，比2011年的64.7%提高2.2个百分点。

六、商业社会效益“成绩斐然”

（一）批零业和住餐业增加值占全市份额持续提高，商业成为广州市经济发展的重要行业

改革开放40年来，链接生产和消费市场主体的批发零售业和住宿餐饮业持续较快发展，继续成为国民经济中的重要行业，消费作为拉动经济增长的“三驾马车”之一，对经济增长的贡献不断提高，充分发挥了“稳定器”和“压舱石”作用。2017年，广州批发零售业和住宿餐饮业完成增加值3588.87亿元，是2007年的4.1倍，占全市生产总值比重由2007年的12.3%增加到16.7%，提高4.4个百分点。其中：批发零售业增加值3155.81亿元，住宿餐饮业增加值433.05亿元，分别是2007年的4.6倍和2.3倍，占全市生产总值比重分别为14.7%和2.0%。2017年批发零售业增加值占全市生产总值比重比2007年（占9.7%）提高5.0个百分点。

（二）持续为社会贡献大量税收，是地方财政收入的重要来源

2017年，广州批发零售业和住宿餐饮业税收收入（不含海关代征税）为590.00亿元，比2012年增长64.0%（增速比同期全市税收收入增速快23.4个百分点），占全市税收收入比重为11.4%，比2012年提高1.6个百分点。其中：批发零售业税收收入（不含海关代征税）为564.52亿元，比2012年增长1.3倍。批发零售业主要税种中，国内增值税和营业税合计为321.05亿元，比2012年增长59.8%；企业所得税为148.56亿元，

比2012年增长1.2倍。

（三）为社会创造大量就业机会，从业人员工资不断提高

批发零售业、住宿餐饮业作为劳动密集型产业，解决了大量的劳动力就业问题。随着广州商贸业的持续发展，吸纳就业能力不断增强，从业人员工资收入实现不断提高。2017年末，广州市批发零售和住宿餐饮业全社会从业人员222.65万人，比2007年增长68.7%（增速比同期全市全社会从业人员增速快38.8个百分点），占全市全社会从业人员比重25.8%，比2007年（19.9%）提高5.9个百分点。其中：批发零售业全社会从业人员169.77万人，住宿餐饮业52.88万人，比2007年分别增长63.4%和88.3%，占全市全社会从业人员的比重分别为19.7%和6.1%，比2007年分别提高4.0个百分点和1.9个百分点。2017年，广州市批发零售业、住宿餐饮业的城镇非私营单位在岗职工年平均工资分别为80 276元和53 846元，比2011年分别增长59.6%和84.1%。

（四）促进生产、消费、投资、进出口发展和城市功能完善，是对外开放中“开风气之先”之“窗口”

批发零售业和住宿餐饮业作为沟通生产与消费的桥梁和纽带，以及旅游业“食、住、购、游”的重要组成部分，它们不仅在促进工农业生产和市民消费上作出巨大贡献，而且在促进广州城市建设和城市功能完善，促进外贸进出口、利用外资、固定资产投资等方面，特别是在对外开放“开风气之先”上为社会贡献良多。例如，利用外资建成的白天鹅宾馆、中国大酒店等，在改革开放初期就是“让世界了解中国、了解广州”的“窗口”，并为推动我国旅游业大发展、服务水准大幅提升作出了较大贡献。2017年广州限额以上批发零售业法人单位实现进出口额

2172.39亿元、进口额1332.42亿元、出口额839.97亿元，占全市商品进出口总值比重分别达22.4%、34.0%和14.5%。2017年广州批发零售业和住宿餐饮业的外商直接投资项目个数1579个，合同外资金额12.71亿美元，实际使用外资金额3.97亿美元，占全市外商直接投资比重分别达64.2%、9.5%和6.3%。2017年广州批发零售业和住宿餐饮业固定资产投资额为143.34亿元，占全市固定资产投资额比重2.4%。批发零售业和住宿餐饮业的持续快速发展，进一步促进了广州城市建设，完善了广州城市功能，为广州居民创造了良好便利的生活环境，并且成为开放优越营商环境，吸引中外客商来穗投资、经商、旅游观光的重要因素。近年来，观光休闲农业带动“农家乐”等大众化餐饮、民宿、土特产销售、乡村旅游蓬勃发展，更成为农村、农民脱贫和致富之路，并促进了广州市新型城市化的稳步推进。

（五）促进旅游、会展、物流、快递等相关行业发展，行业带动作用十分明显

2017年，广州批发零售业和住宿餐饮业的发展，不断完善了广州的城市功能和优化了广州的城市环境，不仅为广大市民提供了良好的服务，而且相应地促进了广州市相关行业，特别是旅游、会展、物流、快递等相关行业的发展，为广州市带来了良好的社会效益和经济效益。

1. 促进旅游业繁荣兴旺

改革开放以来，广州旅游业“食、住、行、游、购、娱”六大要素综合接待能力不断增强。随着广州批发零售业和住宿餐饮业不断发展、旅游产品多样性不断提高和旅游市场环境日趋改善，广州这个“千年商都”日新月异。广州作为一个魅力四射的特超级“旅游城”，吸引了越来越多的国内外游客来穗经商、办展览、参加会议和观光旅游。北

京路商业步行街、上下九路商业步行街、天河商圈、西关“老字号一条街”、永庆坊、番禺沙湾古镇等城市商业综合体、购物中心、大型商场、美食街（区）已成为市民、游客休闲购物、品尝美食的好去处。遍布全市的商品交易市场、商业街等均是中外客商来广州做买卖的场所。2017年，广州城市接待国内外游客总人数稳居国内大城市前列，旅游接待总人数达2.04亿人次，其中：接待一日游游客14 143.98万人次，城市接待过夜旅游者人数6275.62万人次，接待过夜入境旅游者人数900.48万人次（仅次于深圳，名列全国第二）。2017年广州旅游业总收入3614.21亿元，比2000年增长7.7倍，年均增速达13.6%；旅游外汇收入63.14亿美元（居全国城市第二位），比2000年增长3.2倍，年均增速为8.8%。广州旅游业增加值1536.76亿元，占同期全市生产总值的7.1%。

2. 促进会展业稳步发展

广州是“会展之都”，是我国连接国际、国内市场的重大平台，也是“中国最具竞争力会展城市”之一。遍布全市的宾馆酒店是广州开展会展活动的重要场所（广州“接待会议”多在宾馆酒店中召开），广州优良的购物、住宿、餐饮环境更是吸引客商来穗参加会展活动、促进会展业持续发展的重要因素。2017年，广州发生会展活动的企业（单位）数426家，其中宾馆酒店168家，占比39.4%；全市会展活动营业收入92.47亿元，其中宾馆酒店10.96亿元，占比11.8%。全市举办市内各类展览727场次、接待国内外的展览活动人员1503.91万人次，其中宾馆酒店举办各类展览359场次、接待展览活动人员12.72万人次，占比分别为49.4%和0.8%。全市接待会议5.54万场次、接待参会人员520.80万人次，其中宾馆酒店接待会议5.26万场次、接待参会人员450.78万人次，占比分别高达94.9%和86.6%（见表4）。

表4　2017年广州会展业及宾馆酒店举办会展情况

项目	全市会展业合计	其中：宾馆酒店举办会展小计	宾馆酒店占比
发生会展活动的企业（单位）数	426家	168家	39.4%
会展活动营业收入	924718万元	109559万元	11.8%
举办市内展览场次	727场次	359场次	49.4%
市内展接待展览活动人次	1503.91万人次	12.72万人次	0.8%
接待会议场次	55423场次	52583场次	94.9%
接待参加会议人次	520.80万人次	450.78万人次	86.6%
其中：市外人次	150.59万人次	135.87万人次	90.2%
境外人次	8.67万人次	8.25万人次	95.2%

3. 促进物流业持续发展

广州商贸业的持续较快发展，商流带动了物流、人流、资金流，促进了物流业的不断发展。2017年，广州物流业实现增加值1665.18亿元，比2016年增长6.0%，占全市国内生产总值的比重为7.7%。其中，批发零售业直接为物流业实现增加值568.68亿元，占全市国内生产总值的2.6%，占全市物流业增加值的34.2%。

4. 促进快递业快速发展

近年来，网上销售快速增长，带动了快递业务持续快速发展。2017年广州快递业务量39.33亿件，比2016年增长37.2%，2013—2017年年均增长49.1%。

纵观改革开放40年，羊城“千年商都”换新颜。广州消费品市场在改革开放的进程中，不断实现市场跨越式发展、历史性突破，批发零售业、住宿餐饮业消费市场规模持续扩大，消费结构不断升级，对满足人民日益增长的美好生活需要起重要作用。在新的历史起点上，广州将高举新时代改革开放旗帜，把改革开放不断推向深入，坚定信心，迎难而上，奋力争当消费市场高质量发展排头兵，努力为广州人民带来高品质生活。

（广州市统计局贸易外经处供稿）

改革开放40年广州旅游业发展概况

广州市地处广东省中南部，珠江三角洲北缘，濒临南海，毗邻香港、澳门，是中国通往世界的南大门，是国家历史文化名城，具有深厚的历史文化底蕴，旅游资源丰富，市场广阔。改革开放40年来，广州市旅游业取得了举世瞩目的成就，从世界旅游市场中的无名一族，逐步发展成为亚太地区重要的旅游目的地、集散地和客源地，其旅游综合实力逐年攀升，旅游业成为满足人民群众美好生活向往的幸福产业。

一、旅游业发展呈现阶梯式上升态势

改革开放之初，由外事接待转轨而来的旅游业，承载着为国创汇的历史使命。这个阶段旅游业发展主要是优先发展入境旅游，将入境旅游作为挣取外汇的主要手段，着力点在于推动入境旅游的发展，推动对外开放，让世界了解广州，让广州走向世界。这个时期，国内居民除了少部分人有机会公干、探亲访友外，很少有人外出旅游。

随着改革开放的进一步推进，人民的收入水平日益提高，产生了较为强劲的旅游需求。旅游业随之适应市场化改革，设立了旅游设施类、服务类行业标准，从而推动了旅游市场主体发展。另外，旅游业从单一发展入境旅游变成发展国内旅游和出境旅游并举，以满足市民国内旅游与出境旅游的需求，旅游业成为国民经济发展新的增长点。

党的十八大以来，我国经济发展进入了以增速换挡、方式转变、结构调整、动力转换为主要特征的新常态时期，对旅游业发展提出了新的要求，也为旅游业的调整、优化、转型、升级提供了发展契机。旅游业由此开启了新一轮的改革开放，从改善旅游消费环境、新辟旅游消费市场、培育新的消费热点、开拓旅游消费空间、激发旅游消费需求等方面加大改革力度，把从只有少部分人才能享受的旅游乐趣变成人人可享的大众潮流，推动旅游服务消费迈向便利化、精细化和品质化，加速了旅游业的创新发展。

二、旅游形式的发展与变迁

改革开放以来，旅游形式呈现多样化，由早期的公务出差、探亲访友、国内自然景观和人文景观游（传统的观光旅游：走走看看，拍照留影），发展到国内休闲游、国外观光休闲游、豪华游轮游等。尤其是近年来兴起的一日游（珠江游、工业旅游、农业观光游、红色旅游等）更是如火如荼。

旅游的范围也由小到大，20世纪80年代市民主要参加短途旅游，行程很少超过500公里；90年代跟旅游团全国各地走；2000年开始流行出境游，到世界各地游览；2010年出现南极、北极游。

出行方式由最初的散客游、旅行社组团游到现在的自助游、自驾游、自由行等。来一场说走就走的旅行成为常态。

住宿条件不断改善，由早期简陋的旅行社或招待所，发展到豪华星级大酒店、山庄旅舍、公寓、别具风味的民宿等，丰俭由人。

交通条件从缓慢、闷热的巴士、绿皮火车，到快速、舒适的空调大巴、高铁、飞机。城市间往返的时间不断缩短，旅客花费在旅途中的时间越来越少，留在景区的时间越来越多。市民逐渐从“走马观花”进入“快旅慢游”时代，参加旅游活动成为不少家庭的娱乐习惯。

三、旅游市场拓展和接待能力不断提升

改革开放以来，广州市积极开发温泉、山地、森林、滨海、江河等旅游资源，突出岭南文化内涵，促进人与自然和谐共生。围绕打造世界旅游名城和重要的国际旅游目的地、集散地的发展目标，不断放大“海上新丝路”“千年商都”两大世界级旅游名片。积极开展国际旅游交流合作，特别是与“一带一路”沿线重要城市、国际友好城市与国际友好交流城市的旅游交流合作。

广州市旅游主管部门和旅游企业大力开拓旅游市场，开展形式多样的宣传促销活动，围绕“花城广州”宣传主题，推出体现广州城市特质的宣传口号和形象标识。如举办“广州国际旅游展览会”“广府庙会”“美食节”等，到全国主要城市推广“广州过年、花城看花”专题活动。在国外设立广州旅游推广中心等办事机构，为广大游客提供高品质、特色化、个性化的订制服务。吸引各地游客来广州旅游，城市接待游客人数持续增长。

（一）城市接待游客总人数稳居国内一线城市前列

2017年，广州市接待游客总人数达2.04亿人次，同比增长10.1%，在国内一线城市中仅次于北京、上海。其中接待一日游游客14 143.98万人

次，同比增长12.2%；接待过夜游客6275.62万人次，同比增长5.6%，比1998年增长2.07倍。在1998年至2017年间，广州市接待过夜游客人数除了2003年因受“非典”疫情影响出现当年接待人数比上年下降的现象外，其他年份均保持增长态势。其中1999年至2017年年均增速达6.1%，2008年至2017年年均增速达6.5%。

1. 城市接待过夜国内游客占比超过八成

改革开放以来，随着科技进步和经济发展，居民的收入和休闲时间与时俱增，休闲度假旅游成为现代人生活的重要组成部分，旅游消费已成为居民消费的新亮点。2017年，广州接待过夜国内游客达5375.14万人次，同比增长5.8%，比1998年增长2.09倍；1999年至2017年年均增速达5.9%，2008年至2017年年均增速达3.9%；国内游客占城市接待过夜游客总人数的85.7%，比2006年增加4.7个百分点；省内游客约占六成，省外游客主要来自周边省份及高铁沿线城市。国内游市场仍然是推动广州市旅游业发展的主要动力。

2. 入境游市场继续回暖

2017年，虽然国际形势动荡不安，但国际经济回暖，国内经济持续增长，带动了入境游市场保持增长。广州全年接待入境过夜游客900.48万人次，占城市接待过夜游客总人数的14.3%，同比增长4.5%，比1998年增长1.97倍；1999年至2017年年均增速为6.1%，2008年至2017年年均增速达7.0%。入境游客中外国人345.74万人次，同比增长4.9%；港澳台游客分别为437.17万、54.41万和63.16万人次，同比分别增长3.7%、9.8%和3.6%。在来穗外国游客中以各大洲划分，亚洲游客在来穗外国游客中占比最大，占来穗外国游客的49.3%；其次为欧洲游客，占18.7%；再次为非洲游客，占16.7%。

排名前十位的客源国依次是：美国（23.49万人次）、日本（20.58万人次）、韩国（17.39万人次）、马来西亚（12.75万人次）、印度（9.08万人次）、新加坡（8.18万人次）、法国（6.79万人次）、澳大利亚（6.55万人次）、英国（6.38万人次）和泰国（6.37万人次）。

（二）广州旅行社组团游的主要特点

1. 省外游首选目的地是周边省份，华东地区次之

2017年广州组团省外游人数超过15万人次的省市有广西、湖南、北京、浙江、上海，分别为32.5万、20.25万、18.68万、15.84万和15.52万人次。广西和湖南因毗邻广东、交通便利、旅游资源丰富成为广州市民跟团出游的首选目的地。

2. 省内游首选目的地是珠三角城市

2017年广州组团省内游人数超过30万人次的城市有广州、清远、惠州、珠海、江门、佛山，分别为161.08万、66.20万、54.19万、38.57万、33.56万和33.08万人次。广州各地区差异大，乡村旅游资源丰富，成为市民休闲度假的好地方。

3. 港澳游发展红火

广州市自20世纪80年代初开办港澳游业务以来，居民去香港、澳门旅游、购物成为常态。旅行社组织接待居民港澳游或为居民港澳“自由行”提供旅游单项服务明显增多。2017年组织香港游38.89万人次，澳门游65.96万人次。

4. 出国游目的地以亚洲为主

2017年广州市旅行社抓住出境签证利好政策、航线开通等机遇，加大拓展出境游线路的力度，组团出境游287.02万人次，其中组团出国游179.46万人次。组团亚洲游120.61万人次，泰国、日本、马来西亚是出国游热门目的地，分别为31.65万、14.39万和14.22万人次。

2016—2017年广州旅行社组织出国游最热门目的地对比表

2016年			2017年		
排名	国别	人次	排名	国别	人次
1	泰国	312821	1	泰国	316459
2	韩国	169096	2	日本	143874
3	新加坡	168333	3	马来西亚	142153
4	日本	146455	4	新加坡	125099
5	马来西亚	120918	5	印度尼西亚	107097
6	越南	114121	6	越南	99835
7	美国	76354	7	俄罗斯	77797
8	法国	75596	8	法国	70941
9	瑞士	63773	9	美国	69501
10	俄罗斯	60477	10	德国	59667

5. 反季游成为旅游出行的新热点

北方省市的名胜古迹、自然山水、民族习俗等旅游资源特色明显，与广州气候差异大，对广州游客具有较强的吸引力。旅行社适时推出旅游专列产品，为旅客提供优质交通服务，推动了西北及东北旅游市场的发展。2017年组团赴陕西、甘肃、宁夏、青海和新疆的游客人次比上年分别增长9.6%、40.8%、3.0%、21.0%和11.3%；组团赴辽宁、吉林和黑龙江的游客人次比上年分别增长20.2%、21.9%和8.7%；西藏游同比增长52.9%。

6. 游轮旅游成为新的出游方式

2016—2017年，随着水上休闲旅游业态的发展，广州南沙邮轮码头相继开通多条游轮旅游国际航线，成为中国内地前往东南亚航线最多的邮轮港口。2017年该码头共完成邮轮运营122艘次，同比增长17.3%；进出港旅客40.35万人次，同比增长23.8%。国际邮轮业务规模连续两年居全国第三位。广州各大旅行社抓住机遇，加大与游轮公司的合作力度，组织游客乘游轮出境8.85万人次，同比增长7.4%。游轮旅游成为新的出游方式，深受市民喜爱。

（三）假日经济、会展业拉动旅游消费成效显著

“黄金周”的设立，让各行各业的人们都有了度假的时间，从而推动旅游业的快速发展。1999年国务院公布了新的《全国年节及纪念日放假办法》，决定将春节、“五一”、“十一”的休息时间与前后的双休日拼接，从而形成7天的长假。2012年开始在“黄金周”小长假期间实施高速路免费通行政策，加速带动了自驾游的发展。旅游“黄金周”呈现集中消费趋势，拉动了旅游、零售、餐饮、住宿、交通运输等相关产业经济的增长。2017年春节“黄金周”期间，广州旅游市场异常红火，全市旅游景区、景点、商业步行街、各类购物中心、食肆热闹非凡。全市共接待市民游客1324.64万人次，同比增长15.1%；旅游业总收入98.62亿元，同比增长16.2%，创历史新高。据纳入假日统计的全市32家主要景区（不含商业步行街和市政公园）共接待市民游客281.51万人次，营业收入2.59亿元，同比增长16.6%；旅游住宿接待设施开房率同比有明显提高，纳入假日统计的全市主要宾馆酒店和旅馆招待所春节期间开房率分别为60.96%和52.61%，比上年分别提高5.96个和8.61个百分点；部分市区酒店和市郊度假酒店爆满，出现一房难求的现象。旅行社组团出国游3.21万人次，同比增长17.9%。

广州作为会展之都，拥有以交易会为品牌代表的世界一流展会，是中国对接国际市场的重大平台，成为中国贸易的风向标。2017年，广

州市举办市内展览727场次，吸引世界各地11.08万家参展商和众多采购商、参观者，合计接待展览活动人员1503.91万人次。全年接待会议5.54万场次，其中国际会议101场次；接待参会人员520.80万人次，其中境外人员8.67万人次。会展活动拉动旅游消费达230.19亿元，拉动旅游外汇收入9.06亿美元。据对参加121届交易会的1155名来宾开展在穗花费情况的调查结果显示：13.1%的来宾在穗停留期间除了参加交易会外，还参加了观光旅游活动；广州经济繁荣、社会安定给他们留下了美好的印象。《财富》全球论坛在广州召开，进一步提升了广州在国际上的知名度和影响力。

（四）完善的城市功能，为旅游业的发展提供了有力支撑

改革开放以来，广州城市建设突飞猛进，取得了辉煌成就：先后建成了中信广场、星海音乐厅、白云国际机场、广州国际会议中心、广州大学城、广州火车站（东站、南站、北站）、琶洲国际展览中心、广州国际金融中心、广州歌剧院、广东省博物馆、海心沙公园、广州塔等一大批具有标志性和旅游形象价值的大型设施。北京路商业步行街、上下九路商业步行街、天河商圈，以及其他各类购物商场等成为游人购物的好去处。内环路通车、市政路拓宽，10多条地铁开通（含广佛线，线路长度达390.58公里，开通里程居中国第三，世界前十），使市区交通畅通无阻；高铁、高速路、港口、航空形成了大交通网络体系，极大地方便了四面八方游客来广州旅游。白云国际机场2017年开通航线278条，其中国际航线96条，国内（含港澳台地区）航线182条；比2004年增加164条；旅客吞吐量6584万人次，比2004年增加2.24倍。珠江整治使珠水变清，环境变美，以珠江为纽带，优化提升一江两岸三带，形成一条珠江画廊；大气污染整治成效显著，2017年空气质量达标294天，达标天数比

例为80.5%，“广州蓝”让市民生活更幸福。广州多次被评为“福布斯中国大陆最佳商业城市”，先后获得中国优秀旅游城市、国家卫生城市、全国文明城市等称号。金融保险、商务服务、现代物流、信息服务、文化创意等现代服务业快速发展，综合实力居全国前列。开放优越的营商环境，得天独厚的区位优势，集高铁、地铁、高速路、民航等各种交通方式于一体的世界级“巨无霸”综合交通枢纽，极大地增强广州对国内外游客的吸引力和凝聚力。

四、旅游城市整体素质不断提高

改革开放以来，广州市注重提升品质化标准化旅游服务水平。围绕“吃、住、行、游、购、娱”等要素，健全和完善旅游标准化体系。旅游业的综合接待能力不断增强，旅游城市整体素质不断提高。

（一）美食、购物彰显国际商贸中心魅力

广州作为第一批改革开放的沿海城市，毗邻港澳，交通便利，商业繁荣，各类购物中心、高档商场、批发市场百花齐放。除了国内品牌外，世界众多高端品牌纷纷入驻，商品应有尽有，购物十分方便。2017年广州批发和零售业产业活动单位12.48万个，比2004年增长2.43倍；批发零售业实现社会消费品零售总额8259.35亿元，比1978年增长556.6倍。

“食在广州”闻名中外。广州有着丰富多样的饮食文化，粤菜是我国四大名菜之一，多年来融会川、京、湘、鲁、淮扬、潮州、客家和广府菜等菜系特点并加以创新，同时还吸收世界各地美食（如：法国菜、日本菜、泰国菜、韩国菜等）的精华，使广州成为饮誉世界的“美食天堂”，国内外游客皆以能到广州一尝美食为快。2017年广州住宿餐饮业

产业活动单位0.92万个，比2004年增长2.08倍；住宿餐饮业实现社会消费品零售总额1143.24亿元，比1978年增长783.6倍。

（二）旅游景区建设成效显著

改革开放以来，广州充分利用自然景观、历史文化优势，优化老景点，兴建新景点，全市旅游景点建设成效显著。白云山、莲花山、六榕寺、五仙观、黄埔军校、中山纪念堂、大元帅府、陈家祠、西汉南越王博物馆、南海神庙、珠江夜游等一批老景点得到修葺、改造和完善；广州海洋馆、长隆旅游度假区、广州塔景区、南沙天后宫、宝墨园、广州动物园、增城白水寨、南沙百万葵园等一批起点高、立意新、环境美的新景点相继建成开业，全市旅游景点不断增多，形成了一批国内外知名的旅游目的地。2017年广州市主要旅游景区136个，共接待游客18 294.35万人次（不包括商业城、步行街），其中游乐园、公园类景区接待游客17 392.36万人次，占比达95.1%；农业观光游（乡村游）和红色景区分别接待游客328.79万人次和1692.38万人次。

（三）宾馆酒店业发展处于全国领先地位

坐落在广州“城市绿洲”沙面岛的广州白天鹅宾馆，是中国内地首家五星级酒店，中国第一家中外合作的五星级宾馆，也是中国第一家由中国人自行设计、施工、管理的大型现代化酒店。开业以来被世界一流酒店组织接纳为在中国的首家成员，全国百优五十佳饭店评选榜首，并连续多年被国际旅游指南和国际著名杂志报纸评为国际商务人士到广州的首选酒店。为国人打开了一扇看世界的窗，也向外国友人展现了新时代中国的社会气象。白天鹅是改革开放的种子、招商引资的引水桥，带动大批外资进入广州。随后开业的中国大酒店、花园酒店等五星级酒店，让广州在20世纪80年代前期全国8家五星级宾馆中占了3席。

随着旅游产业体系的不断完善，喜达屋、万豪、香格里拉等多个国际高端酒店品牌纷纷进驻广州。到2017年末，广州市主要宾馆酒店达342家，比1989年增加264家；其中经国家旅游部门评定为星级酒店的有180家（五星级22家、四星级34家、三星级105家、二星级19家）。客房总数9.26万间，比1989年增加7.08万间；床位总数13.76万张，比1989年增加9.19万张；开房率达67.6%；从业人员达5.80万人。接待过夜游客1862.53万人次，占城市接待过夜游客总人数的29.7%；其中接待入境旅游者238.65万人次，接待国内旅游者1623.88万人次。

（四）旅行社接待服务能力不断增强

面对旅游市场日益严重的产品同质化及OTA（在线旅行社）企业的挑战，广州的旅行社加大调整优化步伐，由传统的旅行社向“互联网+旅游”的战略转型，开发多种主题旅游产品，推出特色旅游线路，不断提升竞争力。广之旅、南湖国旅等进入全国“百家旅行社”行列。到2017年末，广州市共有旅行社514家，比1987年增加445家，增长6.45倍；年末从业人员16 203人，比1987年增加8660人，增长1.15倍。全年组团及接待境内外游客1523.80万人次。其中组团及接待国内游客1486.61万人次（国内游客中参加国内游1199.59万人次，出境游287.02万人次），接待入境游客37.19万人次。

五、广州旅游综合实力保持全国前列，经济效益、社会效益彰显

2017年广州市接待游客总人数排名全国前列，其中接待入境过夜

游客人数仅次于深圳，名列全国第二；广州旅游业总收入次于上海、北京，名列全国第三，其中旅游外汇收入仅次于上海，名列全国第二。旅游综合实力保持全国前列。

（一）旅游业总收入持续增长

2017年广州市经济发展平稳，地区生产总值21 503.15亿元，比上年增长7.0%；其中第三产业增加值15 254.37亿元，同比增长8.2%。良好的经济运行带动旅游业再上一个台阶。2017年广州旅游业总收入3614.21亿元，同比增长12.3%，比2000年增长7.69倍，2000年至2017年，除了2003年增速下降外，其他年份均保持增长态势。2001年至2017年，年均增速达13.6%；其中商品性收入1559.05亿元，劳务性收入2055.16亿元，分别占全市旅游业总收入的43.1%和56.9%；国内旅游收入3187.89亿元，占全市旅游业总收入的88.2%，国际旅游收入426.32亿元，占全市旅游业总收入的11.8%，分别比2000年增长9.95倍和2.42倍。旅游业增加值为1536.76亿元，占全市地区生产总值的7.1%，占第三产业增加值的10.1%，凸显了旅游业在广州市国民经济中的重要地位。

（二）旅游外汇收入居全国前列

2017年，广州旅游外汇收入63.14亿美元，居全国第二位；分别占全国和全省旅游外汇收入的5.1%和32.1%，比2000年增长3.19倍；2001年至2017年，年均增速为8.8%。在全市旅游外汇收入中，劳务性收汇38.78亿美元（占旅游外汇收入的61.4%），商品性收汇24.36亿美元（占旅游外汇收入的38.6%），分别比2000年增长2.28倍和6.50倍。

（三）主要宾馆酒店、旅行社实现营业收入、利润总额稳步增长

2017年广州市主要宾馆酒店实现营业收入160.46亿元，同比增长2.2%，比2000年增长1.54倍；实现利润总额20.37亿元，同比增长34.5%，充分显示了国家推行“营改增”（即营业税改征增值税）后，行业盈利能力得到提升；旅行社实现营业收入282.91亿元，同比增长1.0%，比2000年增长9.03倍。

（广州市统计局贸易外经处供稿）

改革开放40年广州外经贸发展成就

广州是我国最早开放的对外通商贸易口岸，是中国通向世界的南大门。改革开放40年来，广州作为历史文化名城、千年商都、国际商贸中心、“一带一路”的枢纽城市，肩负着改革之初“全国外贸改革探路”的重任。从改革开放初期的“外贸大包干”到近年来的“创新驱动多元发展”，广州充分运用国家赋予的先行先试的特殊政策和灵活多样的促进开放措施，极力发挥毗邻港澳、华侨众多等得天独厚的优势，以“优进优出、高质高效”为目标，借力于“一带一路”倡议和粤港澳大湾区建设东风，加速国际市场布局，建立多层次、多领域的对外经济合作机制，着力培育外贸竞争新优势，不断壮大外贸新业态、新模式，推动外贸转型升级，增强外贸内生动力，加大吸引外商直接投资的力度，提高利用外资质量和水平，积极拓宽对外经济合作领域，使对外经贸活动呈现出强劲的生命力，外贸规模、利用外资占比持续扩大，成绩斐然。

一、货物贸易跨越式发展，开放格局新亮点纷呈

党的十一届三中全会以来，中国的经济体制由高度集中的计划经济

体制逐步过渡到市场经济体制，外贸体制随之进行了多次重大的改革。随着改革开放步伐的加快，对外开放的广度和深度不断拓展，货物贸易在改革的动力驱动下不断开创新格局，贸易总量不断攀升，成为拉动广州国民经济增长的重要生力军。

（一）货物贸易飞跃发展，贸易规模高速增长

改革开放40年来，广州作为改革开放的前沿地，依托国家赋予的先行先试的特殊政策和灵活措施，及时调整外贸发展战略，大力促进外向型经济发展，使货物贸易规模迅速扩大，外贸蓬勃发展。广州市货物贸易出口总值由1978年的1.34亿美元增长至1986年的6.04亿美元，1978—1986年出口总值累计为29.99亿美元，年均增幅为17.8%。1987年起外贸统计口径进行了调整，统计数据发生了较大变化。1987—2017年货物贸易进出口总值累计达16 406.78亿美元。1988—2017年年均增幅为15.0%，其中：出口总值累计达8746.43亿美元，年均增幅为15.9%；进口总值累计达7660.35亿美元，年均增幅为14.0%（见图1）。

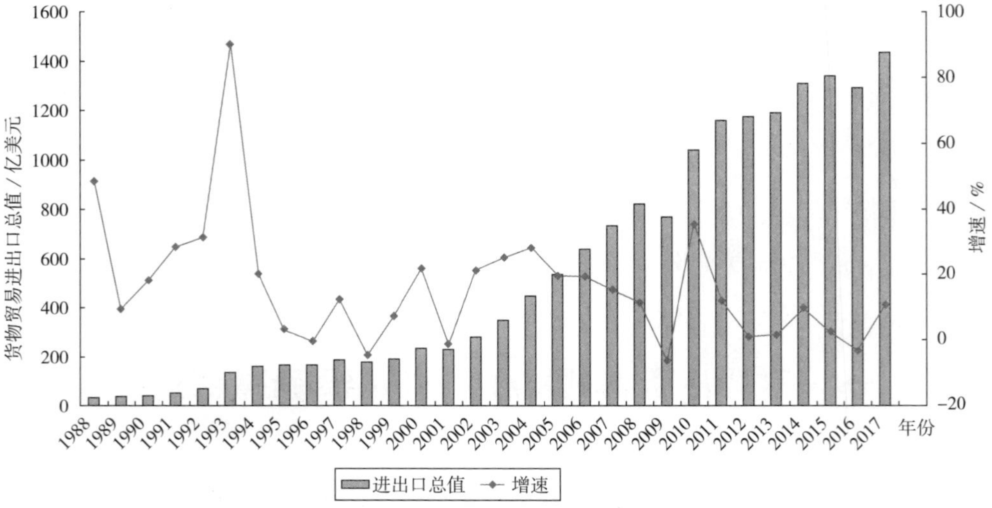

图1　1988—2017年广州市货物贸易进出口总值及其增速

广州外贸的体制改革以及发展进程，可分为四个阶段：

1. 第一阶段（1978—1992年）：先行先试，高速发展

改革开放初期，对外贸易实行出口承包经营责任制，鼓励出口创汇，兼顾扩大必需品的进口需求。广州敢为人先，先行先试，外贸迎来第一个高速发展期。改革开放前市场积聚的巨大能量被充分释放，1978年广州市出口规模只有1.34亿美元，1987年出口规模首次突破10亿美元大关。改革开放的第一个十年间广州外贸出口年均增速高达20.5%，出口规模扩大是外贸主要的增长点。随着人民生活的不断改善，进口消费需求逐步提升。企业对海外市场以及人民对进口消费品的长期渴求，使进口贸易发展初具规模。1986年，广州市货物贸易进口总值达2.22亿美元。

1987—1992年，广州受益于国家实施沿海外向型经济发展战略，积极推动外资进入，外经贸领域改革的政策红利持续不断地为外贸发展注入新的活力。“两头在外，大进大出”的加工贸易蓬勃壮大，极大地带动了广州市对外贸易的发展，外贸保持较快的发展势头，贸易规模持续扩大。1988—1992年广州市货物贸易进出口年均增速为26.7%。1987年，广州市货物贸易出口总值10.24亿美元，进口总值11.47亿美元。进入1992年，广州市货物贸易进出口总值超过70亿美元，其中：出口总值36.87亿美元，进口总值33.88亿美元，分别约为1987年的3.6倍和3.0倍。

2. 第二阶段（1993—2001年）：借力外资，稳步发展

这一阶段实行加入世界贸易组织（WTO）前市场经济体制下有贸易自由化倾向的贸易政策。对外贸易进行广泛的改革，汇率并轨，取消外贸承包责任制，加大出口退税力度，降低进口关税，鼓励出口信贷等政策付诸实施。影响外贸发展的卡口被突破，外资争先进入，激活了出口产品的竞争力和企业的赢利能力，对外贸易加速发展，广州外贸

呈现出新的生机。1993年广州市货物贸易进出口总值首次突破百亿美元大关，进口、出口总值分别超过60亿美元，其中：出口总值64.49亿美元，进口总值69.84亿美元。但由于贸易自由化的不确定性突显，伴随着1997年亚洲金融危机的冲击，货物贸易进出口总量波动较为剧烈，增速有所放缓。1996年和1998年货物贸易进出口总值呈现负增长，分别下降0.1%和4.6%。1993—2001年，广州市货物贸易进出口总值年均增速为13.6%，比1988—1992年年均增速大幅回落，降幅为13.1个百分点。2001年，广州市外贸实现出口、进口平衡发展，出口、进口总值分别为116.24亿美元和114.13亿美元，分别是1992年的3.2倍和3.4倍。

3. 第三阶段（2002—2008年）：抓住机遇，跨越发展

2001年底，中国加入WTO（简称“入世”）是对外开放的里程碑。外贸体制改革积极与国际规范接轨，进口关税和非关税壁垒大幅削减，对外开放由区域性向全方位转变，外贸发展进入新的历史阶段。随着贸易开放程度和自由化程度不断深化，广州国有外贸企业加快转变经营方式，内资企业和个人从事进出口贸易的意愿增强，外资大量涌入，加工贸易提振，对外贸易进入超高速发展期，进出口规模实现了跨越式发展。入世7年，广州货物贸易进出口总值从2001年的230.37亿美元增长到2008年的818.73亿美元，年均增速高达19.9%，比上一阶段提升6.3个百分点。2008年广州市外贸出口总值429.26亿美元，进口总值389.47亿美元，分别是2001年的3.7倍和3.4倍。

4. 第四阶段（2009—2017年）：创新驱动，蓬勃发展

后WTO时代的经济全球化时期，面临着复杂多变的国内外环境，依赖加工贸易的增长模式不可持续，外贸步入新常态，进入结构调整的转折期。广州立足当下，积极创新，紧紧抓住“一带一路”发展机遇，充分发挥毗邻港澳的地域优势，加快推动产业结构优化，提高产业国际

竞争力，促进外贸转型升级，积极培育新的外贸增长点，改善贸易融资环境，提高贸易便利化水平，外贸营商环境持续优化，外贸经营主体不断壮大，对外贸易蓬勃发展。2009—2017年，广州外贸进出口规模持续扩大，除2009年货物贸易进出口总值未达到千亿美元（受到2008年国际金融危机的影响）外，其余各年均超千亿美元。2009—2017年，广州市货物贸易进出口总值年均增幅达6.4%。2017年，广州市货物贸易进出口规模创历史新高，达到1432.50亿美元，其中：出口总值853.20亿美元，进口总值579.30亿美元，分别是2008年的近2.0倍和1.5倍。

（二）贸易格局优化升级，外贸质量跃上新高

改革开放40年来，广州作为国家重要中心城市、国际商贸中心和综合交通枢纽，借助“一带一路”倡议和粤港澳大湾区战略的东风，以勇立潮头的魄力和敢为人先的勇气，坚持“以外经外贸为导向”的经济发展战略，大力促进外贸稳增长。广州外贸不仅在规模上实现由小到大的跨越，贸易结构也发生了巨大变化，开放格局持续优化升级，质量和效益不断提升。

1. 出口产品结构不断优化，高新技术产品出口规模扩大

改革开放初期，广州市出口商品以初级产品为主，20世纪80年代逐步转变成以工业制成品为主。1985年初级产品出口值占出口总值的比重为56.2%，1998年占比大幅调减至3.4%，而工业制成品比重由1985年的43.8%上升至1998年的96.6%，其中技术含量较高、附加值较大的机电产品占比逐步提升，1998年机电产品出口值占全市出口总值的29.0%。

进入21世纪以来，以电子和信息技术为代表的机电产品和高新技术产品出口占比不断扩大，出口呈现新的突破，出口商品结构进一步优化升级。2002年，广州市机电产品、高新技术产品出口值分别达到46.43

亿美元和13.65亿美元，分别占外贸出口总值的41.6%和12.2%，创历史新高。到2008年，广州市出口机电产品225.25亿美元，占外贸出口总值的52.5%，出口高新技术产品74.76亿美元，占外贸出口总值的17.4%。随着“中国制造2025”国家战略在广州落地生根，2017年广州市出口机电产品和高新技术产品分别高达439.53亿美元和146.52亿美元，占全市外贸出口总值的比重分别为51.5%和17.2%，两类商品的出口值在2008年的基础上均接近翻一番。2009—2017年的九年间，广州市机电产品和高新技术产品出口年均增速分别为7.7%和7.8%，呈现持续向上的发展态势。而2010—2017年间，广州市传统七类劳动密集型产品出口占比三成及以下，与2001—2009年间占比相比呈下降趋势。

2. 进口商品稳步增长，产品结构更加优化

改革开放初期，国家鼓励出口创汇，兼顾有计划地进口初级产品和工业制成品，进口商品类别单一。20世纪90年代，随着工业化程度不断加深，广州市场对原材料和机械设备的需求不断增加，进口商品结构有所调整，以引进先进的技术设备和关键零部件为进口导向。

进入21世纪，广州加快企业技术改造步伐，大力推进产业结构转型升级。为满足经济社会快速发展的需要，先进技术设备、关键零部件以及服务于经济社会发展的能源资源类产品进口总量不断扩大，进口商品结构更加优化。2008年，广州市机电产品进口值为158.79亿美元，高新技术产品进口值为77.87亿美元，分别占全市外贸进口总值的40.8%和20.0%。2017年，广州市机电产品和高新技术产品的进口值分别为254.16亿美元和158.56亿美元，分别约为2008年的1.6倍和2.0倍，两类商品的进口值分别占全市外贸进口总值的43.9%和27.4%。2009—2017年的九年间，广州市机电产品和高新技术产品进口值年均增幅分别为5.4%和8.2%。随着经济社会的发展，居民消费需求也在不断增加，以及国家对消费品降税的促进政策驱动，广州消费品进口量大幅增长。2017年广州市进口消费品70.54亿美元，比上年增长14.2%，规模是2008年（32.29亿美元）的2.2倍；进口值占全市外贸进口总值的12.2%，成为拉动进口增长的新亮点。

3. 外贸方式持续优化，新兴业态增长迅猛

1988—2006年，广州市贸易方式主要表现为低附加值的加工贸易，加工贸易进出口值占全市外贸进出口总值的比重始终保持在第一位，1991年占比最高，达68.1%，除2006年占比为47.0%，其余各年占比均超过50%。同期，贸易值占比排在第二位的一般贸易增势强劲，占比逐年提升，从1988年的34.9%上升到2006年的42.8%。

随着市场供给侧结构性改革、企业提高经济质量和效益的不断深入，从2007年起，广州市一般贸易占比值快速提升，稳步超过加工贸易，牢牢占据广州各类贸易方式贸易值首位，2017年一般贸易的贸易值占比达45.3%。而加工贸易进出口增速放缓，贸易值占比逐年下降，由2007年的44.8%下降到2017年的28.2%。广州市的贸易方式持续调整优化。近年来，新兴业态蓬勃发展，市场采购、跨境电子商务、旅游购物等贸易方式成为广州外贸发展新的增长点。据海关统计，广州自2013年成为跨境电子商务试点城市以来，跨境电子商务进出口业务量连续四年领跑全国。2017年，广州市跨境电子商务进出口值为33.40亿美元，对广州外贸增长的贡献度达到8.2%。2017年广州市以旅游购物和市场采购贸易方式出口商品的出口值合计为245.50亿美元，占广州出口总值的比重的28.8%，对广州出口增长的贡献度高达79.8%。

4. 贸易市场多元化，“一带一路”成果显著

改革开放初期，广州市贸易伙伴国和地区主要有日本和东南亚等地区。20世纪80年代中期，广州市提出了“发展港澳、主攻欧美、面向全

球”的出口市场主攻方向，90年代初又提出市场多元化战略，对外贸易国际市场不断拓展，在巩固中国港澳市场及欧美市场基础上，大力开拓拉美、中东、东欧、非洲和周边国家等市场，1997年出口国家和地区已超过150个。

迈入21世纪，广州市在巩固和深耕传统市场的同时，继续加大对新兴市场的开拓力度，贸易伙伴不断增多，国际市场布局不断优化。2017年，与广州有贸易往来的国家和地区数从2007年的220多个上升至240多个，出口市场、进口市场分别超过240个和190个。近十年，广州对欧盟、美国、东盟、日本等传统贸易对象的进出口贸易值持续占据广州外贸的主要份额，2017年上述5个主要贸易伙伴的进出口贸易值占全市比重高达59.2%。其中，广州对欧盟、美国、日本、中国香港进出口值分别为213.24亿美元、183.94亿美元、137.79亿美元、130.20亿美元，比2008年分别增长44.6%、72.3%、31.1%、7.5%。近年来，新兴市场的进出口呈现快速发展的势头，尤其是2013年提出“一带一路”倡议以来，广州加快实施新一轮对外开放战略，率先制订、参与“一带一路”建设实施方案。据海关统计，“一带一路”倡议提出5年来，广州对白云机场航线网络覆盖的25个“一带一路”沿线国家的进出口值从2013年的264.74亿美元增长至2017年的379.54亿美元，年均增长7.5%，成为货物贸易发展的一大亮点。

5. 贸易经营主体不断壮大，外商投资和民营企业活力增强

改革开放以来，随着外贸经营准入制度的放宽，外贸经营主体形成了国有企业、外资企业和民营企业并存的多元化格局。广州出台了一系列鼓励政策，支持企业技术创新、制度创新和管理创新，支持中小企业开拓国际市场，增强外贸发展活力。在外资企业蓬勃发展的同时，民营企业发展潜力也充分释放，进出口规模快速扩大，占比显著提升。中国

“入世”后特别是2004年过渡期结束后，广州对企业申请进出口经营权的管理制度由审批制转为备案制。广州外向型企业数量以每年新增700多家的速度增长。2001年以来，外资企业贸易值始终占据各类企业首位，2001—2017年的17年间，广州市外资企业贸易值年均增长10.2%。其中，2014年贸易值最高，达678.0亿美元，2017年贸易值为611.2亿美元。这17年间，外资企业贸易值占广州市对外贸易进出口总值的比重基本处于40%～60%，2005年占比最高，达60.3%，随后逐年回落，2017年占比最低约为43.0%。民营企业以其自身灵活经营的机制，不断发展壮大，成为推动广州外贸进出口发展的生力军，成为外贸发展主要的推动力。2017年民营企业进出口总值达597.29亿美元，是2001年的48.6倍，占广州市外贸比重从2001年的5%上升到2017年的约42.0%（见图2）。

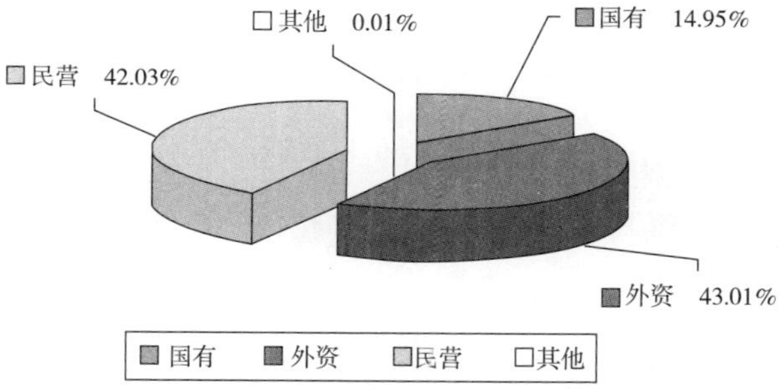

图2 2017年广州市外贸经营主体占比情况

2001—2017年这17年间，民营企业进出口规模以及贸易值占广州市外贸进出口总值的比重均呈现逐年上升趋势，贸易值年均增长高达29.4%。而国有企业外贸呈现平稳发展的态势，2010年至今基本维持在200亿美元以上的规模，2017年其进出口总值达到212.45亿美元，比2001年增长1.2倍，2001—2017年贸易值年均增长4.1%。国有企业进出口值占广州市外贸进出口总值的比重逐年收窄，2017年占比缩窄至约15.0%。

二、服务贸易创新发展，成为对外贸易增长新引擎

改革开放40年是持续推进服务业开放和服务贸易发展的40年。近年来，随着服务业特别是生产型服务业开放力度不断加大，广州市专业服务领域国际竞争力不断提高，服务进出口稳步发展，行业结构持续优化，高质量发展特征逐步显现，服务贸易规模不断扩大。2016—2017年广州服务贸易总量连续两年位居全国第四。

（一）服务进出口规模呈现增长态势

自从2006年广州建立服务贸易国际收支统计以来，广州市服务贸易国际收支总额从2006年的68.9亿美元增加到2013年的596.21亿美元，增长了7.7倍，占对外贸易额的比重也在逐年提升，2013年达到33.3%。2014—2015年，广州市服务贸易的统计口径进行了调整，进出口总量发生了较大的变化，占对外贸易额的比重也随之下调，两年间服务贸易额占对外贸易额的比重基本维持在16.7%。2016年起，全国统一执行国家商务部关于服务贸易的统计方法制度。广州市服务贸易实现持续快速增长，2017年服务进出口总值达到459.49亿美元，比上年增长21.0%；占全市对外贸易比重为24.2%，比上年提高了1.6个百分点。

（二）服务贸易结构不断优化升级

“入世”初期，广州市服务贸易以旅行、运输和建筑等传统服务为主。随着服务业的迅速发展和对外开放的不断深入，以技术、品牌、质量和服务为核心的新兴服务不断涌现，金融保险服务、电信计算机和信息服务、个人文娱服务等新兴服务领域发展迅速。近年来，广州市以国家服务贸易创新发展试点为契机，积极创新服务贸易发展模式，2016—

2017年，广州市新兴服务进出口总额累计达到313.69亿美元，占两年间服务贸易总额的37.4%。2017年，新兴服务进出口规模为188.29亿美元，比上年增长50.2%，占比达41.2%。

三、对外经济发展良好，利用外资成效显著

改革开放以来，广州充分利用自身的区位优势，制定了一系列鼓励外商投资的优惠政策，简化审批手续，提高办事效率，不断完善吸引外资的软硬环境，推动利用外资高速发展。1979—2017年，外商直接投资（以下简称FDI）项目累计已达3.12万个，FDI合同金额和实际使用外资金额累计分别达1411.63亿美元和873.57亿美元；1980—2017年，年均分别增长20.1%和27.3%。2017年，FDI项目2459个，首次超过两千个；FDI合同外资金额133.91亿美元，首次突破一百亿美元；FDI实际使用外资金额62.89亿美元，创历史新高（见下表）。利用外资是广州开放型经济的特色、优势和重要组成部分。

近五年外商直接投资情况

年份	项目（企业）个数／个	增速／%	合同外资金额／亿美元	增速／%	实际使用外资金额／亿美元	增速／%
2013	1092	-0.3	71.14	4.6	48.04	5.0
2014	1155	5.8	80.40	13.0	51.07	6.3
2015	1429	23.7	83.63	4.0	54.16	6.1
2016	1757	23.0	99.01	18.4	57.01	5.3
2017	2459	40.0	133.91	35.3	62.89	10.3

（一）利用外资快速发展，外商直接投资规模不断扩大

广州遵循我国利用外资发展的起步阶段（从党的十一届三中全会

到邓小平发表南方谈话）、发展与突破阶段（从邓小平发表南方谈话到加入WTO）、深入发展阶段（加入WTO至今）三大主要阶段的发展规律，正确把握利用外资的形势、动态和规律，不断推动利用外资发展。

1. 酝酿起步阶段（1978—1992年）

1978年12月，党的十一届三中全会肯定了积极利用外资为中国对外开放国策的重要组成部分，广州随之开启了利用外资的进程，当年签订两宗外商来料加工项目，合同外资金额53万美元。之后，广州积极响应国家政策号召，1979年开始探索推动利用外资发展。1979—1992年累计实现FDI实际使用外资金额19.48亿美元，年均增长规模约1.39亿美元，其中制造业和房地产业分别占比54.3%和25.5%，是吸引外资主要行业。改革开放初期，广州市FDI实际使用外资规模较小，资金来源主要是香港地区，且投资项目主要集中在房地产业。1984年，广州FDI实际使用外资规模达1.30亿美元，开始实现较大突破，中后期资金来源地和行业分布范围均有所扩大，投资的主要行业有所调整，从房地产业转移到制造业。1991年FDI项目突破500个，合同外资金额突破7亿美元，实际使用外资金额是1979年的157倍。

2. 盘整推进阶段（1993—2001年）

邓小平发表南方谈话后，我国利用外资方面做出了一系列重大调整。在此契机的推动下，广州市加快了利用外资的前进步伐。1993年FDI实际使用外资金额首次突破10亿美元，1995年FDI实际使用外资金额超出了第一阶段（1978—1992年）总和。这9年间FDI实际使用外资金额年均增速达20.2%，且仍以制造业和房地产业为主，累计金额分别占总和的48.5%和33.2%，资金来源地仍以港澳台地区为主，但已有欧美日的公司来华投资。在该阶段中后期受内、外部经济环境变化等多重因素影响，FDI仍保持增长，但增速有所放缓。广州市结合实际情况，及时调整引资重点、优化资金及项目等布局，首抓桥梁、道路及地铁等大项目，积极引进美国、德国、日本等国的大公司，不遗余力地改善投资大环境。1999年来自美国、德国和日本的投资金额已超过中国澳门、台湾地区，仅次于中国香港地区。

3. 深入发展新阶段（2002年至今）

以加入世界贸易组织为标志，中国对外开放开始进入全方位、宽领域、多层次的新时期，且随着2013年“一带一路”倡议的提出，利用外资进入了一个深入发展的新阶段。对外资的需求开始从以数量为主转向以质量为主，资金流动从以流入为主转向流入和流出双向并重。广州抓住机遇，全面参与经济全球化进程。2002—2017年，FDI项目累计实现1.87万个，年均增长8.4%；FDI实际使用外资金额累计达636.61亿美元，年均增长11.1%。2017年，广州批准设立FDI项目2459个、FDI合同外资金额133.91亿美元、FDI实际使用外资金额62.89亿美元，分别为2002年的3.2倍、4.4倍和2.8倍。随着服务领域日益开放，第三产业FDI实际使用外资金额保持快速增长，第一、第二、第三产业FDI实际使用外资金额的比重从2002年的0.2∶57.4∶42.4发展到2017年的0.4∶15.6∶84.0。从近年广州招商引资的项目来看，广州产业项目由原来的一般性产业向先进制造业和高端服务业不断发展，产业体系向价值链高端攀升。

（二）外商直接投资方式从“合作”“合资”向“独资”演变

从广州市1979—2017年外商直接投资发展情况来看，利用外资方式呈现从“合作”“合资”向“独资”演变的趋势，主导方式从低资源投入、规避风险型的方式演变成高资源投入、控制性与战略性强的方式。随着对外开放程度的加深以及投资软硬环境的不断完善，FDI项目从1979

年的7个增长至2017年的2459个，FDI从1979年只有合作企业，到1982年开始出现合资企业，1988年出现外资企业。2002年外资企业FDI实际使用外资金额占全市FDI实际使用外资金额的43.9%，“独资”首次成为最大的外商直接投资方式。2004—2015年，外资企业一直占主导地位，比重均在58%以上。2007年，外资企业比重甚至达到77.6%。1979—2017年，全市累计实现FDI项目31 185个，其中合资企业6123个、合作企业5719个、外资企业19 326个；实际使用外资金额累计873.57亿美元，其中合资企业204.41亿美元、合作企业179.82亿美元、外资企业429.57亿美元，三者的比重分别约为23.4%、20.6%和49.2%。

（三）利用外资产业结构不断调整，投资领域扩大

随着我国国民经济结构的优化调整，外商投资的行业结构也随之发生显著变化。按照三次产业划分，第三产业吸引外资比重逐步上升，第二产业吸引外资的比重逐渐降低。改革开放初期，以房地产为主的第三产业比重高于第二产业。80年代末开始，外商投资逐步覆盖第三产业中的交通运输仓储、批发和零售业、金融业、租赁商务服务业以及信息传输、计算机服务和软件业等各大行业。1990—2006年外商投资以第二产业的制造业为主，2007—2017年第三产业飞速发展，外商投资第三产业比重逐步提升，2017年第三产业FDI实际使用外资金额占全市FDI实际使用外资金额的比重达84.0%，与第二产业比重的差距不断拉大，差距已从2007年的26.4个百分点提高到68.4个百分点。现代服务业呈现出旺盛的生命力，已成为广州服务业利用外资的重要组成部分。

按照国民经济行业划分，制造业一直是吸引外资规模最大的行业，1979—2017年，制造业的FDI实际使用外资金额累计346.55亿美元，占合计累计数的39.7%；房地产业是吸引外资规模第二大的产业，1979—2017

年累计236.30亿美元，占合计累计数的27.1%。从近十年（2008—2017年）FDI实际使用外资金额情况来看，累计吸引资金规模最大的仍是制造业，占比30.6%；其次是房地产业，占比24.4%；第三位是信息传输、计算机服务和软件业，占比12.6%。近两年以移动互联网、智能终端、大数据和云计算等为代表的新一代信息技术产业，正推动软件与信息技术服务行业协同创新发展，2016年和2017年分别占比52.1%和31.0%，比重较2015年分别大幅提高47.5个百分点和26.3个百分点。

（四）投资来源更多元化，“港资”仍居首位

改革开放以来，广州市利用外资的来源地不断变化，特别是近年来，广州市全力构建市场化、法治化、国际化的营商环境，广州在国际重要场合亮相的频率明显提高。1979—2017年，FDI实际使用外资金额居首位的资金来源地是香港，其累计FDI实际使用外资金额526.48亿美元，占全市总额的60.3%，是广州市外资资金的主要来源地，在占全市FDI实际使用外资金额比重最低的2007年仍然达32.8%，仅次于英属维尔京群岛的45.9%，在其他年份均牢牢居于资金来源地之首。2017年，来源于香港的FDI项目数940个，实际使用外资金额51.80亿美元，分别是2012年的1.3倍和2.2倍，是2007年的1.8倍和4.8倍，规模不断扩大。FDI实际使用外资金额居第二位的资金来源地是2000年开始投资广州市的英属维尔京群岛，18年间（2000—2017年）FDI实际使用外资金额累计102.77亿美元，占全市总额的11.8%。排在之后的主要来源地分别是日本、新加坡、韩国、美国、英国等国家及中国台湾等地区，1979—2017年这六个国家和地区FDI实际使用外资金额累计共136.72亿美元，占全市总额的15.7%。

（五）利用外资成绩不断取得突破，亮点喜人

近年来，广州利用达沃斯论坛、中国发展高层论坛、博鳌亚洲论坛、广州国际投资年会等国际平台全方位宣传推介广州投资环境，与世界500强和行业领军企业密切洽谈，引进了富士康第10.5代显示器全生态产业园、GE生物科技产业园、思科（广州）智慧城等一批枢纽型、创新型项目。同时市区相关部门也加大招商力度，出台一系列引商惠商政策。乐金显示、广汽丰田、百济神州等394家外商投资企业增资，涉及合同外资57.5亿美元，同比增长1.6倍，占全市合同外资的42.9%。这对促进世界500强企业投资广州起到了积极作用，效果显著。

四、经济合作国际竞争力日益增强，合作领域不断拓展

近年来，广州市积极为企业提供优质服务，支持企业做大做强，推动企业开拓国际市场，抢抓先机，扩大规模，不断拓展外经合作领域，努力实现海外业务多元化，大力促进对外承包工程、对外劳务合作、对外投资的发展。

（一）外经企业国际竞争力日益增强

“走出去”战略的实施，推动了广州市境外投资企业的发展。2017年，新增境外投资企业149家，中方投资额25.97亿美元。企业个数和资金比上年均有回落，但企业个数比2012年多52家，中方投资额是2012年的5.5倍。2017年新增境外企业主要来自中国香港地区和美国，分别有67家和19家；当年新增中方投资额的投放重点在沙特阿拉伯，金额达到10.40亿美元，占全市的40.0%。

（二）对外承包工程项目增多

2016年[①]，广州市对外承包工程新签合同额3.13亿美元，完成营业额2.71亿美元，分别比2012年增长58.9%和1.4倍；对外承包工程以亚洲、非洲为主导市场，其中，马来西亚合同额、营业额分别为1.84亿美元和1.51亿美元。

（三）外经合作领域不断扩大

2017年，广州市对外劳务合作新签合同额5.93亿美元，完成营业额3.93亿美元，比2012年分别增长33.1%和36.1%。澳门、香港是主要合作对象，合同额分别为3.75亿美元和1.50亿美元；营业额分别为2.18亿美元和1.38亿美元。2017年，对外劳务合作派出人数2.05万人次，年末在外人数达3.95万人次。

（广州市统计局贸易外经处供稿）

①2017年，对外承包工程资格取消，企业从事对外承包工程改为项目备案。关于对外承包工程的备案信息及数据，省级商务主管部门才有权限在商务部系统查看，因此无法准确从广州市商务委获取2017年对外承包工程项目相关数据。

改革开放40年广州科技创新发展成就

科技是国之利器，关系未来国家发展全局的核心，纵观世界各国创新发展历程，毋庸置疑，科技是推进创新的引擎。改革开放40年来，科技改革作为国家整体改革的先导，科技进步带来了生产方式、生活方式和思维方式等一系列变革，对于广州市经济社会发展的引领和支撑作用愈加凸显。

一、改革开放，迎来科技发展春天

20世纪80年代，邓小平提出科学技术是第一生产力，确立了科技发展的战略地位，为科技事业发展指明了前进的道路和方向。党的十八大提出科技创新是提高社会生产力和综合国力的战略支撑，必须将其摆在国家发展全局的核心位置。改革开放40年来，我国科技事业的发展经历了启动部署、改革深化推进阶段，走上了探索中国特色自主创新道路，形成新型国家创新体系三个阶段，实现了从被动改到主动改、从被全球化到主动参与全球化的转变。科技政策法规体系从无到有、由少及多，以科学技术进步法、促进科技成果转化法、科学技术普及法和《国家科学技术奖励条例》为内容的科技法律法规体系不断完善，为科技事业持续发展提供了体制性的框架支撑。

二、加快补短板，提高科技创新能力

多年来，广州市作为经济大市，科技创新能力却不足，这成为制约广州市经济社会高质量、可持续发展的瓶颈。为扭转这一局面，特别是党的十八大以来，在国家创新驱动发展的大方针指引下，为加快补齐短板，提升广州市科技创新能力，2015年，广州市初步提出建设国家创新中心城市的定位，之后进一步明确建设国家创新中心城市和国际科技创新枢纽的定位。围绕这一定位，近年来，广州市在科技政策、体制机制和发展布局等方面进行了重大改革。

政策上，相继出台了一系列政策和改革举措，形成了较为完善的科技创新政策体系。2015年，广州市出台了《中共广州市委、广州市人民政府关于加快实施创新驱动发展战略的决定》及九个细化落实的配套政策文件（科技创新“1+9”政策文件），涵盖增强企业创新能力、推进科技成果转化、完善科技创新平台、吸引科技创新人才和加强科技金融等多方面内容。2017年，广州市科技政策又延伸至科技中介服务机构、科技计划项目和科技创新发展专项资金等范围，扶持的力度进一步加大。

体制机制上，推动科技管理向创新治理转变。推进简政放权，实施科技计划部分立项权下放试点，形成以市场为导向的科技项目遴选机制；推动财政科技经费投入方式转变。改革科技研发资金投入机制，发挥市场配置创新资源的导向作用，更加突出企业创新主体地位和对产业的支撑作用；推动传统科技部门向驱动创新发展部门转变。强化部门协同联动，按照供给侧结构性改革和现代化经济体系建设总体要求做好服务。

高新企业培育上，实施高新技术企业培育行动计划，高新技术企业实现跨越式增长。2017年，广州市高新技术企业8690个，比2013年增加7135个，年均增长44.4%。其中，规模以上工业的高新技术企业1717个，比2013年增加848个。

发展布局上，打造科技创新走廊，推动广州国家自主创新示范区建设。连接知识城、高新区、科学城、智慧城和琶洲互联网创新集聚区、大学城等铸成创新发展核心轴。2015年，广州国家高新区获批建设国家自主创新示范区。2016年，提出将自创区构建成“一区十九园”的发展模式。

科技金融融合上，设立科技信贷风险补偿机制，实施多层次资本市场行动计划。搭建科技金融融合平台，畅通科技型中小企业融资渠道。2016年，设立广州市科技型中小企业信贷风险补偿资金池，建立科技信贷风险分担机制。截至2017年底，为全市978个企业提供贷款授信累计101.73亿元。2017年，广州在新三板挂牌企业465个，比2015年增长2.2倍。在广州市股权交易中心挂牌企业4468个，比2016年增长56.4%。

三、科技投入持续增长，创新动力不断增强

（一）科技人力投入增多

科技创新，人才为本。人才作为科技创新的第一要素，对提升创新能力起到至关重要的作用。2010年起，广州市开始实施广州市创新创业领军人才百人计划项目。截至2017年底，入选国家“千人计划”创业领军人才32人，入选广东省珠江人才计划8人。领军人才承担各级项目共89项。项目实施期间共培养和引进高层次人才415人，引进“千人”专家25人、“万人”专家2人、“珠江人才”19人。

2016年，广州市出台了《中共广州市委、广州市人民政府关于加快集聚产业领军人才的意见》（产业领军人才“1+4”政策文件），聚焦IAB和NEM等12个重点产业领域，精准打造人才引进新机制。截至2017年，广州市评选和支持创新领军团队20个、创新领军人才40人、杰出产业人才56人。目前，在穗工作的诺贝尔奖获得者6人、两院院士89人，“千人计划”专家336人、“万人计划”专家154人。

近年来，广州市R&D人员投入力度不断加大，为开展科技活动提供了人力资源保障。2017年，广州市全社会R&D人员折合全时当量11.80万人年，比2000年增加9.22万人年，2001年至2017年期间年均增长9.3%。

（二）R&D经费投入强度突破2%

R&D经费投入强度是国际上通用反映一国科技实力的重要指标，也是衡量自主创新能力和竞争力的重要标尺。经过多年的努力，特别是在国家创新驱动发展战略大背景下，广州市全社会R&D经费投入总量与强度双双实现新突破。2014年，广州市全社会R&D经费投入强度（R&D经费内部支出与GDP之比）首次突破2%。2017年，广州市全社会R&D经费内部支出532.41亿元，比2000年增加503.34亿元，增长17倍，2001年至2017年期间年均增长18.7%。R&D经费投入强度从2000年1.17%提高到2017年2.48%，提升1.31个百分点，达到中等发达国家水平（见图1）。

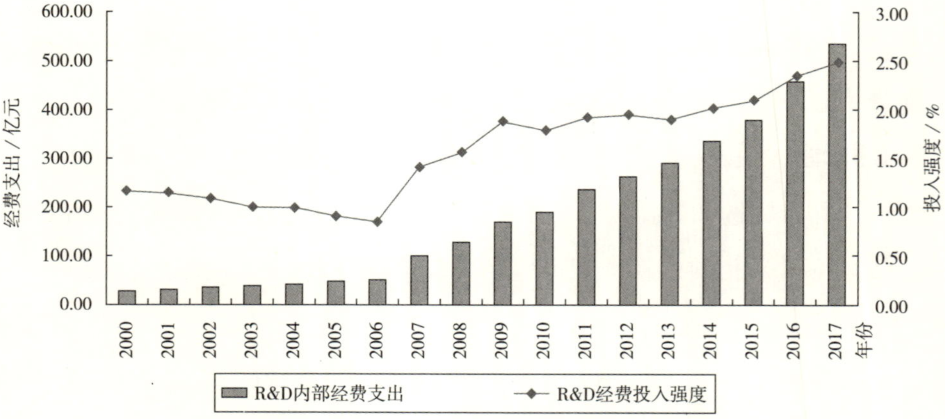

图1　2000年至2017年R&D经费内部支出情况

（三）R&D经费投入结构趋于优化

从广州市全社会R&D经费内部支出构成情况来看，主要呈现以下几个特征。

从部门来看，企业为主体，高校和科技机构为辅。其中，高校投入加大，三者的结构从2000年（以全社会R&D经费内部支出为1，下同）0.66：0.11：0.23调整至2017年0.64：0.19：0.17。

从类型来看，试验发展为主，基础研究和应用研究为补充。其中，基础研究和应用研究投入增多，三者的结构从2000年0.81：0.06：0.13调整为2017年0.72：0.13：0.15（见图2）。

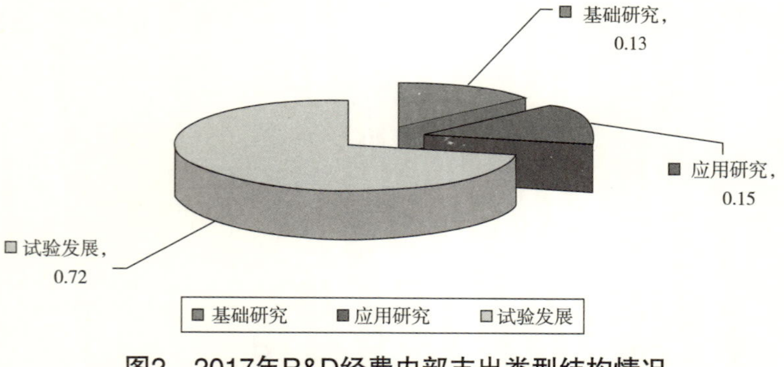

图2　2017年R&D经费内部支出类型结构情况

从产业来看，R&D经费内部支出以第二产业为主，第三产业份额增多，与广州市第二、第三产业生产总值结构调整方向的差距逐步缩小。第二、第三产业R&D经费内部支出的结构从2000年0.57：0.43调整为2017年0.53：0.47，同期，其第二、第三产业生产总值结构从2000年0.41：0.55调整为2017年0.28：0.71。

从行业来看，近几年，随着新一代信息技术、人工智能等新业态的兴起，互联网和相关服务研发投入强度也不断加大。互联网和相关服务行业研发投入强度由2013年2.38%提高到2017年4.02%，明显高于全市平均水平。同时，生物医药中的医药制造业作为战略性新兴产业的组成部分，其研发投入强度近年来一直保持高于全市平均水平的态势。

R&D经费内部支出的增长同样也得益于财政科技资金扶持力度的加大。广州市地方财政科技支出由2008年的26.22亿元扩大到2017年的171.26亿元，年均增长23.6%。地方财政科技支出占当年地方财政支出的比重从2008年的2.6%提升到2017年的4.9%，提高了2.3个百分点。

四、财政税收释放红利，激发企业创新动力

财政和税收政策持续发力，助力企业加大研发投入，收到良好成效。1996年，财政部、国家税务总局联合下发了《关于促进企业技术进步有关财务税收问题的通知》，2015年，财政部、国家税务总局和科技部联合下发《关于完善研究开发费用税前加计扣除政策的通知》，放宽了企业开展研发活动享受优惠政策的范围，惠及企业增多，受惠面扩大。2017年，广州市规模以上工业企业享受研发费用加计扣除减免税13.78亿元，比2016年增长86%。

2008年，科技部、财政部和国家税务总局联合颁布高新技术企业税

收优惠政策。随着广州市高新技术企业单位数量的增多，享受高新技术企业减免税的范围也随之扩大。2017年，广州市规模以上工业企业实现高新技术减免税31.52亿元，比2016年增长60.2%。

2014年，科技、财政、统计和税务部门联合出台了广州市企业研发经费投入后补助政策，鼓励企业进一步加大研发投入。2015年至2017年期间，广州市获得补助的企业7689个，市、区两级财政补助共计36.85亿元。

五、创新载体建设加速，平台体系不断完善

（一）创新平台建设实现突破

近年来，广州市在IAB、NEM和海洋经济领域等重大创新平台建设方面取得新进展。广州再生医学与健康广东省实验室正式挂牌；建设天然气水合物勘查开采先导试验区；对接国家“宽带通信与新型网络”重大专项，建设广东省新一代通信与网络创新研究院；国家先进高分子材料产业创新中心和国家印刷及柔性显示创新中心分别获批组建。

（二）建立多层次实验室体系

重点实验室作为科技创新体系的重要组成部分，是开展科学研究、聚集和培养优秀科研人才、开展高水平学术交流的重要基地。2017年，广州市已建成（在建）的国家重点实验室19个，占全省比重的73.1%，已建成（在建）省重点实验室213个，占全省比重的74.7%，广州市重点实验室156家。

（三）新型研发机构建设初见成效

2015年，出台《广州市人民政府办公厅关于促进新型研发机构建设

发展的意见》，推进投资主体多元化、运行机制市场化、管理制度现代化、产学研紧密结合的新型研发机构建设。2017年，全市52个新型研发机构中已建有国家级和省级创新平台超过600个，成果转化与技术服务收入158亿元，服务企业超过2.4万个。

（四）孵化育成能力明显提升

2014年，出台《广州市人民政府办公厅关于促进科技企业孵化器发展的实施意见》。截至2017年底，全市科技企业孵化器共有261个，其中，国家级孵化器26个，国家级孵化器培育单位31个；众创空间164个，其中国家级备案53个，省级众创空间试点单位33个；孵化面积987万平方米；孵化企业和项目1.2万个；直接提供就业岗位17万余个。

六、专利法颁布实施，开启保护知识产权先河

（一）依法保护知识产权

1985年，首部《中华人民共和国专利法》正式颁布实施，标志着我国正式将知识产权保护工作纳入了法制轨道，融入经济社会发展的总体框架，具有里程碑意义。2014年，国务院办公厅转发了《深入实施国家知识产权战略行动计划（2014—2020年）》文件，对知识产权的创造、运用、保护和管理等方面发挥了重要作用，有效激发了创新活力，加强了知识产权保护意识，营造了良好的法制环境。

（二）知识产权管理体系建设得到加强

2001年，在原有广州市专利局基础上设立了广州市知识产权局并将之作为政府组成部门。2005年，国家知识产权局批准广州市为知识产

权示范城市创建市。2008年，广州市获批成为首批国家知识产权工作示范城市。近年来，围绕实施知识产权战略，广州市知识产权管理体系不断完善。2012年，国内首个国家知识产权局区域专利信息服务（广州）中心正式成立运行，标志着广州市在专利信息公共服务体系建设迈出了重要的一步。2015年，广州开发区获批成为国家专利导航产业发展实验区、省知识产权服务业集聚发展实验区和省专利密集型产业集聚区；2017年，国家商标品牌创新创业（广州）基地正式运营。2012年至2017年期间，广州市主要行政执法部门立案查处侵权和假冒伪劣等违法案件约合4.7万宗，知识产权保护的长效机制得到进一步加强。

七、科技产出态势喜人，科技成果实现量质齐升

随着科技创新能力的提升和对知识产权的保护力度不断加大，广州市科技产出呈持续增长态势，在科技成果奖项、商标、版权和专利等方面均取得了可喜的成绩。

2000年至2017年期间，广州市科技成果喜人，获省级及以上科技成果奖3317项，部分成果在国内领先，如广州市研发的DA8600基因测序仪填补了国内测序设备领域的空白。截至2017年底，全市有效注册商标68.8万件，占全省商标总量27%，著作权登记总量11.33万件。

2017年，广州市专利申请受理量11.83万件。其中，发明专利受理量3.69万件，分别比1986年增长486倍和615倍，发明专利申请受理量占专利申请受理量的比重从1986年24.7%提升至2017年31.2%。2017年，全市专利授权量6.02万件。其中，作为研发产出重要标志的发明专利授权量0.93万件，分别比1986年增长1467.3倍和3114倍，发明专利授权量占专利授权量的比重从1986年7.3%提升至2017年15.5%（见图3）。

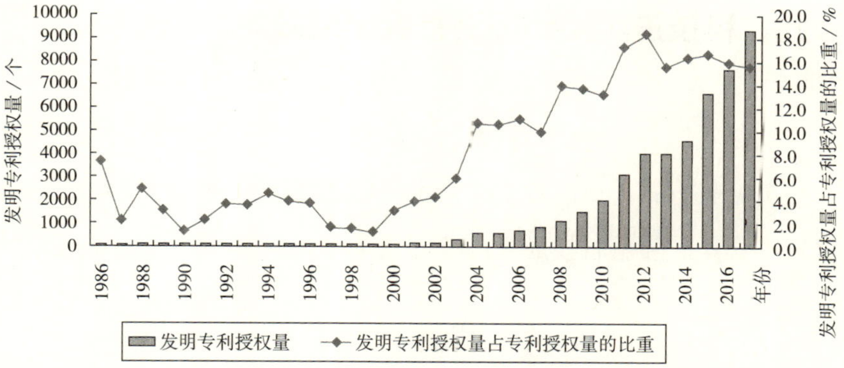

图3　1986—2017年发明专利授权量情况

八、扩大交流，拓展合作空间

近年来，广州市主动加强与国际和港澳台科研院所的合作对接。设立对外科技合作计划，安排专项资金开展联合攻关。

“十二五”期间，广州市对外科技合作专项资金支持合作项目597项，投入财政资金7亿元。2007年，广州市香港科大霍英东研究院正式落户南沙。2011年，中国—乌克兰巴顿焊接研究院落户广州市，已建成现代焊接装备与工艺、先进表面技术、先进焊接材料、激光与高能束技术、人体组织焊接技术等国际一流水平的技术平台。同年，促成广州光机电技术研究院、香港科技园、澳门科技协进会、台湾蓝海光电科技签署穗港澳台科技合作基地合作意向。2015年起，支持台企科技创新项目32项，投入财政资金1600万元。中国海外人才交流大会暨中国留学人员广州科技交流会成为目前国内规模最大、开放度最高、覆盖面最广和最具影响力的海外高层次人才交流平台。目前，全市建有国家级国际科技合作基地20个、省级国际科技合作基地46个，形成了人才、项目、基地相结合的国际合作模式。

九、科技进步推动经济社会全面发展

科技创新作为经济社会发展的源动力，科技进步对优化产业结构，转变经济增长方式，提高劳动生产率，促进经济社会可持续发展具有举足轻重的作用。随着科技成果广泛应用于多个领域，所产生的经济效益和社会效益也更加显著。

（一）从粗放型逐步向集约型转变

经过多年的努力，广州市经济从做大逐步转向做大做强、量质并举的发展模式，更多地体现出科技创新对经济增长的拉动作用和贡献。广州市技术市场交易额由2010年136.79亿元增至2017年357.51亿元，年均增长14.7%，对地区生产总值的直接贡献率由2010年1.29%提高到2017年1.66%。2017年，规模以上工业专利所有权转让及许可收入2.03亿元，比2009年增长34.3倍；规模以上工业实现新产品销售收入4361.86亿元，比2009年增长1.09倍；高新技术产品产值占规模以上工业总产值的比重由2013年44.2%提高到2017年48.2%，提高了4个百分点。

（二）增进民生福祉

2001年起，广州市开始实施民生科技攻关计划，重点发展民生科技事业，在应对重大疾病、保障食品安全、改善生态环境和提高城市管理等方面取得了成效。广州市干细胞多能性与重编机理研究项目获国家自然科学二等奖。牵头制定的《婴幼儿室内空气质量分级》（T/CAQI 18-2016），弥补了国家标准在婴幼儿人群标准领域的空缺。特菜种质资源和食用研究及产业化项目和职业性噪声对暴露人群的健康损伤及易感性指标研究项目、新细胞因子CKLF1在支气管哮喘发病中的作用及其干预研究项目，以及非酒精性脂肪性肝病临床特征及基因多态性研究项目等分别获广州市科技进步一等奖。广州市在医疗卫生、农业及社会发展领域有8个项目获广州市科技进步二等奖，12个项目获广州市科技进步三等奖。

十、产学研联盟发展壮大

积极推动产学研协同创新。2013年，广州成立校地协同创新联盟，创新联盟汇集高校、科研机构和企业。2015年，创新联盟吸纳了来自伯明翰大学、香港科技大学、浙江大学和乌克兰国家科学院等一批海内外知名院所。2017年，在创新联盟中各领域创新联盟达140家，联盟成员单位超1800家，合作开展重大技术攻关427项，争取国家、省和市科技计划立项191项，获科技奖励114项，拥有国家、省和市工程（技术）研究中心或重点（工程）实验室、孵化器、新型研发机构和检验检测公共服务平台等创新平台217个，牵头（参与）制定技术标准312项。

十一、科普事业蓬勃发展

改革开放40年来，广州市的科普事业取得了长足的进步，爱科学、讲科学和学科学的社会风尚逐步形成。2002年，第一部《中华人民共和国科学技术普及法》颁布实施。从2003年起，国家将每年9月第三周的公休日定为全国科普日，在全国范围内开展科普日活动。2014年以来，广州市每年组织近200场次科普活动，成为向广大市民普及科学知识的重要平台。广州市科普大讲堂活动自2005年开展以来，至今已举办140多场次。2013年开始，广州市每月定期举办广州科普一日游活动，自活动开展以来，全市已有29.25万人次参加该项活动。据有关部门调查资料显示，全市公民具备基本科学素质的比例从2003年2.4%提高到2015年11.7%。

当前，世界经济正面临新一轮科技革命和产业变革，颠覆性技术不断涌现，正在重塑全球经济和产业格局。我们正处在创新驱动转型发展的关键期，经济发展进入新常态。改革开放40年来，广州市的科技创新能力成绩斐然，但在原始创新、关键核心技术攻关、高端人才培养、打造人才红利、培育龙头创新企业以及提高科技产出有效供给等方面的建设任重道远，仍需进行艰苦不懈的努力，推动广州市经济社会驶入高质量发展轨道。

（广州市统计局人口和社会科技处供稿）

改革开放40年广州法人单位发展情况

作为改革开放的前沿地和先行者，广州顺应国内外形势的深刻变化，秉承敢为人先的勇气和毅力，抓住战略机遇，全面深化改革开放，着力激发市场主体发展新活力，优化营商环境，经济社会发展取得了举世瞩目的成就。近十年，广州市法人单位数量快速增长，结构不断优化，质量持续提升，为经济平稳较快发展和转型升级提供有力支持。法人单位是一个地区社会经济发展的构成单元，各种信息的重要载体，它的变化既是市场这只无形的手和政府调控的作用体现，也客观印证了市场经济发展的规律。本文从法人单位入手，分析和回顾广州市法人单位的发展情况，以小见大地展现十年来①广州经济社会发展成绩。

一、从数量上看，法人单位快速增长

2008年广州市在地法人单位数量15.59万个，2013年突破20万关口，

①法人单位统计数据自2009年起在《广州市统计年鉴》公布，本文据此进行分析。

2017年更是冲破30万关口，达到33.63万个，比2008年增长1.16倍，年均增速达8.92%。十年来增速呈现“前低后高”的特点，2014—2017年的年均增速达13.85%，比2009—2012年的3.48%高出10.37个百分点，这与2013年商事登记制度改革等一系列“放管服”重大举措实施后，改革红利不断释放，法人单位数量进入了高速增长阶段有关。当中，2017年的增速为十年来最高，同比增速达26.94%，2014年和2013年紧随其后，同比增速分别为13.92%和12.01%。法人单位数量的快速发展，一定程度体现广州综合实力和市场活力在不断增强。

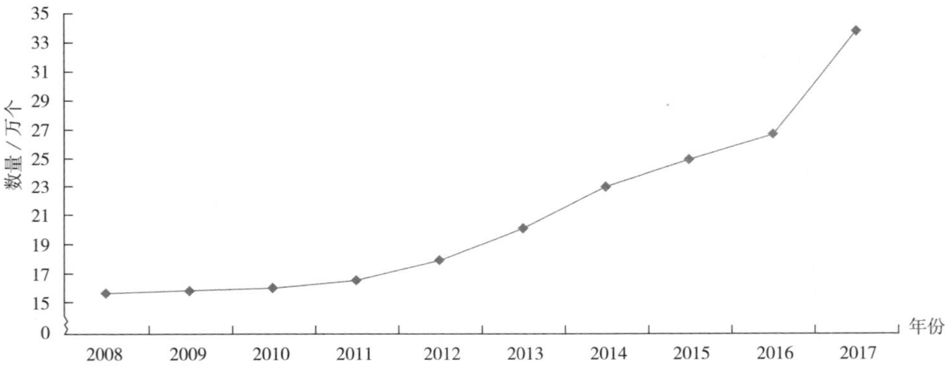

图1　2008—2017年广州市法人单位数量变化情况

从常住人口的人均拥有法人单位量来看，2017年每万人拥有法人单位量首次超过200个，达231.97个，比2008年139.78个增长了65.95%，年均增速达5.79%。这一定程度上体现了广州作为全国重要的中心城市，对人才、资金等经济发展要素的吸引力仍在持续提升，中心城市的作用和地位得到有效巩固。

表1　2008—2017年广州市法人单位情况

年份	法人单位总量		每万人拥有法人单位量 / 个
	数量 / 万个	增速 / %	
2008	15.59	—	139.78
2009	15.74	0.94	132.57
2010	15.96	1.44	125.59
2011	16.43	2.92	128.83
2012	17.87	8.80	139.22
2013	20.02	12.01	154.88
2014	22.81	13.92	174.36
2015	24.72	8.38	183.10
2016	26.49	7.18	138.66
2017	33.63	26.94	231.97

二、从行业结构看，法人单位多点开花

近十年，第二、第三产业法人单位数量呈现“二八”共荣局面，第三产业法人单位数量更在2014年后突破八成，第一产业法人单位数量则保持在5%以下。从行业门类分布来看，在19个行业门类中，有8个行业门类的法人单位数量超过1万个；有12个行业门类法人单位数量比2008年多50%；有8个行业门类年均增速在10%以上。其中，发展势头最为迅猛的是金融业，其法人单位数量从2008年的279个跃升至2017年的2041个，增长6.32倍，年均增速达24.75%，比整体年均增速高15.83个百分点。其次是科学研究和技术服务业，信息传输、软件和信息技术服务业，2017年法人单位数量分别为2.34万个和1.80万个，分别比2008年的0.53万个和0.56

万个增长了3.43倍和2.22倍，年均增速分别为17.98%和13.91%。这三个增速相对较快的行业均是广州市大力支持的战略性新兴行业，其快速发展体现了广州市产业结构调整升级取得重要进展，为广州市经济发展注入了新动能。

表2 2008—2017年广州市法人单位数量年均增速超过10%的行业分布情况

行业	2017年数量／万个	2008年数量／万个	比2008年增长／%	年均增速／%
金融业	0.20	0.03	631.54	24.75
科学研究和技术服务业	2.34	0.53	343.01	17.98
信息传输、软件和信息技术服务业	1.80	0.56	222.90	13.91
文化、体育和娱乐业	0.60	0.19	219.51	13.78
建筑业	1.18	0.38	210.66	13.42
租赁和商务服务业	5.14	1.97	161.38	11.27
批发和零售业	11.24	4.60	144.21	10.43
交通运输、仓储和邮政业	1.08	0.45	142.71	10.35

从行业份额来看，批发和零售业、租赁和商务服务业、制造业三个行业的法人单位数量占比一直稳居前三，其份额之和保持在60%以上，广州作为“千年商都”的特色优势依然巩固。在份额排名方面，上升最快的是建筑业，从2008年的第13名（比重为2.44%），提高到2017年的第7名（比重为3.52%），上升了6位。其次是科学研究和技术服务业，份额排名上升了4位。再次是文化、体育和娱乐业以及金融业，份额排名均上升了3位。

表3 2008—2017年广州市按行业门类分法人单位数量分布

行业门类	2017年比重／%	2017年比重排名	2008年比重／%	2008年比重排名
批发和零售业	33.42	1	29.53	1
租赁和商务服务业	15.29	2	12.62	3
制造业	15.15	3	19.09	2
科学研究和技术服务业	6.95	4	3.38	8
信息传输、软件和信息技术服务业	5.35	5	3.57	7
房地产业	4.70	6	6.33	4
建筑业	3.52	7	2.44	13
交通运输、仓储和邮政业	3.22	8	2.86	11
公共管理、社会保障和社会组织	2.66	9	4.19	5
住宿和餐饮业	2.22	10	3.08	9
居民服务、修理和其他服务业	1.88	11	3.03	10
文化、体育和娱乐业	1.77	12	1.20	15
教育	1.62	13	2.62	12
金融业	0.61	14	0.18	17
卫生和社会工作	0.6	15	1.28	14
农、林、牧、渔业	0.53	16	3.86	6
水利、环境和公共设施管理业	0.39	17	0.58	16
电力、热力、燃气及水生产和供应业	0.11	18	0.14	18
采矿业	0.01	19	0.02	19

三、从登记类型看，内资单位根基深厚

近十年，内资①法人单位占全市法人单位总数的比重保持在九成

①按照登记注册类型，内资法人单位包括国有企业、集体企业、股份合作企业、联营企业、有限责任公司、股份有限公司、私营企业、其他内资企业。

以上。2017年，全市内资法人单位32.50万个，占全市法人单位总数的96.64%，比2008年的94.87%提高了1.75个百分点。其中，份额最大的私营企业，十年来占全市法人单位总数的比重始终保持在六成以上。2017年，全市私营企业法人达23万个，占全市法人单位比重达68.40%，比2008年的68.55%微降0.15个百分点。份额上升最快的是有限责任公司，2017年达5.29万个，占全市法人单位总数的15.71%，比2008年的5.06%增加10.65个百分点。这与广州市"双创"热潮连翻掀起，"放管服"改革日渐深化，民营活力不断迸发息息相关。

另一方面，份额下降较为明显的是国有企业和集体企业。2017年，国有企业法人0.86万个，集体企业法人0.83万个，分别占全部法人单位数的2.55%和2.47%，分别比2008年的6.21%和5.65%下降3.66个百分点和3.18个百分点。这一定程度上体现了广州市推行混合所有制改革，深化供给侧结构性改革的成效。

表4　2008年与2017年按登记注册类型分广州市法人单位数量分布对比

登记注册类型		2017年／%	2008年／%	比2008年提高／个百分点
内资法人单位	合计	96.62	94.87	1.75
	国有	2.55	6.21	−3.66
	集体	2.47	5.65	−3.18
	股份合作	0.83	1.81	−0.98
	联营企业	0.19	0.19	0
	有限责任公司	15.71	5.06	10.65
	股份有限公司	0.90	0.82	0.08
	私营企业	68.40	68.55	−0.15
	其他	5.57	6.59	−1.02
港、澳、台商投资企业		2.08	2.93	−0.85
外商投资企业		1.30	2.20	−0.90

四、从质量上看，“四上”单位[1]实力雄厚

从近五年[2]情况来看，“四上”单位的发展态势良好。全市“四上”单位数从2013年的2.00万个增加至2017年的2.32万个，增长15.71%，年均增速为3.72%，在全市法人单位中占比保持在6%以上。

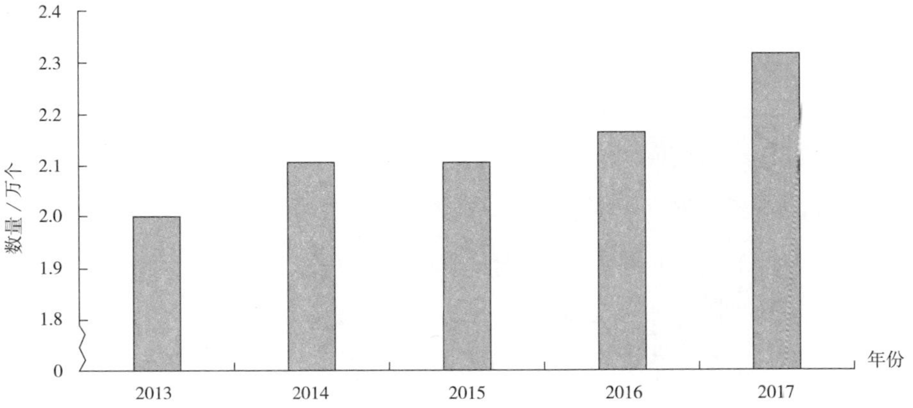

图2　2013—2017年广州市“四上”单位数量

2017年，“四上”单位全年营业收入总额首次冲破6万亿，达到6.04万亿元，比2013年增长了13.43%，年均增速为3.20%。“四上”单位户均营收保持在2.5亿元以上，全年营收超亿元的单位数量由2013年的0.49万个增加至2017年的0.57万个，增长15.73%，年均增速达3.72%，分别比全部“四上”单位的2017年增速高2.30个百分点，比年均增速高0.52个百分点。

---

①“四上”单位：指纳入全国联网直报的“一套表”法人单位，包括：规模以上工业，限额以上批发和零售业、住宿餐饮业，资质以内建筑业、房地产开发经营业，规模以上服务业单位，不包括只报送其他有5000万元以上在建项目统计报表的固定资产投资法人单位。

②国家统计局自2011年开始建立“一套表”单位调查制度，并于2013年起开放月度审批，实现“一套表”单位每月增减变动。

表5　2013—2017年广州市“四上”单位相关统计情况

年份	数量 / 万个	全年营业收入 / 万亿元	全年营收超亿元单位数量 / 万个
2013	2.00	5.33	0.49
2014	2.11	5.72	0.48
2015	2.11	5.27	0.50
2016	2.17	5.57	0.52
2017	2.32	6.04	0.57

在看到成绩的同时，我们也要正视问题：随着改革不断深化，企业经营方式不断变换，目前虽然全市法人单位数量增长快，但龙头企业、规模（限额）以上单位的增速相对落后，“四上”单位近五年增速落后于全市法人单位增速10.13个百分点；在重点激发内资企业活力的同时，对港澳台商投资企业和外资企业的吸引力仍有待加强，十年来港澳台商投资企业和外商投资企业数量占全市法人单位总数的比重基本不超过6%。这些问题仍需要我们共同在改革浪潮中寻找答案。

法人单位乃市场经济的细胞，其加速向高质量类型发展，正是广州市下好先手棋、全面深化改革、实现经济发展的转型升级的有力见证。40年来，改革开放的春天一直驻守在我们这座美丽的“花城”，为我们埋下敢为人先、奋发向上的精神种子。正是这种精神，为我们从容应对各种挑战、实现“四个走在全国前列”带来力量。我们将继续高举新时代改革开放旗帜，坚持全面深化改革、全面扩大开放，以更坚定的信心、更有力的措施，把改革开放不断推向深入。

（广州市统计普查中心供稿）

附　录

国民经济和社会发展主要指标（一）

指 标	1978	2000	2005	2010	2015	2016	2017
人口和劳动力							
年末户籍人口 / 万人	482.90	700.69	750.53	806.14	854.19	870.49	897.87
年末常住人口 / 万人	482.90	994.80	949.68	1270.96	1350.11	1404.35	1449.84
年末社会从业人员 / 万人	266.90	496.26	574.46	711.07	810.99	835.26	862.33
地区生产总值 / 亿元	43.09	2505.58	5187.85	10859.29	18313.80	19782.19	21503.15
第一产业	5.03	94.37	130.22	181.31	206.52	216.03	220.45
第二产业	25.24	1029.94	2067.00	4078.90	5873.54	5912.94	6011.01
第三产业	12.82	1381.27	2990.63	6599.09	12233.74	13653.21	15271.69
人均地区生产总值 / 元	907	25758	54160	88361	137793	143638	150678
农业生产							
农林牧渔业总产值 / 亿元	7.99	163.05	220.81	322.13	413.46	436.65	432.92
主要农业产品产量							
粮 食 / 万吨	111.06	88.11	51.73	43.04	44.09	43.65	27.34
园林水果 / 万吨	5.17	32.97	48.87	39.92	48.58	49.48	52.81
蔬 菜 / 万吨	55.68	306.49	248.89	325.99	369.10	374.02	383.77
水产品 / 万吨	3.16	32.52	38.83	44.14	48.39	48.25	47.16
工业生产							
工业总产值 / 亿元	75.39	3100.02	6767.96	14438.99	19892.51	21125.06	22691.06
主要工业产品产量							
汽 车 / 万辆	0.23	3.81	41.35	135.84	220.99	262.88	310.81
家用电冰箱 / 万台		58.14	146.29	179.14	349.74	373.50	277.89
智能电视 / 万台					568.39	612.43	471.39
房间空气调节器 / 万台	0.32	103.43	292.71	636.78	1154.23	1244.22	709.62
固定资产投资							
固定资产投资 / 亿元	7.26	923.67	1519.16	3263.57	5405.95	5703.59	5919.83
#住 宅	0.90	325.03	377.70	572.71	1406.81	1618.40	1778.95
社会消费品零售总额 / 亿元	17.63	1121.13	1905.84	4476.38	7987.96	8706.49	9402.59
运输							
货运量 / 万吨		27972	38153	57369	100124	112507	120737
#铁 路		5398	6379	6689	4811	4884	5121
公 路		12549	20601	39696	71284	76375	77099
水 路		9569	10710	10169	23007	30212	37506
民 航		27	63	90	116	125	132
客运量 / 万人次		26097	40524	62595	106082	45823	49442
#铁 路		4848	6356	9362	13647	14348	15641
公 路		19964	30782	47296	85109	23824	25430
水 路		190	104	273	281	246	285
民 航		1095	3282	5664	7045	7404	8085
对外贸易、外经							
商品进口总值 / 亿美元		115.60	268.07	553.89	527.01	511.32	579.30
商品出口总值 / 亿美元		117.91	266.68	483.79	811.67	781.77	853.20
外商直接投资实际使用金额 / 亿美元		29.89	26.49	39.79	54.16	57.01	62.89
财 政							
一般公共预算收入 / 亿元	13.65	200.55	371.26	872.65	1349.47	1393.64	1536.74
一般公共预算支出 / 亿元	3.87	240.72	438.41	977.32	1727.72	1943.75	2186.01
价格指数 （上年 =100）							
城市居民消费价格总指数	100.3	102.8	101.5	103.2	101.7	102.7	102.3
人民生活							
城镇非私营单位从业人员年平均工资 / 元	714	19091	33853	54495	79534	88136	97522
城镇非私营单位在岗职工年平均工资 / 元		19674	34328	54807	81171	89096	98612
城市居民年人均可支配收入 / 元	442	13967	18287	30658	46735	50941	55400
农村居民年人均可支配收入 / 元	250	6086	7080	12676	19323	21449	23484
教育							
普通高等学校所数 / 所	15	31	59	77	81	82	82
普通高等学校在校学生数 / 万人	2.17	18.51	55.43	84.39	104.52	105.73	106.73
普通中学所数 / 所	234	388	448	475	510	514	518
普通中学在校学生数 / 万人	38.43	42.53	55.03	57.23	51.52	50.57	50.94
小学学校所数 / 所	1515	1626	1283	1004	941	953	961
小学学校在校学生数 / 万人	56.92	75.70	90.34	82.48	93.79	96.85	100.47
卫 生							
医院病床数 / 万张	1.44	3.37	3.94	5.32	7.33	7.90	8.17
医 生 / 万人	1.20	2.35	2.59	3.36	4.25	4.68	4.97

注：本表地区生产总值和工业总产值指数按照可比口径计算。2012 年城市居民年人均可支配收入调查方法进行了调整，绝对值按新口径，增长速度按可比口径计算。

国民经济和社会发展主要指标（二）

指　标	速度指标 / %									
	指数（2017 为以下各年）						年平均增长速度			
	1978	2000	2005	2010	2015	2016	1979—2017	2001—2017	2006—2017	2011—2017
人口和劳动力										
年末户籍人口 / 万人	185.9	128.1	119.6	111.3	105.1	103.1	1.6	1.5	1.6	1.7
年末常住人口 / 万人	300.2	145.7	152.7	114.1	107.4	103.2	2.9	2.4	3.5	2.2
年末社会从业人员 / 万人	323.1	173.8	150.1	121.3	106.3	103.2	3.1	3.3	3.4	2.8
地区生产总值 / 亿元	12604.0	678.8	354.8	187.4	115.7	107.0	13.2	11.9	11.1	9.4
第一产业	606.4	165.1	126.6	117.4	102.9	102.2	4.7	3.0	2.0	2.3
第二产业	13425.7	629.9	313.5	170.7	110.3	104.6	13.4	11.4	10.0	7.9
第三产业	15771.8	736.4	391.0	198.6	118.6	108.2	13.9	12.5	12.0	10.3
人均地区生产总值 / 元	4554.9	462.7	238.1	161.3	107.8	103.2	10.3	9.4	7.5	7.1
农业生产										
农林牧渔业总产值 / 亿元	634.3	159.1	126.1	112.6	101.4	100.7	4.9	2.8	2.0	1.7
主要农业产品产量										
粮　食 / 万吨	24.6	31.0	52.9	63.5	62.0	62.6	-3.5	-6.7	-5.2	-6.3
园林水果 / 万吨	1021.5	160.2	108.1	132.3	108.7	106.7	6.1	2.8	0.6	4.1
蔬　菜 / 万吨	689.2	125.2	110.0	117.7	104.0	102.6	5.1	1.3	0.8	2.4
水产品 / 万吨	1492.4	145.0	121.5	106.8	97.5	97.7	7.2	2.2	1.6	0.9
工业生产										
工业总产值 / 亿元	23167.7	850.9	367.4	176.7	110.6	104.5	15.0	13.4	11.5	8.5
主要工业产品产量										
汽　车 / 万辆	135134.0	8157.7	751.7	228.8	140.6	118.2	20.3	29.6	18.3	12.6
家用电冰箱 / 万台		478.0	190.0	155.1	79.5	74.4		9.6	5.5	6.5
智能电视 / 万台					82.9	77.0				
房间空气调节器 / 万台	221756.1	686.1	242.4	111.4	61.5	57.0	21.8	12.0	7.7	1.6
固定资产投资										
固定资产投资 / 亿元	81540.4	640.9	389.7	181.4	109.5	105.7	20.3	12.1	13.4	10.7
#住　宅	197661.1	547.3	471.0	310.6	126.5	109.9	22.8	8.8	13.1	18.0
社会消费品零售总额 / 亿元	54979.5	913.0	538.2	228.4	117.7	108.0	17.6	13.9	15.1	12.5
运输										
货运量 / 万吨		450.1	329.7	219.5	125.7	111.8		9.3	10.5	11.9
#铁　路		94.9	80.3	76.6	106.4	104.9		-0.3	-1.8	-3.7
公　路		652.9	397.5	206.4	114.9	107.3		11.7	12.2	10.9
水　路		392.0	350.2	368.8	163.0	124.1		8.4	11.0	20.5
民　航		488.9	209.5	146.7	113.8	105.6		9.8	6.4	5.6
客运量 / 万人次		468.3	301.7	195.5	115.2	107.9		9.5	9.6	10.0
#铁　路		322.6	246.1	167.1	114.6	109.0		7.1	7.8	7.6
公　路		489.0	317.3	206.2	114.5	106.7		9.8	10.1	10.9
水　路		150.0	274.0	104.4	101.4	115.9		2.4	8.8	0.6
民　航		738.4	246.3	142.7	114.8	109.2		12.5	7.8	5.2
对外贸易、外经										
商品进口总值 / 亿美元		502	216.4	104.7	109.9	113.3		10.0	6.6	0.7
商品出口总值 / 亿美元		723.2	319.6	176.2	105.1	109.1		12.3	10.2	8.4
外商直接投资实际使用金额 / 亿美元		538.7	237.6	158.1	116.1	110.3		10.4	7.5	6.8
财　政										
一般公共预算收入 / 亿元	11258.2	766.3	413.9	176.1	113.9	110.3	12.9	12.7	12.6	8.4
一般公共预算支出 / 亿元	56486.1	908.1	498.6	223.7	126.5	112.5	17.6	13.9	14.3	12.2
价格指数　　（上年 =100）										
城市居民消费价格总指数	978.8	137.0	137.4	121.9	105.1	102.3	6.0	1.9	2.7	2.9
人民生活										
城镇非私营单位从业人员年平均工资 / 元	13658.5	510.8	288.1	179.0	122.6	110.6	13.4	10.1	9.2	8.7
城镇非私营单位在岗职工年平均工资 / 元		501.2	287.3	179.9	121.5	110.7		9.9	9.2	8.8
城市居民年人均可支配收入 / 元	15846.7	501.9	332.9	198.6	118.6	108.8	13.9	10.0	10.5	10.3
农村居民年人均可支配收入 / 元	13038.9	535.1	391.2	218.6	121.5	109.5	13.3	10.4	12.0	11.8
教育										
普通高等学校所数 / 所	546.7	264.5	139.0	106.5	101.2	100.0	4.5	5.9	2.8	0.9
普通高等学校在校学生数 / 万人	4918.4	576.6	192.5	126.5	102.3	100.9	10.5	10.9	5.6	3.4
普通中学所数 / 所	221.4	133.5	115.6	109.1	101.6	100.8	2.1	1.7	1.2	1.2
普通中学在校学生数 / 万人	132.6	119.8	92.6	89.0	98.9	100.7	0.7	1.1	-0.6	-1.6
小学学校所数 / 所	63.4	59.1	74.9	95.7	102.1	100.8	-1.2	-3.0	-2.4	-0.6
小学学校在校学生数 / 万人	176.5	132.7	111.2	121.8	107.1	103.7	1.5	1.7	0.9	2.9
卫　生										
医院病床数 / 万张	567.4	242.4	207.4	153.6	111.5	103.4	4.6	5.3	6.3	6.3
医　生 / 万人	414.2	211.5	191.9	147.9	116.9	106.2	3.7	4.5	5.6	5.8

地区生产总值

年份	地区生产总值 / 亿元	第一产业	第二产业	# 工业	第三产业	# 批发和零售业	金融业	房地产业
1978	43.09	5.03	25.25	24.35	12.82	4.28	0.40	0.98
1979	48.75	5.16	26.97	25.91	16.62	4.76	0.48	1.23
1980	57.55	6.24	31.37	29.53	19.93	6.53	1.02	2.36
1981	63.41	6.45	36.25	33.34	20.71	7.68	1.07	2.19
1982	72.15	8.82	40.54	36.18	22.79	7.40	1.96	2.35
1983	79.67	8.72	45.66	40.73	25.30	7.92	2.55	3.07
1984	97.74	9.95	51.27	45.79	36.51	12.23	3.81	3.50
1985	124.36	12.04	65.81	57.70	46.50	15.24	6.29	4.44
1986	139.55	13.21	70.11	60.85	56.23	15.48	11.59	6.81
1987	173.21	15.68	79.41	69.30	78.11	21.22	19.22	8.38
1988	240.08	22.78	114.16	97.21	103.14	24.06	22.96	15.15
1989	287.87	24.32	129.63	109.39	133.92	22.92	40.12	17.09
1990	319.60	25.73	136.30	113.10	157.57	25.43	45.87	5.24
1991	386.67	28.17	179.92	158.30	178.58	35.89	45.96	4.82
1992	510.70	35.64	241.31	212.01	233.75	51.76	46.09	10.72
1993	744.35	47.60	351.26	305.01	345.49	100.07	51.58	25.62
1994	985.31	60.62	455.63	387.02	469.06	134.81	62.00	34.19
1995	1260.31	73.46	578.75	494.11	608.10	178.75	91.09	44.65
1996	1470.66	81.16	673.65	579.15	715.84	210.17	120.08	47.90
1997	1682.87	85.72	764.30	663.56	832.86	231.73	135.94	60.41
1998	1900.41	88.88	824.59	711.38	986.94	258.22	127.55	82.95
1999	2149.25	92.85	937.60	804.41	1118.80	257.65	140.32	104.67
2000	2505.58	94.37	1029.94	886.12	1381.27	303.24	146.86	118.39
2001	2857.92	97.28	1122.83	965.77	1637.80	345.63	157.48	146.31
2002	3224.33	103.07	1224.54	1063.85	1896.72	396.43	155.17	183.66
2003	3780.45	109.91	1500.07	1327.96	2170.47	462.59	163.93	229.08
2004	4477.35	117.15	1805.43	1611.14	2554.78	463.69	174.95	268.06
2005	5187.85	130.22	2067.00	1865.26	2990.63	557.43	199.26	334.91
2006	6124.20	128.50	2468.95	2253.84	3526.75	624.35	253.33	430.11
2007	7202.95	149.52	2866.59	2642.84	4186.84	767.05	382.22	530.41
2008	8366.02	166.48	3280.58	3024.03	4918.96	932.86	446.27	601.62
2009	9240.58	167.65	3474.49	3185.14	5598.44	1123.72	551.45	705.86
2010	10859.29	181.31	4078.90	3719.90	6599.09	1354.16	670.53	776.31
2011	12562.12	194.03	4673.65	4235.14	7694.45	1594.77	855.53	896.95
2012	13697.91	200.27	4828.67	4370.02	8668.96	1896.83	971.27	1022.55
2013	15663.48	196.13	5377.98	4876.41	10089.37	2269.31	1274.27	1314.28
2014	16896.62	200.81	5725.53	5203.04	10970.28	2511.75	1422.15	1370.03
2015	18313.80	206.52	5873.54	5333.09	12233.74	2697.31	1628.71	1529.42
2016	19782.19	216.03	5912.94	5377.07	13653.21	2938.36	1809.37	1620.54
2017	21503.15	220.45	6011.01	5459.69	15271.69	3155.81	1955.12	1833.78
年平均增长 / %	13.2	4.7	13.4	13.7	13.9	12.2	19.2	17.7

地区生产总值指数（上年 =100）

年 份	地区生产总值 / 亿元	第一产业	第二产业	# 工业	第三产业
1978	110.3	100.1	108.5	108.7	117.6
1979	113.4	100.4	107.5	106.6	128.2
1980	115.4	114.6	119.0	117.4	110.3
1981	108.6	102.1	114.1	112.4	101.3
1982	110.3	124.2	110.2	107.3	106.8
1983	109.4	93.4	112.8	113.7	107.9
1984	117.4	113.2	107.3	106.7	138.4
1985	118.3	107.4	124.3	123.1	111.7
1986	105.7	100.5	101.3	101.3	114.1
1987	115.2	99.0	108.2	108.6	128.9
1988	117.8	104.6	126.3	125.1	109.0
1989	104.7	100.7	100.6	101.0	111.4
1990	111.3	103.7	107.8	109.6	116.9
1991	116.3	109.1	127.2	128.6	108.0
1992	123.3	120.4	128.1	128.7	118.8
1993	126.4	102.1	133.6	132.1	122.4
1994	118.8	112.6	123.2	121.0	114.5
1995	116.5	104.1	117.1	118.8	117.5
1996	112.5	105.3	113.5	115.7	112.1
1997	113.5	105.5	113.0	114.8	115.0
1998	113.2	104.0	112.7	113.0	114.7
1999	113.3	110.4	115.7	115.4	110.6
2000	113.4	101.7	111.9	112.5	116.3
2001	112.8	102.2	111.0	111.2	114.9
2002	113.3	109.8	112.5	113.9	114.1
2003	115.2	104.5	121.4	124.3	111.3
2004	115.1	105.4	117.2	118.6	113.9
2005	113.0	105.6	113.0	113.8	113.3
2006	115.0	95.7	116.6	117.9	114.7
2007	115.5	102.8	114.2	115.5	116.9
2008	112.6	102.2	111.3	112.0	113.9
2009	111.9	104.0	109.7	109.6	113.5
2010	113.2	103.2	113.0	112.5	113.5
2011	111.4	103.1	111.9	111.7	111.3
2012	110.4	103.2	108.5	109.0	111.9
2013	111.7	102.9	111.0	112.1	112.3
2014	108.6	101.8	107.5	107.9	109.5
2015	108.4	102.4	106.8	107.0	109.5
2016	108.2	100.6	105.5	106.0	109.6
2017	107.0	102.2	104.6	105.2	108.2

注：本表数据按可比价格计算。

人均地区生产总值

年 份	人均地区生产总值 / 元	人均地区生产总值 / 美元	增长 / %
1978	907		8.8
1979	1003		10.8
1980	1160		13.2
1981	1258		6.8
1982	1402		8.0
1983	1524		7.6
1984	1840		15.6
1985	2302	784	16.3
1986	2536	734	3.7
1987	3092	831	13.2
1988	4205	1130	15.6
1989	4953	1315	2.9
1990	5418	1133	9.7
1991	5956	1119	14.6
1992	7521	1364	17.9
1993	10481	1819	20.9
1994	13264	1539	13.6
1995	16222	1943	11.4
1996	18098	2179	7.6
1997	19800	2389	8.5
1998	21378	2582	8.2
1999	23116	2792	8.3
2000	25758	3112	8.4
2001	28700	3468	10.2
2002	32544	3932	13.9
2003	38621	4666	16.6
2004	46182	5579	16.2
2005	54160	6612	14.3
2006	62930	7895	13.2
2007	70284	9243	9.7
2008	77165	11110	6.5
2009	80272	11748	5.4
2010	88361	13015	6.0
2011	98677	15195	7.6
2012	107055	16960	9.9
2013	121584	19568	10.9
2014	129938	21153	7.6
2015	137793	22092	6.1
2016	143638	21639	4.4
2017	150678	22317	3.2
年平均增长 / %	10.3	—	—

人口数量和增长

年　份	年末常住人口 / 万人	年末城镇常住人口比例 / %	年末户籍人口 / 万人	户籍人口自然增长率 / ‰
1978			482.90	10.14
1979			493.39	11.64
1980			501.86	10.68
1981			510.48	11.80
1982			518.83	12.79
1983			526.73	11.50
1984			535.60	11.60
1985			544.98	11.23
1986			555.41	11.57
1987			565.08	10.76
1988			576.91	9.77
1989			585.43	10.41
1990	634.64	69.40	594.25	9.48
1991	663.79	70.72	602.22	8.06
1992	694.27	72.07	612.20	7.58
1993	726.15	73.44	623.67	7.75
1994	759.49	74.83	637.02	7.18
1995	794.37	76.26	646.71	6.25
1996	830.85	77.71	656.05	6.32
1997	869.00	79.18	666.49	5.97
1998	908.91	80.69	674.14	3.99
1999	950.65	82.23	685.00	6.23
2000	994.80	83.79	700.69	4.51
2001	996.75	85.28	712.60	4.23
2002	984.76	86.80	720.62	3.10
2003	972.93	88.34	725.19	2.24
2004	966.06	89.91	737.67	3.82
2005	949.68	91.51	750.53	3.21
2006	996.66	82.04	760.72	3.53
2007	1053.01	82.17	773.48	3.75
2008	1115.34	82.23	784.17	4.46
2009	1186.97	82.53	794.62	4.27
2010	1270.96	83.78	806.14	6.78
2011	1275.14	84.13	814.58	5.29
2012	1283.89	85.02	822.30	6.27
2013	1292.68	85.27	832.31	8.56
2014	1308.05	85.43	842.42	8.02
2015	1350.11	85.53	854.19	11.94
2016	1404.35	86.06	870.49	10.45
2017	1449.84	86.14	897.87	15.84
年平均增长 / %	3.1	—	1.6	—

从业人员及劳动工资

年 份	全社会从业人员 / 万人	城镇非私营单位从业人员工资总额 / 万元	城镇非私营单位从业人员年平均工资 / 元
1978	266.90	101809	714
1979	266.93	119105	820
1980	275.05	142243	941
1981	282.61	161826	1022
1982	293.77	181919	1095
1983	298.20	193121	1155
1984	305.44	226394	1338
1985	313.47	278892	1621
1986	321.92	320160	1806
1987	328.97	371568	2043
1988	333.98	497046	2683
1989	333.74	609428	3272
1990	341.15	656434	3504
1991	355.95	783043	4022
1992	371.12	971335	4792
1993	388.96	1316773	6342
1994	399.15	1815428	8623
1995	407.78	2176743	10349
1996	412.21	2425409	11852
1997	428.21	2644988	13141
1998	445.39	2839469	14732
1999	454.89	3093535	16718
2000	496.26	3489371	19714
2001	502.93	3896181	22726
2002	507.02	4564910	26131
2003	521.07	5380915	28666
2004	540.71	6072692	31337
2005	574.46	6772629	34171
2006	599.50	7532573	36566
2007	623.63	8961040	40280
2008	652.90	10251127	45368
2009	679.15	11439796	49054
2010	711.07	13354746	54091
2011	743.18	17486373	56618
2012	751.30	20305943	62598
2013	759.93	21724541	68594
2014	784.84	23881767	73131
2015	810.99	25674928	79534
2016	835.26	28537980	88136
2017	862.33	31983933	97522
年平均增长 / %	3.1	15.9	13.4

固定资产投资

年　份	固定资产投资额 / 万元	第一产业	第二产业	第三产业	# 房地产开发
1978	72641	4317	32100	36224	
1979	72488	5088	29708	39492	
1980	99565	4953	39722	54890	
1981	136300	4236	44042	88022	
1982	210108	6307	66529	13727	
1983	228889	6569	72643	149677	
1984	299248	9835	80351	209062	42902
1985	436197	13672	143702	278823	46472
1986	524813	3157	202733	318923	52565
1987	584140	3658	246263	334219	70031
1988	902161	10816	401557	489788	140091
1989	933326	12311	358329	562686	152359
1990	905937	14268	346872	544797	117419
1991	1037424	21405	412045	603974	156349
1992	1881379	52206	648968	1180205	397420
1993	3733976	18412	1057446	2658118	1252387
1994	5257053	58044	1306943	3892066	1894520
1995	6182515	42433	1698901	4441181	2091136
1996	6389360	85087	1636321	4667952	2291640
1997	6565767	39520	1389109	5137138	2374223
1998	7588283	40109	1292311	6255863	2693689
1999	8782586	50199	1562947	7169440	2959027
2000	9236676	66584	1411261	7758831	3555816
2001	9782093	17789	1419209	8345095	3870207
2002	10092421	24625	1913745	8154051	4263898
2003	11751668	14657	2265387	9471624	4194806
2004	13489283	30084	2863780	10595419	4770315
2005	15191582	9816	4379347	10802419	5080846
2006	16963824	17999	4632303	12313522	5567893
2007	18633437	11541	4015821	14606075	7038031
2008	21055373	16269	4510845	16528259	7634024
2009	26598516	34894	5454577	21109045	8173449
2010	32635731	34280	6262773	26338678	9836582
2011	34122005	39223	5529978	28552804	13053605
2012	37583868	71881	5998727	31513260	13704511
2013	44545508	107320	7169083	37269105	15724289
2014	48895026	151898	7174196	41568932	18161529
2015	54059522	337727	7795480	45926315	21375891
2016	57035860	211577	7320025	49504258	25408549
2017	59198316	105089	7515079	51578148	27028935
年平均增长 / %	20.3	9.8	17.0	22.0	23.1

房屋建设和商品房销售

年　份	房屋建筑施工面积 / 万平方米	#住　宅	房屋建筑竣工面积 / 万平方米	#住　宅	商品房实际销售面积 / 万平方米
1978	430	173	185	85	
1979	539	276	193	99	
1980	611	334	269	163	
1981	947	598	527	381	
1982	1220	807	669	502	
1983	1190	767	642	461	
1984	1197	753	693	477	
1985	1449	820	797	531	
1986	1470	826	850	559	72
1987	1524	837	847	518	71
1988	1953	1075	956	580	91
1989	1837	1013	921	579	101
1990	1682	971	880	537	115
1991	1679	955	824	517	121
1992	2365	1309	1057	588	167
1993	3489	2064	1445	817	203
1994	4639	2738	1871	1205	185
1995	4959	2841	1848	1213	242
1996	4891	2812	1825	1155	262
1997	4935	2923	1743	1203	291
1998	5445	3307	1894	1275	405
1999	6041	3639	2245	1501	539
2000	6152	3790	2405	1539	557
2001	6613	3917	2138	1304	554
2002	6377	3809	2130	1393	728
2003	6540	3643	2243	1317	816
2004	7263	3818	2308	1046	858
2005	7166	3837	2405	1091	1272
2006	6896	3751	1677	918	1317
2007	8114	4050	2244	1001	1351
2008	8272	3986	1850	865	1025
2009	8691	3741	2209	966	1375
2010	10115	4280	2389	950	1405
2011	11556	5083	2804	938	1194
2012	12382	5152	2958	940	1333
2013	13959	5754	3684	898	1700
2014	13996	6411	3700	1266	1540
2015	13130	6461	2712	1032	1653
2016	11564	6229	1642	833	1949
2017	12045	6428	1496	833	1758

能源消耗情况

年　份	单位 GDP 能耗下降率 / %	能源消费总量 / 万吨标准煤	全社会用电量 / 亿千瓦时	工业用电量 / 亿千瓦时
1978			22.97	18.38
1979			27.31	21.74
1980			30.22	22.85
1981			31.46	22.93
1982			33.55	23.71
1983			37.63	26.19
1984			37.57	24.71
1985		697.27	40.39	25.16
1986		746.93	42.57	26.70
1987		828.17	52.87	35.30
1988		837.56	57.09	36.79
1989		855.15	58.81	38.19
1990		889.72	65.19	40.24
1991		1018.23	85.04	55.77
1992		1178.72	98.84	64.17
1993		1357.94	119.47	76.54
1994		1418.11	134.01	82.50
1995		1587.50	149.17	90.06
1996		1715.90	160.76	94.83
1997		1804.79	170.06	98.74
1998		1832.12	189.33	106.63
1999		1907.60	205.68	115.53
2000		2169.20	236.32	135.17
2001		2242.93	254.02	142.85
2002		2421.07	284.90	160.79
2003		2772.86	334.97	194.38
2004		3283.07	384.64	223.95
2005		3829.29	425.67	253.19
2006	4.62	4122.58	469.42	274.03
2007	4.44	4395.38	527.13	306.36
2008	4.56	4577.54	545.92	309.88
2009	4.01	4673.27	567.08	309.89
2010	4.60	4775.60	625.90	349.72
2011	4.91	5013.40	663.55	361.45
2012	4.94	5163.45	694.13	358.95
2013	5.14	5333.57	710.69	365.64
2014	3.52	5496.46	765.85	386.04
2015	4.52	5688.89	779.32	393.74
2016	4.96	5852.60	823.57	416.46
2017	4.81	5961.97	869.59	436.45
年平均增长 / %	—	6.9	9.8	8.5

注：单位 GDP 能耗下降率和能源消费总量两指标分别从 2006 年和 1985 年开始统计。

环境保护基本情况

年份	废水排放量 / 万吨			化学需氧量排放总量 / 万吨	二氧化硫排放总量 / 万吨	工业废气排放量 / 亿立方米	道路交通噪声昼间平均等效声级 / 分贝
		工业废水	城市生活污水				
1978							
1979							
1980	61107	40843	20264				75.8
1981	63356	40808	22548				75.8
1982	65219	40790	24429		11.17	534.60	75.9
1983	66893	40400	26493	8.98	9.89	539.91	77.0
1984	66729	37590	29139	8.48	9.98	617.26	76.9
1985	69280	37400	31880	8.46	10.10	565.05	76.4
1986	76602	42446	34156	10.93	9.54	934.29	73.8
1987	78746	41494	37252	10.02	9.23	953.56	73.8
1988	84609	40625	43984	10.41	9.92	957.17	74.3
1989	91518	43463	48055	10.67	11.90	963.76	73.2
1990	88697	37246	51451	11.61	13.15	1144.29	73.7
1991	90181	35552	54629	9.89	14.57	1350.56	73.5
1992	96203	35609	60594	9.05	15.26	1415.43	73.6
1993	102858	35720	67138	8.02	16.22	1499.81	74.8
1994	102285	32415	69870	6.42	15.32	1836.40	72.3
1995	105158	30930	74228	5.60	14.09	1871.61	72.6
1996	103483	27836	75647	5.44	13.22	1831.54	72.0
1997	105327	26764	78563	5.31	14.73	1587.37	71.8
1998	108082	25467	82615	5.71	16.41	1611.11	71.2
1999	108108	23867	84241	4.46	15.21	1639.95	70.8
2000	95933	24622	71311	13.32	19.21	1959.16	69.1
2001	104758	24780	79978	15.31	21.34	2249.22	68.9
2002	115086	24148	90938	16.00	20.87	2355.53	68.6
2003	134113	21213	112900	19.28	17.93	1826.31	68.6
2004	113568	21638	91930	12.04	18.18	2618.88	69.3
2005	125837	20249	105588	11.51	14.50	2342.16	69.3
2006	128302	20445	107857	11.40	12.92	2126.49	69.4
2007	111491	21103	90388	10.49	10.53	1994.63	69.2
2008	126156	34475	91681	12.83	9.99	2435.84	69.1
2009	119317	26023	93294	12.02	9.05	2539.47	69.2
2010	125662	23603	102059	10.82	7.85	3155.59	69.1
2011	141618	24580	116942	16.64	6.83	4120.20	68.9
2012	152870	22716	130031	17.96	6.66	3646.58	68.9
2013	157843	22558	135179	17.59	6.57	3753.74	68.8
2014	161484	19181	142149	16.75	5.89	3737.21	68.9
2015	161905	18608	143112	16.02	5.02	3550.92	69.0
2016	161111	19326	141562	11.71	2.08	4075.23	69.0
2017	172658	20605	151795	11.46	1.54	4131.49	69.0

注：1. 本表数据由市环保局提供。2. 除道路交通噪声昼间平均等效声级外，其余数据来源于历年环境统计数据。3. 化学需氧量排放总量在 2000 年之前为工业源化学需氧量排放量，自 2000 年开始增加生活源化学需氧量排放量，自 2011 年开始增加农业源化学需氧量排放量。4. 废水排放量包括工业废水排放量、城镇生活污水排放量和集中式治理设施污水排放量（不含污水处理厂）。

地方财政收支

年份	地方财政收入/亿元	#一般公共预算收入	地方财政支出/亿元	#一般公共预算支出
1978	14.01	13.65	4.40	3.87
1979	13.64	13.12	4.47	4.16
1980	16.29	15.43	4.98	4.35
1981	17.92	17.10	5.57	4.76
1982	19.44	18.36	6.19	5.42
1983	21.18	19.81	7.30	6.02
1984	22.63	21.16	8.34	7.16
1985	30.18	28.85	11.82	10.75
1986	32.44	31.15	16.27	15.23
1987	35.24	34.18	16.45	15.13
1988	41.37	39.71	21.52	19.95
1989	47.23	46.51	25.41	24.66
1990	37.82	36.94	25.12	24.31
1991	49.62	48.49	32.16	30.71
1992	52.92	51.35	33.79	32.25
1993	79.27	77.37	55.19	53.82
1994	64.87	62.87	75.77	73.74
1995	99.75	97.08	112.78	111.24
1996	88.11	85.24	125.12	121.91
1997	106.07	97.72	146.92	138.99
1998	137.32	132.19	179.61	175.11
1999	188.14	176.15	231.09	222.37
2000	219.91	200.55	258.60	240.72
2001	271.91	246.19	314.98	292.63
2002	269.10	245.87	350.19	326.67
2003	300.55	274.77	395.52	370.09
2004	338.45	302.87	447.06	408.34
2005	408.85	371.26	476.28	438.41
2006	476.72	427.08	559.42	506.79
2007	838.99	523.79	850.01	623.69
2008	843.14	621.84	997.94	713.35
2009	1107.66	702.65	1059.50	789.92
2010	1399.16	872.65	1487.16	977.32
2011	1535.14	979.48	1793.35	1181.25
2012	1579.68	1102.40	1796.91	1343.65
2013	2088.14	1141.80	2283.51	1386.13
2014	2318.84	1243.10	2525.38	1436.22
2015	2391.33	1349.47	2641.02	1727.72
2016	2218.48	1393.64	2845.66	1943.75
2017	2844.83	1536.74	3484.70	2186.01
年平均增长/%	14.6	12.9	18.7	17.6

金融机构存贷款余额

年 份	金融机构本外币存款余额 / 亿元	# 人民币存款	金融机构本外币贷款余额 / 亿元	# 人民币贷款
1978		25.56		26.04
1979		31.02		26.97
1980		43.73		40.25
1981		49.19		47.04
1982		56.22		53.50
1983		64.31		59.11
1984		87.91		93.60
1985		100.72		105.19
1986		141.49		142.95
1987		203.74		211.58
1988		260.54		265.08
1989		325.47		359.28
1990		440.47		420.38
1991		601.91		491.13
1992		871.44		651.21
1993		1085.96		835.60
1994		1439.01		984.48
1995		2001.96		1312.15
1996		2712.98		1605.22
1997		3497.65		2166.01
1998		4103.45		2502.12
1999		4823.87		3435.71
2000		5545.19		3895.49
2001		6228.04		4336.50
2002		7498.35		5257.21
2003		8576.72		6127.27
2004		9613.57		6535.39
2005		11085.30		6908.03
2006		12731.23		7931.78
2007	14783.46	14309.71	9661.38	8737.05
2008	16929.47	16421.05	11079.55	10304.73
2009	20944.19	20401.72	13851.83	12598.16
2010	23953.96	23384.50	16284.31	14987.73
2011	26460.80	25791.70	17732.88	16333.43
2012	30186.57	29006.99	19936.52	18023.02
2013	33838.20	32850.57	22016.18	20172.97
2014	35469.29	34170.66	24231.71	22688.33
2015	42843.67	41574.49	27296.16	26136.95
2016	47530.20	45937.34	29669.82	28885.54
2017	51369.03	49332.53	34137.05	33312.73

价格指数（以上年价格为 100）

年　份	居民消费价格指数 / %	城市商品零售价格指数 / %	工业生产者购进价格指数 / %	工业生产者出厂价格指数 / %
1978	100.3	100.3		
1979	104.0	104.5		
1980	107.2	107.6		
1981	105.2	105.7		
1982	104.4	104.6		
1983	101.6	101.3		
1984	102.4	101.4		
1985	121.5	122.5		
1986	103.9	103.3		
1987	113.7	114.3		
1988	127.7	129.6		
1989	121.6	121.6		
1990	97.3	96.3		
1991	103.0	102.0		
1992	111.7	108.9		
1993	125.0	125.1		
1994	120.0	116.6	121.1	126.0
1995	113.5	109.7	118.7	112.3
1996	108.2	104.3	104.5	101.4
1997	102.2	99.4	96.9	100.2
1998	97.7	96.3	91.1	95.2
1999	98.5	96.8	99.7	98.3
2000	102.8	99.4	113.6	103.2
2001	98.9	97.4	99.5	98.6
2002	97.6	97.4	96.5	96.8
2003	100.1	99.1	105.7	99.6
2004	101.7	102.1	111.7	102.1
2005	101.5	101.6	107.9	101.7
2006	102.3	101.2	104.9	101.2
2007	103.4	102.9	104.7	101.4
2008	105.9	105.7	109.4	103.7
2009	97.5	96.8	91.8	96.5
2010	103.2	103.2	110.9	102.4
2011	105.5	105.1	109.1	103.1
2012	103.0	101.9	98.4	99.7
2013	102.6	100.5	98.2	98.0
2014	102.3	101.5	98.0	98.2
2015	101.7	99.1	93.7	96.8
2016	102.7	101.2	98.5	98.8
2017	102.3	102.0	108.8	102.3

居民生活

年 份	城市居民人均可支配收入 / 元	城市居民人均消费支出 / 元	城市居民家庭恩格尔系数 / %	农村居民人均可支配收入 / 元	农村居民人均生活费支出 / 元	农村居民家庭恩格尔系数 / %
1978	442	440		250	222	
1979				251	237	
1980	606	521		323	259	
1981	641	575		413	291	
1982	725	651		468	362	
1983	771	715		612	460	
1984	879	814		688	545	
1985	1100	1011	62.5	733	535	55.5
1986	1300	1188	61.3	857	671	51.8
1987	1501	1375	60.7	1075	783	52.7
1988	1857	1759	61.8	1325	1063	50.1
1989	2493	2265	60.4	1525	1176	50.1
1990	2749	2410	60.6	1539	1219	49.1
1991	3124	2744	58.9	1736	1225	51.6
1992	3967	3386	56.1	2152	1224	54.9
1993	5260	4625	51.5	2661	2003	48.7
1994	7571	6213	50.1	3670	2640	49.6
1995	9038	7602	50.2	4483	3308	46.3
1996	9905	8093	50.4	5165	3531	45.0
1997	10445	8768	49.1	5546	3602	47.4
1998	11256	9422	44.7	5629	4144	42.6
1999	12019	9751	44.0	5834	3635	48.5
2000	13967	11349	42.6	6086	4453	38.2
2001	14694	11467	40.0	6446	4388	43.8
2002	13380	10672	41.0	6857	4435	43.3
2003	15003	11571	38.9	6130	4116	43.9
2004	16884	13121	38.3	6625	4353	43.8
2005	18287	14468	37.3	7080	5396	43.2
2006	19851	15445	37.0	7788	5629	42.6
2007	22469	18951	32.8	8613	6342	42.8
2008	25317	20836	33.7	9828	6838	42.3
2009	27610	22821	33.2	11607	7742	44.0
2010	27902	22813	33.3	10747	8987	45.9
2011	31390	25733	34.0	12563	10101	44.7
2012	35408	28255	34.0	14234	10965	44.5
2013	39444	30713	33.9	16013	11688	44.2
2014	42955	33385	32.9	17663	14543	42.9
2015	46735	35654	32.8	19323	15925	39.4
2016	50941	38398	32.8	21449	17595	39.5
2017	55400	40637	32.1	23484	18932	38.8
年平均增长 / %	13.9	12.7	—	13.3	12.0	—

注：1. 1978—2013 年农村居民收入为家村居民人均纯收入，其中 2003—2013 年农村居民人均纯收入统计口径调整；2014 年起农村居民收入统计口径调整为农村居民人均可支配收入，增长速度按可比口径计算。

2. 2002 年起城市居民人均可支配收入统计口径调整，增长速度按可比口径计算。

3. 2014 年起实施城乡一体化分市县住户调查制度，绝对值按新口径计算，增长速度按可比口径计算。

4. 2010-2013 年居民可支配收入、消费支出绝对值以 2014 年新口径数据为基础，按增速倒推（增速上新旧口径保持一致）。

农业生产情况

年份	农林牧渔业总产值 / 亿元	农林牧渔业总产值指数（1978 年 =100）	粮食产量 / 万吨	油料产量 / 万吨	肉类产量 / 万吨
1978	7.99	100.00	111.06	3.31	5.05
1979	8.18	101.91	118.96	3.70	5.93
1980	8.95	110.23	124.58	4.30	5.57
1981	9.28	112.20	107.06	5.49	6.41
1982	12.10	132.05	123.78	5.64	7.35
1983	12.13	124.97	120.71	4.15	7.62
1984	14.33	137.93	125.99	4.72	7.91
1985	18.02	149.04	113.06	5.02	9.84
1986	20.76	156.71	112.34	4.96	10.16
1987	25.94	163.64	114.70	4.24	11.20
1988	37.49	172.90	110.87	4.24	12.68
1989	41.06	175.38	117.96	4.06	12.77
1990	43.93	186.47	119.53	3.88	14.44
1991	48.91	207.09	115.65	3.81	15.65
1992	59.03	236.05	104.47	3.55	19.08
1993	77.36	233.84	90.77	3.08	21.96
1994	103.42	274.58	94.20	2.95	24.69
1995	126.81	300.05	97.90	2.73	26.29
1996	142.91	319.88	99.24	2.66	27.95
1997	150.81	341.10	100.92	2.47	29.59
1998	154.02	356.90	103.30	2.33	30.62
1999	160.07	390.81	102.34	2.37	31.80
2000	163.05	398.62	88.11	2.56	32.77
2001	167.05	405.00	75.13	2.60	31.55
2002	175.06	441.85	65.16	2.62	31.04
2003	180.67	444.95	54.52	2.32	30.33
2004	201.44	467.64	52.19	2.38	29.85
2005	220.81	486.81	51.73	2.24	32.03
2006	217.84	477.56	41.68	2.24	26.82
2007	254.47	492.37	42.35	1.26	27.62
2008	291.30	509.11	41.63	1.53	30.44
2009	295.62	528.96	43.00	1.70	31.79
2010	322.13	545.36	43.04	1.80	32.36
2011	350.61	559.54	44.66	1.87	31.62
2012	366.79	575.21	44.97	1.87	32.09
2013	389.98	591.89	43.55	1.89	31.32
2014	398.30	592.48	44.31	1.90	25.47
2015	413.46	605.52	44.09	1.88	22.86
2016	436.65	609.75	43.65	1.88	21.83
2017	432.92	613.74	27.34	1.69	19.22
年平均增长 / %	4.9	—	-3.5	-1.7	3.5

工业生产情况

年 份	工业总产值 / 万元	轻工业	重工业	工业总产值指数 / %	轻工业	重工业
1978	753873	476737	277136	104.4	102.9	106.8
1979	819764	501119	318645	109.0	105.2	114.7
1980	881242	574239	307003	111.7	118.0	103.0
1981	981634	659679	321955	110.0	113.1	105.0
1982	1068932	708273	360659	107.7	105.3	110.3
1983	1206184	798185	407999	112.6	112.2	113.2
1984	1411810	879396	532414	112.2	111.7	113.0
1985	1779333	1163704	615629	122.1	122.9	120.9
1986	1921490	1206778	714712	104.3	106.1	101.3
1987	2421760	1551033	870727	120.7	122.7	117.2
1988	3413107	2251117	1161990	125.6	128.4	120.4
1989	4071472	2598755	1472717	106.2	103.4	111.7
1990	4424437	2830366	1594071	110.1	113.6	103.7
1991	5794842	3588318	2206524	123.6	122.7	125.4
1992	7905237	4753211	3152026	132.2	129.9	136.7
1993	11422184	6595134	4827050	132.5	129.8	137.5
1994	14921455	8784293	6137162	122.4	126.0	116.2
1995（原规定）	19353440	11263263	8090177	120.2	115.6	128.9
1995（新规定）	17224948	10263515	6961433	120.2	115.6	128.9
1996	20685796	12641264	8044532	119.1	126.1	106.8
1997	23753915	14395602	9358313	117.9	116.8	120.2
1998	25127025	15661603	9465422	114.0	112.8	116.3
1999	27793652	16797164	10996488	114.3	111.3	120.1
2000	31000188	17622183	13378005	113.6	107.9	123.9
2001	33931904	18855507	15076397	114.9	110.6	121.9
2002	37889079	20185702	17703377	115.0	109.6	122.8
2003	47059104	23752778	23306326	126.5	119.5	135.5
2004	57666925	25977971	31688954	120.0	108.9	130.1
2005	67679563	28714137	38965426	115.4	110.1	118.8
2006	81123964	31875454	49248510	116.9	111.0	120.2
2007	98757886	37208718	61549168	120.1	114.8	124.3
2008	114684010	43536797	71147213	112.0	114.2	111.0
2009	123554645	46730599	76824046	111.7	109.8	112.8
2010	144389877	51073851	93316026	118.5	115.2	120.4
2011	166241771	61592119	104649652	111.6	116.8	108.8
2012	170901752	57926380	112975372	111.2	114.5	109.7
2013	182242642	66739903	115502739	113.0	112.6	113.1
2014	193898823	71047066	122851757	107.5	105.4	108.7
2015	198925099	72812543	126112556	106.0	102.7	107.8
2016	211250630	75372248	135878382	105.8	100.2	109.0
2017	226910619	70930781	155979838	104.5	99.1	107.1
年平均增长 / %	15.0	13.6	16.3	—	—	—

注：工业总产值指数按可比价格计算。

邮政业务发展

年　份	邮电业务总量 / 万元	移动电话用户 / 万户	国际互联网用户 / 万户	快递 / 万件
1978	0.65			
1979	0.71			
1980	0.81			
1981	0.84			
1982	0.89			
1983	0.93			
1984	1.34			
1985	1.78			
1986	2.20			
1987	2.83			
1988	3.80			
1989	5.38			
1990	7.09	0.54		
1991	9.35	1.09		
1992	13.28	2.64		
1993	21.90	6.75		
1994	31.99	11.84		
1995	46.37	27.57		
1996	57.85	42.23		
1997	71.17	65.58		
1998	86.39	100.84		
1999	120.68	172.96	10.55	
2000	172.09	300.58	82.59	465
2001	152.17	559.62	120.95	525
2002	179.77	745.00	271.71	715
2003	204.84	1063.46	314.75	747
2004	256.68	1092.65	248.44	836
2005	473.73	1406.65	228.04	955
2006	528.12	1706.00	233.89	1076
2007	585.78	1778.00	194.50	1310
2008	674.92	1971.30	235.42	1676
2009	723.45	2099.44	280.19	2100
2010	1051.65	2328.83	422.90	2982
2011	525.32	2566.93	621.40	3642
2012	495.88	3040.21	645.20	3883
2013	656.00	3176.12	766.45	79342
2014	838.40	3223.92	742.21	139031
2015	1092.94	3218.58	539.26	195208
2016	1628.28	2828.09	613.31	286698
2017	1544.90	3082.94	604.91	393320
年平均增长 / %	24.2	37.8	25.2	48.7

交通运输情况

年 份	公路里程 / 公里	民用汽车拥有量 / 万辆	客运量 / 万人	货运量 / 万吨	旅客周转量 / 万人公里	货物周转量 / 万吨公里
1978		1.53				
1979		1.84				
1980		2.95				
1981		4.33				
1982		4.31				
1983		4.67				
1984		5.44				
1985		6.74	11653	18233	1017045	15653824
1986		7.66	10985	15439	1090054	16584196
1987		8.52	9152	18947	1158152	17143674
1988		8.94	10290	21390	1340611	18968882
1989		9.80	9051	18397	1269994	20193670
1990		10.33	9461	17842	1340608	21417482
1991		11.71	9996	19535	1574625	26703071
1992		14.22	12459	22562	1897547	28156518
1993	3695	18.17	15988	24818	2193885	29564344
1994	4039	21.90	17307	26461	2202816	35696673
1995	4194	24.47	16107	26992	2227019	39618131
1996	4362	25.33	15638	23315	2066438	30739572
1997	4382	27.79	17725	23768	2417966	30573646
1998	4367	30.03	19587	24443	2563072	26210641
1999	4378	34.80	22007	24238	2799796	20924658
2000	5021	39.58	26097	27972	4533805	22660161
2001	5179	43.04	27461	28248	4986901	23370862
2002	5397	48.76	30084	28496	5570611	22346711
2003	5450	57.72	30546	29309	5408605	25104134
2004	5438	68.24	36941	35700	8557982	27833246
2005	5493	76.15	40524	38153	9750755	27240509
2006	7848	88.91	43777	42759	10915614	27954630
2007	8726	104.19	51180	45852	12906006	24706845
2008	8971	117.17	55385	49586	13752318	24620645
2009	9089	134.05	57053	52525	14538626	21762287
2010	8975	159.89	62595	57369	16936472	24508491
2011	9052	185.77	67756	64929	18790926	28611908
2012	8997	204.16	76070	76100	20746062	49383911
2013	9004	214.81	89269	89099	22776307	68224384
2014	9219	222.77	98062	96553	24996168	86335522
2015	9320	223.78	106082	100124	26681268	90504153
2016	9336	230.04	45823	107992	21698556	153864229
2017	9322	239.92	49442	120737	23488229	214221822
年平均增长 / %	3.9	13.8	7.6	6.2	11.3	8.5

社会消费品零售总额情况

年 份	总 计 / 万元	批发和零售业	住宿和餐饮业	其他行业	社会消费品零售总额指数 / %
1978	176300	148378	16242	11680	106.6
1979	210990	171967	19167	19856	119.7
1980	287127	224457	23307	39363	136.1
1981	345303	253602	27986	63715	120.3
1982	385435	294676	31065	59694	111.6
1983	436195	326611	34201	75383	113.2
1984	543129	400564	51618	90947	124.5
1985	749841	499571	115750	134520	138.1
1986	802044	536172	107943	157929	107.0
1987	952332	622077	134437	195818	118.7
1988	1303688	833448	175891	294349	136.9
1989	1442483	910670	234931	296882	110.6
1990	1477826	945047	239607	293172	102.4
1991	1701215	1062833	286924	351458	115.1
1992	2095177	1330726	340871	423580	123.2
1993	3030090	1878281	550956	600853	144.6
1994	4481850	2781693	803059	897098	147.9
1995	5499678	3437585	962855	1099238	122.7
1996	6864426	4549455	1193692	1121279	118.3
1997	8025887	5329267	1387026	1309594	116.9
1998	9045719	6010638	1583833	1451248	112.7
1999	10006848	6661555	1820957	1524336	110.6
2000	11211340	7839516	2081458	1290366	112.0
2001	12482848	8803979	2399208	1279661	111.3
2002	13706815	9733195	2659750	1313870	109.8
2003	14942742	11833760	2818533	290449	109.0
2004	16777731	14030973	2636742	110016	112.1
2005	19058398	16171817	2835312	51269	113.6
2006	21991379	18921556	3069823		115.4
2007	26242399	22841850	3400549		119.3
2008	31873862	27953721	3920141		121.5
2009	36157655	31565720	4591935		113.4
2010	44763780	38835933	5927847		124.2
2011	52430246	45444614	6985632		117.1
2012	59772666	51685711	8086955		115.2
2013	68828473	59858717	8969756		115.2
2014	71444503	62306372	9138131		112.5
2015	79879595	69845716	10033879		111.0
2016	87064876	76255760	10809116		109.0
2017	94025908	82593544	11432364		108.0
年平均增长 / %	17.6	17.6	18.6		—

利用外资情况

年　份	项目（企业）数／个	外商直接投资	合同利用外资金额／万美元	外商直接投资	实际利用外资金额／万美元	外商直接投资
1978	2		53			
1979	551	7	2305	1970	984	165
1980	1379	21	24905	24794	3013	1287
1981	2041	28	3686	3363	3531	2559
1982	2797	15	14841	12499	5268	4384
1983	3194	24	4384	2757	5289	4409
1984	4520	177	20350	18944	15587	13031
1985	4394	290	70175	51575	15782	10389
1986	2062	104	33668	29569	17966	9316
1987	2271	126	28510	20374	8574	5562
1988	2120	289	52650	39338	27119	14521
1989	2121	292	57778	40101	43892	27481
1990	2711	389	55426	47183	27263	18613
1991	2678	571	87517	70635	40519	25938
1992	2925	1193	471080	449654	74595	57135
1993	2620	1275	704764	683634	147028	128464
1994	2907	1906	709683	685763	204816	181403
1995	2564	1774	685657	673101	225298	214444
1996	1793	865	510301	447393	260002	233153
1997	3066	661	219922	169824	289379	248003
1998	986	643	245058	193178	304467	271608
1999	1053	537	172808	141377	317600	298687
2000	1445	647	163454	152759	311541	298923
2001	1087	678	200604	196229	332746	300119
2002	1177	776	316579	302322	265299	228386
2003	1204	870	402176	351117	306409	258076
2004	1506	1046	334767	320494	247696	240062
2005	1599	1061	366155	340205	284128	264882
2006	1465	1025	463987	439124	305477	292339
2007	1460	959	715269	703506	341138	328579
2008	1378	991	604536	591864	377413	362277
2009	1022	844	388533	378401	387476	377339
2010	1170	980	505928	497384	408121	397862
2011	1273	1134	683809	674734	437626	427009
2012	1204	1095	693071	680188	474312	457485
2013	1258	1092	734009	711428	507853	480385
2014	1324	1155	827560	803975	543905	510707
2015		1429		836335		541634
2016		1757		990123		570120
2017		2459		1339133		628947
年平均增长／%	19.8	16.7	32.7	20.1	23.4	27.3

注：1. 合同外资金额、实际使用外资金额按当年口径统计。
2. 由于制度变化，2015 年开始不再统计外商其他投资，仅统计外商直接投资。

商品进出口总值

年份	进出口总值/亿美元	进口总值	出口总值	进出口总值指数（上年=100）	进口总值	出口总值
1988	32.25	17.66	14.59	148.5	154.0	142.4
1989	35.32	17.62	17.70	109.5	99.8	121.3
1990	41.79	18.24	23.55	118.3	103.5	133.0
1991	53.82	24.40	29.42	128.8	133.8	125.0
1992	70.75	33.88	36.87	131.5	138.8	125.3
1993	134.33	69.84	64.49	189.9	206.2	174.9
1994	161.36	74.67	86.69	120.1	106.9	134.4
1995	166.99	71.32	95.67	103.5	95.5	110.4
1996	166.89	75.53	91.36	99.9	105.9	95.5
1997	187.46	81.51	105.95	112.3	107.9	116.0
1998	178.77	75.39	103.38	95.4	92.5	97.6
1999	191.85	93.18	98.67	107.3	123.6	95.4
2000	233.51	115.60	117.91	121.7	124.1	119.5
2001	230.37	114.13	116.24	98.7	98.7	98.6
2002	279.27	141.49	137.78	121.2	124.0	118.5
2003	349.41	180.52	168.89	125.1	127.6	122.6
2004	447.88	233.14	214.74	128.2	129.2	127.2
2005	534.75	268.07	266.68	119.4	115.0	124.2
2006	637.62	313.85	323.77	119.2	117.1	121.4
2007	734.94	355.91	379.03	115.3	113.4	117.1
2008	818.73	389.47	429.26	111.4	109.4	113.3
2009	766.85	392.82	374.03	93.7	100.9	87.1
2010	1037.68	553.89	483.79	135.3	141.0	129.3
2011	1161.68	596.94	564.74	112.0	107.8	116.7
2012	1171.67	582.52	589.15	100.9	97.6	104.3
2013	1188.96	560.89	628.07	101.5	96.3	106.6
2014	1305.90	578.77	727.13	109.8	103.2	115.8
2015	1338.68	527.01	811.67	102.5	91.1	111.6
2016	1293.09	511.32	781.77	96.6	97.0	96.3
2017	1432.50	579.30	853.20	110.8	113.3	109.1
年平均增长/%	15.0	14.0	15.9	15.0	14.0	15.9

科技创新能力

年 份	研究与试验发展经费支出（R&D）/万元	专利申请受理量 / 件	专利申请授权量 / 件
1978			
1979			
1980			
1981			
1982			
1983			
1984			
1985			
1986		243	41
1987		458	44
1988		589	81
1989		510	195
1990		587	387
1991		811	434
1992		1112	496
1993		1250	1132
1994		1030	787
1995		768	744
1996		1609	520
1997		2163	1151
1998		2931	1906
1999		3311	2827
2000	290637	4493	3182
2001	326604	6006	3553
2002	348571	6288	3652
2003	372728	8137	4525
2004	445129	8314	5468
2005	472907	11016	5720
2006	513840	12293	6389
2007	1004007	12054	8526
2008	1291910	13968	8078
2009	1710052	16514	11082
2010	1924331	20801	15079
2011	2380577	28087	18339
2012	2628662	33439	22045
2013	2920735	39814	26192
2014	3340132	46380	28198
2015	3801282	63413	39883
2016	4574578	88801	48385
2017	5324085	118332	60201
年平均增长 / %	18.7	22.1	26.5

在校学生人数

年　份	在校学生数 / 万人	# 普通高等学校	中等职业教育学校	技工学校	普通中学	小学
1978	97.55	2.17			38.43	56.92
1979	94.43	2.70			33.37	58.34
1980	94.49	2.72	1.89	0.83	30.01	59.01
1981	91.52	3.46	1.87	0.61	26.23	59.32
1982	89.35	3.15	2.15	0.44	24.11	59.47
1983	87.97	3.51	2.48	0.43	24.12	57.40
1984	88.30	4.20	3.14	0.47	25.08	55.37
1985	89.70	5.16	4.90	0.56	24.89	54.14
1986	92.55	5.52	6.19	0.87	26.17	53.75
1987	94.70	5.84	6.97	1.25	27.57	53.02
1988	96.89	6.49	7.80	1.72	27.77	53.04
1989	99.46	6.80	8.47	1.85	27.13	55.15
1990	101.94	6.55	9.50	2.03	26.54	57.23
1991	105.32	6.44	10.39	2.17	26.88	59.35
1992	110.55	6.70	11.32	2.38	28.27	61.78
1993	118.50	7.89	14.13	2.52	29.30	64.49
1994	125.41	8.90	15.41	2.97	30.30	67.45
1995	133.29	9.54	18.21	3.61	31.95	69.44
1996	140.51	9.92	21.24	4.34	33.88	70.51
1997	145.21	10.24	21.10	5.06	35.90	72.32
1998	149.60	10.84	21.06	5.84	37.95	73.34
1999	156.77	13.43	22.71	5.98	39.85	74.20
2000	165.17	18.51	21.96	5.96	42.53	75.70
2001	177.07	24.47	20.93	6.40	45.81	78.86
2002	187.94	29.90	20.01	7.67	48.15	81.66
2003	202.72	37.47	20.03	8.79	51.18	84.75
2004	215.95	45.97	18.47	10.43	53.08	87.47
2005	232.66	55.43	19.15	12.21	55.03	90.34
2006	245.54	61.94	21.66	15.32	56.76	89.36
2007	256.91	68.71	23.74	17.34	57.68	88.90
2008	262.66	73.62	24.41	19.62	58.21	86.29
2009	269.84	79.60	25.11	24.21	57.53	82.89
2010	274.70	84.39	24.81	25.28	57.23	82.48
2011	279.98	89.61	24.86	26.92	56.16	81.98
2012	284.66	93.92	23.94	29.00	55.07	82.26
2013	291.36	98.31	24.06	27.93	54.69	85.93
2014	294.16	101.93	24.46	24.04	53.29	90.01
2015	297.41	104.32	23.71	23.63	51.52	93.79
2016	297.37	105.73	21.70	22.23	50.57	96.85
2017	301.09	106.73	19.68	22.97	50.94	100.47
年平均增长 / %	2.9	10.5	6.5	9.4	0.7	1.5

文化出版事业

年 份	图书 / 万册	杂志 / 万册	报纸 / 万份
1978	17244	2124	31927
1979	19115	1880	30867
1980	16845	1964	48807
1981	25339	4283	78479
1982	24649	4520	97818
1983	29151	6559	113530
1984	35789	10901	137525
1985	36423	12035	148840
1986	23830	12561	147087
1987	27862	14328	151078
1988	26994	12980	162158
1989	27823	7533	134792
1990	27990	10919	116369
1991	28713	13266	121342
1992	30428	16775	140076
1993	28747	17803	160597
1994	28278	20346	177892
1995	36633	19882	174213
1996	40328	19633	165847
1997	39596	20669	174150
1998	32343	21127	190571
1999	29866	22359	213760
2000	26426	22505	233782
2001	26595	20867	270785
2002	32216	20034	282161
2003	26008	19105	287285
2004	27849	18550	285990
2005	22078	16196	285198
2006	26486	18256	308067
2007	22653	21209	294121
2008	27245	20845	305790
2009	21480	19479	336789
2010	23790	17839	343144
2011	31977	17247	340452
2012	29177	14798	334794
2013	24246	15025	328176
2014	28257	13400	285821
2015	30810	12645	241147
2016	30442	11011	213249
2017	29851	10397	189428
年平均增长 / %	1.4	4.2	4.7

卫生事业发展

年　份	卫生机构数/个	# 医院	卫生技术人员/人	# 医生	卫生机构床位数/张	# 医院	每万人口医生数/人	每万人口医院床位数/张
1978	1589	140	31547	12014	17109	14382	24.88	29.78
1979	1657	140	33239	13049	17530	14725	26.45	29.84
1980	1802	141	35792	14566	17673	14747	29.02	29.38
1981	1883	148	37914	15012	19228	16335	29.41	32.00
1982	2032	152	40213	16510	20896	17162	31.82	33.08
1983	2118	156	41436	17770	21671	17592	33.74	33.40
1984	2194	164	42279	17912	22280	18040	33.44	33.68
1985	2098	163	42522	18079	23830	19439	33.17	35.67
1986	2319	165	44666	19152	25031	20020	34.48	36.05
1987	2173	174	45818	19557	26599	21544	34.61	38.13
1988	2387	182	46957	20094	27981	22663	34.83	39.28
1989	2409	186	47988	20913	28988	23458	35.72	40.07
1990	2353	190	48276	21015	29930	24395	35.36	41.05
1991	2347	194	48618	21026	31293	25286	34.91	41.99
1992	2323	200	49052	21304	32646	26901	34.80	43.94
1993	2094	210	50097	22153	32399	27339	35.52	43.84
1994	2131	216	50819	22401	33086	27871	35.17	43.75
1995	2238	221	52851	23321	34139	28721	36.06	44.41
1996	1987	222	52450	22384	34338	29728	34.12	45.31
1997	1989	224	53654	22829	35301	30067	34.25	45.11
1998	2013	224	54053	22817	35306	30791	33.85	45.67
1999	1670	250	54480	23068	36431	31284	33.68	45.67
2000	1703	252	55677	23503	38758	33716	33.54	48.12
2001	2257	253	56262	23949	39417	34558	33.61	48.50
2002	2265	196	54652	22169	40430	32736	30.76	45.43
2003	2349	183	57274	23464	42210	34140	32.36	47.08
2004	2443	188	59943	24493	45687	35979	33.20	48.77
2005	2517	211	64182	25852	47888	39359	34.44	52.44
2006	2603	223	69091	27338	50500	42821	35.94	56.29
2007	2543	225	76791	29056	52640	45209	37.57	58.45
2008	2388	218	80687	29953	54973	47128	38.20	60.10
2009	2341	224	89179	32926	59038	50367	41.44	63.39
2010	2387	216	95546	33575	62552	53227	41.65	66.03
2011	3459	207	100832	35638	65940	55429	43.75	68.05
2012	3511	224	106708	37442	70649	62194	45.53	75.63
2013	3729	222	114802	39694	73301	64864	47.69	77.93
2014	3749	224	120915	40715	77011	68685	48.33	81.53
2015	3724	229	126681	42499	82022	73313	49.75	85.83
2016	3806	243	137953	46791	87959	79037	53.75	90.80
2017	4058	243	145045	49747	90222	81747	55.41	91.05
年平均增长 / %	2.4	1.4	4.0	3.7	4.4	4.6	2.1	2.9

后 记

本书编撰工作从2018年1月开始，历经策划、收集数据、写作、审稿、修改等阶段，并得到广州市统计局综合处、核算处、工业交通处、能源处、服务业处、投资处、贸易外经处、人口和社会科技处、农村处、普查中心和办公室等部门的大力支持。值此本书出版发行之际，特别致谢对编撰工作作出指导和负责撰稿、审稿等的人员：

致谢广州市统计局局长李华，国家统计局广州调查队队长黄碧玲，广州市统计局巡视员吴永红、副局长黄平湘、副局长冯俊、副局长罗志雄、总统计师沈妙芬、副巡视员王清平，国家统计局广州调查队副队长余家荣、纪检组长谢建能、副巡视员彭乃权对本书编撰工作的悉心指导。

致谢广州市统计局魏绍琼、邓谦、郑振威、张友明、肖穗华、肖兴文、孙晓茵、吴燕、朱展翔、罗奕洋、欧阳飞、林穗子、黄燕玲、梁汉学、黄健芳、叶峰、黄子晏，国家统计局广州调查队叶思海、李日红、欧文超、温欣明对书稿的审核。

致谢广州市统计局魏绍琼、陈小璋、黄燕玲、周清华、喻松涛、林大瀛、李俊、徐菲参与书稿设计以及编务等工作。

致谢广州市统计局杨美、苏娟、郑彦、高巍、董智聪、林伟红、梁树佳、汤晓迁、董丽、熊慧清、曾琼、杨晓峰、肖鹏、凌洁、蒲火元、谢璇、罗辉跃、徐菲、梁意敏、周晓雯、王方东，国家统计局广州调查队文苑棠、闫瑞娜、向梅芳、郑毅婷为撰写书稿付出的辛勤劳动。